EL CASO ASCALAPHA

Iván Quintero

BARKER & JULES®

BARKER & JULES®

El Caso Ascalapha

Edición: Barker and Jules™
Diseño de Portada: María Elisa Almanza | Barker & Jules Books™
Diseño de Interiores: María Elisa Almanza | Barker & Jules Books™
Correción de Estilo: Mtra. Julia Patricia Samperio

Primera edición - 2021

I.S.B.N. | 978-1-64789-387-3
I.S.B.N. eBook | 978-1-64789-388-0

BARKER & JULES, LLC
2248 Meridian Blvd. Ste. H, Minden, NV 89423
barkerandjules.com

Agradecimientos con dedicatoria

Este es mi primer paso para cumplir uno de mis más grandes sueños en la vida, ser escritor. Comencé en abril del 2017 a escribir esta historia; desde pequeño fui muy creativo, imaginaba historias y personajes que plasmaba en dibujos o cuentos cortos. Conforme fui creciendo, mi creatividad y personalidad no se movían, más mi manera de ver las cosas en la vida se modificaban con el pasar de mis etapas y me cuestionaba ¿Cómo voy a vivir haciendo historias? necesito hacer algo de mi vida lo cual pueda trascender; y comenzaron a llegar personas a mi vida que me apoyaban, que me decían que si mi corazón quería eso, tenía que seguirlo.

Más adelante, en mi adolescencia tome decisiones erróneas por el hecho de ser joven y no tener una idea clara de a dónde quería llegar, pero al final la lección más valiosa que aprendí, fue la de seguir los sueños sin importar lo que digan las personas, sin importar las críticas ni las opiniones. Si eso te hace feliz y no lastimas a nadie, solo hazlo. Así fue como me encaminé en esta aventura, poco a poco fui aprendiendo el valor de la literatura, a través de los libros, los personajes, su desarrollo y crecimiento y lo más importante, el mensaje o la enseñanza que te transmite un libro con una buena historia.

De igual manera no todo ha sido de color de rosa en este camino, ¿Tuve caídas? Claro, pensé en dejarlo, que no tenía talento para escribir, que a nadie le gustarían mis historias, comencé a cuestionarme tanto, que dude de mi mismo y de mis capacidades, aprendí a confiar en mí y si me nacía hacerlo era porque tenía que hacerlo a toda costa y para cada lector siempre hay un género correcto.

Así que mi mensaje es: nunca te rindas, tendrás una y mil razones para renunciar, tendrás que subir la montaña más alta y nadar contra la corriente más fuerte, pero al final si es más fuerte tu pasión estoy seguro de que lo lograrás. Tú puedes ser el siguiente Stan Lee o Frank Miller, Mozart, Guillermo del Toro o la siguiente Frida Kahlo. Nunca dejes tu pasión.

Quiero hacer una mención honorífica para agradecer y dedicar con mi más grande cariño y aprecio a personas muy importantes en mi vida, que siempre creyeron en mí y vieron el potencial que otros no para poder lograr mi sueño, nunca las olvidaré porque me han apoyado hasta el final. "Honor a quien honor merece" (Nelson Mandela).

Iván Quintero Plascencia
Martha Elena Ávila Hernández
Gonzalo Rivero Torrico
Julia Samperio Casco
Álvaro García de la Cruz
Ricardo Markosian
Brenda Vázquez Siller
Nora García Alvarado
Rodrigo Salazar Mendoza
Diana Paola Calleros Alatorre
Elizabeth Guerrero
Cynthia Gavia
Luis Mora Ríos

A lo largo de la vida han existido grandes misterios, atroces asesinatos y crímenes horribles que no han podido ser solucionados para tener un final o una conclusión. Son casos que permanecen sin ser resueltos dejando los cabos sin atar, pistas sin encontrar, evidencia dudosa y la motivación por resolver el misterio se pierde con el paso del tiempo forzando a las autoridades a cerrar los casos de manera definitiva.

El Autor

I

Las inmensas calles de la ciudad de Nueva York parecen ser de otro mundo, La Gran Manzana en pleno 2019 como es conocida por muchas personas está llena de sorpresas de esquina en esquina. Nunca se sabe qué misterios o eventos encontrarás. El lugar perfecto donde parece que las aventuras y pesadillas están destinadas a suceder.

En este caso comenzamos con un día que promete ser especial, porque en la terminal Grand Central se organiza un evento masivo donde se reúne una gran multitud de personas para presenciar un majestuoso espectáculo de premiación en honor al Departamento de Policía de la ciudad de Nueva York.

Las entradas se comienzan a agotar, las bebidas y botanas en los puestos comienzan a escasear y solo se escucha el murmullo de las grandes masas que se mueven dentro de la terminal buscando un lugar para sentarse y poder disfrutar de la premiación.

Cabe mencionar lo precioso y magnífico que es la Gran Central, parecería cualquier cosa menos una terminal, sus enormes pilares y columnas se comparan con los palacios del emperador Julio César de la antigua Roma, sus brillantes pisos relucían como espejos recién pulidos y los preciosos relojes que giran sin cesar, marcando el tiempo y los pocos minutos que quedaban para que la ceremonia comenzará.

Poco a poco las personas van tomando sus lugares y se sientan; las sillas se encuentran en el centro de la terminal y del lado norte estaba un gran escenario cubierto de estandartes que cuelgan de lo alto, bordados con un azul marino muy elegante con detalles en dorado, además de las enormes insignias del departamento de policía de Nueva York en todo su esplendor; al igual que la explanada está cubierta de pequeños papeles brillantes picados con la combinación de los colores azul y dorado distintiva del departamento.

De pronto, el espectáculo de luces que yacía en lo alto de las columnas, se detuvo y se dirigieron hacia el escenario, dejando muy bien iluminado el estrado donde las personas hablarían. Las cortinas se abrieron y salió el presentador, un hombre alto y apuesto, portando un traje negro con detalles en plata que lo hacían brillar con las luces de los reflectores. Comenzó diciendo:

– *Damas y Caballeros, sean todos ustedes bienvenidos a esta gran gala de premiación y reconocimiento para los grandes héroes de esta ciudad, esos hombres y mujeres que lo dejan todo por lo justicia y el deber, que portan la placa orgullosamente para representar a la ley, estos héroes y heroínas arriesgan su vida día a día en las calles por nosotros, para que nuestros hijos puedan dormir tranquilos, y que podamos salir a pasear sin sentir temor, ellos y ellas hacen las calles más seguras con su arduo trabajo y su sed de justicia haciendo valer y respetar la ley. Señoras y Señores, démosle un gran aplauso al Departamento de Policía de la ciudad de Nueva York* -

El telón se vuelve a abrir, y esta vez aparecen cada uno de los oficiales que forman el cuerpo policiaco de la ciudad, hombres y mujeres que portan trajes muy elegantes, también en azul marino, con hombreras y los detalles en dorado. En el lado izquierdo de su pecho llevan la brillante y reluciente placa del departamento, cada uno de ellos ha estado al servicio de la ciudad y de sus habitantes para poder protegerlos y lograr ser una de las ciudades más seguras de Estados Unidos.

El lugar se llena de aplausos al presentar a los oficiales y el eco retumba por los altos techos de la central, causando un ruido ensordecedor y logrando poner chinita la piel de cualquiera al escuchar semejante ovación. El presentador continúa:

– *Gracias, gracias. Todos agradecemos su amabilidad por estos grandes héroes, se merecen eso y más. Por ese mismo motivo estamos aquí para celebrarlo y premiar su gran labor y amor incondicional a la placa y lo que representa. Sin más preámbulo, damas y caballeros, tengo el grandísimo honor de presentarles al gran líder y la persona encargada de orquestar y dirigir el departamento de policía, 4 veces nombrado oficial y detective del año, con innumerables premios y medallas por sus grandes hazañas, nos ponemos de pie para recibir al gran padre de Nueva York... el Jefe del Departamento de Policía, el único e inigualable ¡Ian Falco!*

De pronto, los reflectores cambiaron de dirección hacia el lado izquierdo del escenario donde se apreciaba a el jefe Falco subiendo hacia el estrado en unos escalones de metal y tomando el micrófono, lo ajustó a su altura y levantó sus manos en gesto de agradecimiento y gratitud tratando de calmar ese gigantesco mar de aplausos.

Falco era muy querido y respetado por la ciudad de Nueva York. Los aplausos y ovaciones comenzaron a disminuir mientras Falco levantaba las manos tomando la palabra:

– *Muchas gracias, hijos e hijas de NY, en verdad es un gesto grandísimo que ustedes estén aquí llenando la enorme central solo para reconocernos, es algo muy emocionante ver lo agradecidas que son las personas con sus servidores, día a día nosotros prestamos nuestros servicios para poder hacer de NY una ciudad mejor, somos héroes anónimos con el propósito de hacer valer la justicia y lo que es correcto. -*

El público se vuelve a entregar a Falco y nuevamente el sonido es similar a la de un estadio deportivo. Falco inclina su cabeza y levanta las manos nuevamente, tratando de calmar la gran euforia del público.

El homenajeado baja del podio y el evento continúa su curso, las horas comienzan a pasar, la luz del sol comienza a caer en el horizonte y las luces de la terminal se comienzan a hacer más brillantes cada vez. Los premios son repartidos a lo largo del evento y los oficiales son ovacionados por los ciudadanos al recibir sus premios y poder tener unos minutos para dar un pequeño discurso y mostrar su gratitud. Casi al concluir el evento, (como es costumbre se deja lo mejor para el final) las luces se apagan un poco y de nueva cuenta sale el presentador:

– *Me complace ver lo bien que recibieron a estos gigantes servidores que lo dan todo por el bien, pero ahora llegó el momento de entregar el premio más importante... ¡el reconocimiento a el oficial del año! Pero esta vez tenemos una gran sorpresa damas y caballeros, este año el premio se va a dividir entre dos oficiales del Departamento. Ellos pertenecen al área de investigación de casos especiales, criminología y balística. Desde que estos dos agentes están guiados por el jefe Ian Falco, el índice de crímenes, homicidios y secuestros, han bajado en un 70%, sin contar todo lo que les falta. Es todo un honor y placer para mí presentar a los agentes especiales... ¡Jessica Sanders y Adam Cross! -*

Los aplausos, no se hacen esperar por la gran presentación de los mejores detectives que tiene Nueva York, incluso las personas se ponen de pie para recibirlos. El telón se abre y caminan lentamente Jessica y Adam.

Jessica, siendo una mujer joven proveniente de Boston, de 30 años pero con una gran experiencia, 1,80 de estatura aproximadamente, de complexión delgada pero con un cuerpo atlético por el entrenamiento. Su pelo ondulado color castaño llegando a cobrizo que le hacía muy buen juego con su tono de piel morena y cómo no fijarse en sus bellos ojos verdes cuando hace contacto con la mirada, seria la mujer de los sueños para cualquier hombre, sin contar que te puede someter cuando la hagas enfadar y leerte todos tus derechos antes de torcerte el brazo, pero ella es la serenidad y la calma personificada, tiene un carácter muy bonito pero un temperamento bastante fuerte cuando la situación lo amerita. Claramente es la cabeza y la parte sensata de la dupla de investigación.

Y en la otra cara de la moneda sube al estrado detrás de Jessica, el detective Adam, un joven escocés de Glasgow para ser exactos, de tez blanca y 1,85 de estatura, de 33 años, un hombre bastante alto para el estereotipo de los escoceses; es un tipo bien parecido con porte europeo y una complexión atlética, con la barbilla partida y una ligera barba bien recortada de color rojizo como su pelo corto y bien peinado hacia aun lado, claro que era la sensación para las chicas de NY, aparte de ser un hombre guapo, era inteligente y peleaba por la justicia. ¿qué más se podía pedir?

Ambos detectives estando en el estrado, se inclinan dando las gracias, aplaudiendo y levantando las palmas de las manos, la gente en realidad se volvía loca por Adam y Jessica, el evento se podía comparar prácticamente con una premiación de Hollywood, tenía una enorme y participativa audiencia, con grandes estrellas que arriesgan su vida todos los días y la gran preparación del evento gracias al alcalde era sorprendente, algo memorable de recordar.

El presentador se acerca a Jessica y Adam, con ambos premios en la mano, esto era algo poco común y nunca había sucedido en esta clase de eventos que se dividiera el premio entre dos ganadores, pero al final de cuentas Jessica y Adam se complementaban de una manera extraordinaria trabajando como uno solo.

El presentador orgulloso les entrega los premios felicitándolos y dando un fuerte apretón de manos a cada agente. Ellos, muy agradecidos, se lo hacen saber al presentador y después suben el pequeño escalón para tomar el micrófono y hablarle a la gran audiencia que se había dado cita para esta celebración. Adam caballerosamente se detiene haciendo el gesto de que Jessica fuera la primera en tomar la palabra:

– *Ciudadanos de Nueva York: les quiero agradecer de todo corazón por su gran apoyo, yo sé que en este momento estarían en sus casas o en algún otro lado haciendo sus cosas, sin embargo están aquí brindando este cariño y agradecimiento hacia nosotros y todos nuestros compañeros de la fuerza.*
  Quiero agradecer a nuestro Jefe Ian Falco por ser nuestro guía en esta carrera y por siempre proporcionarnos las herramientas y la experiencia necesaria para cada caso, también quiero agradecer a mi esposo Peter que se encuentra en casa en estos momentos, gracias por brindarme ese apoyo para seguir adelante amor, también quiero agradecer a mi compañero Adam aquí presente, más que mi compañero, eres mi hermano y sé que tú cuidas mis espaldas allá afuera y sabes que yo cuido la tuya.
– *Quiero dejar en claro que hacemos esto para ustedes, ya que son nuestra prioridad y el motivo por el cual salimos*

todos los días a limpiar las calles de esa escoria que se enfocan en dañar a su misma especie y a los demás, en verdad es una desgracia que existan personas que no se toquen el corazón y hagan las barbaridades sin pensarlo dos veces, pero para eso estamos nosotros, para cuidarlos y defenderlos, ese es nuestro trabajo, vocación y deber, ahora le daré la palabra a mi compañero Adam, muchas gracias. -

Adam, con una expresión de muy buen discurso, caminó junto a su compañera subió al estrado, acomodó el micrófono a su manera y comenzó a realizar unos sonidos de vocalización para regular su tono:

– *Creo que mi compañera Jessica lo ha dicho todo, honestamente me quedé sin palabras con solo entrar a este precioso escenario y ver el maravilloso recibimiento de la gente hacia nosotros, realmente es increíble. Solo puedo agradecer a mis compañeros, al Jefe Falco y a Jessica, de verdad es increíble. Muchas gracias a todos por venir, jamás olvidaré esto y espero año con año dar lo mejor de nosotros para bajar el índice de violencia y crímenes casi a cero. Muchas gracias. -*

Las personas se levantaron nuevamente y comenzaron a aplaudir, era un espectáculo digno de ver, como cuando los gladiadores se alzaron victoriosos en el coliseo, ellos eran los héroes del pueblo.

Unos días después, era un día soleado, los taxis no cabían en las avenidas principales, el eco de los claxon rebota en los grandes edificios, el olor a hot-dog de los puestos ambulantes y las multitudes caminando a prisa para llegar a sus trabajos, parecía una mañana como cualquier otra, nada fuera de lo común.

Nos enfocamos en un Dodge Challenger 2019 versión Hellcat, color azul galáctico, el cual hacía fila pacientemente detrás de todos los carros dentro del embotellamiento, en él se encontraban Adam y Jessica, los mejores detectives cual famosos como las mismas celebridades.

Cuando Adam y Jessica se unieron a la fuerza, sus increíbles habilidades deductivas y su resolución de problemas como detectives, rápidamente los llevó a escalar puestos dentro del Departamento de Investigaciones de Nueva York. Se convirtieron en los mejores de su clase y después en los mejores dentro del campo. Son una pareja que se complementan de maravilla, lo que le falta a uno lo tiene el otro, siendo reconocidos por el mismo alcalde y por su jefe Ian Falco, siendo condecorados y marcando una generación de detectives especialistas.

Regresando a la soleada mañana en la gran ciudad, el Challenger se detuvo en un puesto de shawarmas. Cuando del lado del piloto desciende Jessica con un porte seguro, que representaba autoridad y profesionalismo, con una brillante placa junto a la hebilla del cinturón y del lado del copiloto con una actitud juguetona y entusiasta a la vez, el detective Adam.

Adam bajó del auto y se acercó al puesto callejero el cual podías oler su aroma a cuadras de las delicias que se cocinaban sobre la parrilla, Jessica se quedó a un costado del auto bebiendo un café mientras le dijo al detective Adam:

- *¡Date prisa Adam! A veces pienso que disfrutas que Falco te grite. -*

Mientras Adam al estar pagando su shawarma le contestó:

- *Calma Jess, no tardaré un segundo, aparte el Jefe nos ama, solo es su manera de demostrarnos su cariño. -*

Jessica subió al auto mientras Adam mordía su burrito que goteaba la salsa por el otro extremo pero afortunadamente caía en el papel que lo cubría. Por supuesto que Jessica se mostró molesta y no tardó en reclamarle a su compañero:

- *Escucha bien Adam, si tiras un poco de esa salsa dentro de la patrulla, te juro que vas a limpiar los baños por un mes y no es broma.*
- *No pasa nada, lo tengo todo controlado, ¿Cuándo he manchado algo? -*

Jessica inhalo una buena cantidad de aire y con tono directo y duro comenzó:

- *¿Quieres que te recuerde aquella vez que le tiraste el café a Falco y casi te destituye? O aquella ocasión cuando manchaste de cátsup el sobre de reportes... -*

Adam con un tono nervioso y soltando una pequeña risa le respondió:

– *Esta bien, esta bien, ya entendí, esto me va a sentar mal esto si lo condimento con reclamos y reproches. -*

Minutos después, el auto se dirigía a la estación central de la NYPD, entre la calle 12 y la 22. Al llegar, se estacionaron en los cajones especiales al frente del edificio entre dos patrullas, los cuales los policías al verlos los saludaron y los recibieron como héroes, como se sabía después de la premiación, Adam y Jessica habían logrado un cambio importante en las calles de aquella ciudad, los homicidios, secuestros, violaciones y el crimen organizado habían disminuido gracias a ellos y su trabajo, claro que seguía habiendo pequeños crímenes y robos a tiendas, pero esos eran cosa de los oficiales.

Adam y Jessica entraron a la comisaría, donde una serie de sonidos molestos se escuchaba por todo el edificio, los balbuceos y murmullos del personal, varios teléfonos sonando a la vez y una gran cantidad de papeles en movimiento. El par de agentes subieron por las escaleras principales y giraron por el pasillo a su izquierda llegando al final, había una oficina al fondo que en la parte de cristal de la puerta tenía el nombre impreso de "Chief, Ian Falco".

Ambos entraron en la oficina, la cual tenía un aroma a una combinación de café y habano, un poco de mal gusto. Al ingresar a la oficina, el Jefe Ian Falco los saludo con alegría y entusiasmo; Falco era un tipo grande y gordo, con pelo corto y canoso, normalmente portaba una camisa blanca con tirantes y como olvidar su grueso bigote semi blanco, algo que a Adam le causaba conflicto.

Pero no siempre fue así, de joven fue uno de los mejores detectives en el campo, era un tipo bien parecido, fornido, serio y profesional, prácticamente es una leyenda viviente o lo que queda de ella, tuvo una esposa y un hijo también, pero las cosas decayeron y se divorciaron, su ex-esposa tomó un rumbo desconocido mientras su hijo ya mayor vivía del otro lado de la ciudad. A pesar el mal carácter y pésimo humor, Falco sentía gran empatía por sus pupilos:

– *¿Cómo están muchachos? ¡Tomen asiento por favor! ¿Por qué llegaron tarde? -*

Falco los recibió con cierto ánimo, le daba alegría verlos, mientras Jessica no perdía el profesionalismo y lo saludaba con respeto y propiedad.

– *Buenos días Jefe. Estamos bien, lamento la tardanza pero Adam tuvo que parar por algo de desayunar y sabe como es de necio y terco cuando tiene hambre. -*

Mientras Adam a pesar de que era mayor que Jessica, su fuerte nunca fue ser serio o tener el más mínimo sentido común para saber que estaba delante del Jefe del Departamento de detectives o quizá simplemente no le daba importancia.

– *Lo siento Jefe; acaso ¿se recortó el bigote? O ¿Cambio de marca de puros? Me gustan sus tirantes, lo hacen ver como un boxeador de la época de antaño, ya sabe cómo Rocky Marciano, si lo conoce ¿no? Tiene varias referen-*

cias en la película de Rocky Balboa, fue uno de sus ídolos. Pero no sé, creo que era mejor Apollo. -

Respondió Adam con una actitud juguetona y nerviosa a la vez, era como su mecanismo de defensa cuando se sentía incómodo, utilizar su humor. Claramente la cara de Falco cambiaba por completo cuando Adam tomaba la palabra, era obvio que el detective lo desesperaba y no le tenía mucha paciencia al Escocés, pero sabía que era un muy buen elemento, pero eso no evitaba que le pusiera una serie de gritos las cuales hacían callar todo el departamento.

- *¡Ponte serio Cross!, a pesar de que llegas tarde no puedes ser un poco profesional y comportarte conforme a tu edad. Si no fuera por Sanders, ¡Ya te hubiera mandado a reclutamiento! Eres un agente especial, muchos de esos pobres oficiales desearían tener tu puesto y tener lo que tú tienes, así que hazte un favor y ¡madura niño! -*

Adam disfrutaba molestar a Falco de igual manera, le gustaba ver cómo explotaba el pobre señor de 60 años, pero a pesar de su actitud inmadura, era muy profesional y ponía gran empeño cuando de trabajo se trataba.

- *Lo lamento Jefe, pero ayer dormí muy tarde mientras hacía la recopilación del último caso y ya sabe cómo es esto, no pude cenar y moría de hambre y al venir acá, paramos por un puesto de shawarmas, le pedí a Jessica que llegara rápido, yo soy responsable de la tardanza Jefe, no Jess. -*

Falco se tranquilizó al ver que asumió la responsabilidad y se había desvelado cumpliendo con su labor, recordó por qué tenía al detective Adam Cross a su servicio. Mientras Jessica cambiando de tema le pregunto a Falco:

– Entonces Jefe, ¿Cuál es la razón de la cita de hoy? -

Falco le respondió de una manera más pacífica de lo normal, sin el tono rudo y golpeado de hablar que tanto lo caracterizaba y muy amablemente le dijo:

– *Bueno muchachos miren, hoy les quiero dar el día libre por el gran trabajo que hicieron en el pasado homicidio, no estoy seguro pero creo que rompieron un récord en resolver un caso en el menor tiempo. Estoy orgulloso de ustedes detectives, tomen el día. Después de el gran reconocimiento y al detalle del alcalde por organizar esta conmemoración año tras año, creo que se lo merecen, no todos los días eres nombrado oficial del año muchachos. -*
– *Muchas gracias Jefe, es muy amable de su parte. - Respondió Jessica.*

Adam se acercó a Falco y le dio un beso en la cabeza donde le quedaba poco pelo. Falco refunfuñó soltando manotazos y exclamó:

– *¡Quítate de aquí Cross, antes de que me arrepienta de darte el día y te despida! ¡Sanders! ¡Llévate a este niño de aquí! -*

Jessica tomó a su compañero del brazo y dándole un jalón lo sacó de la oficina mientras Adam gritó:

- *¡Muchas gracias Jefe!* -

Ambos detectives salieron de la oficina y bajaron las escaleras de la central para dirigirse al auto, cuando llegaron al estacionamiento Jessica miraba a Adam con ojos amenazantes, pero segundos después inevitablemente soltaron una gran carcajada y chocaron los puños, pero al instante Jessica interrumpe las risas advirtiendo a su compañero:

- *No tientes tu suerte Adam, está bien que juegues con él pero nunca sabes cuando se le terminará la paciencia y me deje sin compañero.* -

Mientras se subían al carro Jessica le dijo:

- *¿Qué harás hoy Adam?*
- *No lo sé Jess, probablemente terminar lo del papeleo y ver el partido del Celtic esta noche, quizá vaya a el "Rincón de Bob" o lo vea en mi departamento ¿y tu?*
- *Pues Peter me dijo que iba a preparar la cena, después veremos películas en la sala y pasar tiempo con mis pequeños monstruos, un día en familia que hace tiempo no tengo.*
- *¡Estupendo Jess! Me alegra mucho, en serio y ¿crees que me puedas dar un aventón a mi departamento?*
- *Claro Adam, ya sabes que si.* -

Tiempo después al llegar al departamento de Adam baja del auto y se despide de Jessica:

- *Gracias por todo Jess, me saludas a Pete y a tus hijos , les mandas saludos del tío Adam.*
- *Si, de tu parte, procura no desvelarte tanto con el papeleo y suerte con tu partido.*
- *Gracias Jess, espero que no te caiga mal la comida de Pete, nos vemos mañana en la oficina.* -

Jessica se ríe y arrancó rumbo a su casa; durante el transcurso del camino tiene tiempo para reflexionar con el cual se puso a pensar que vive una gran tranquilidad en su vida, que tiene un buen esposo y un par de pequeños hijos a quienes ama mucho, un inmaduro y buen compañero de trabajo que cuida su espalda en las calles y claro el gran oficio que tiene salvando vidas y haciendo justicia de la manera correcta.

Al llegar Jessica, bajó del auto y sacó la llaves de su bolso para abrir la entrada de su casa, unos segundos antes de introducir la llave la puerta se abrió y fue Peter su esposo el que apareció del otro lado observándola con una mirada de cachorro abandonado, Peter era mayor por un par de años, no era muy alto y tenía un cuerpo promedio pero definido por el ejercicio que hacia, tenia una melena semi larga castaña y ondulada y siempre estaba bien rasurado. Peter no tardó en besarla y abrazarla con una gran fuerza, por supuesto Jessica se lo regresó con el mismo cariño, quedaba claro que el matrimonio de Peter y Jessica era muy fuerte y bien correspondido. Ambos entraron a la casa, y Peter preguntó:

- *¿Qué tal tu día amor? ¿Qué haces aquí tan temprano? No serán malas noticias o ¿sí?*
- *No, claro que no amor, el Jefe Falco nos dio el día libre a mí y a Adam, ya sabes por lo de la conmemoración del oficial del año.*
- *¡Qué maravilla amor! Me da mucho gusto, pero quizá el que estés aquí tan temprano arruine la sorpresa de la cena.*
- *No amor como crees, no haré trampa ni voy a mirar tampoco, por cierto ¿Dónde están Elena y Leonel?*
- *Tranquila, están dormidos en la sala, hoy los lleve a Central Park a caminar un rato y están muy agotados, al llegar cayeron como piedras, creo que fue mucho para nuestros gemelos.*
- *No te excedas con ellos Peter, apenas tienen 7 años, obviamente no van a caminar lo mismo que tú, campeón. Tú entrenas todos los días para tus triatlones y ellos apenas van a la escuela.*
- *¡Algún día lo harán! ¡Serán grandes atletas como su padre! O quizá sean grandes detectives como su madre.*
- *Aún no sabemos amor, dejaremos que ellos elijan su futuro, ya veremos qué habilidades tienen y los apoyaremos para que las puedan explotar. -*

Ambos se abrazaron y se dirigieron a la sala para ver la televisión. Mientras la encendían estaba el noticiero, donde el presentador oportunamente nombraba la felicitación a los agentes que habían roto un récord en resolver un caso en el menor tiempo. El locutor mencionó:

– *Esta mañana se dio a conocer que los detectives Adam Cross, Jessica Sanders y el Jefe del departamento de detectives Ian Falco, fueron reconocidos con honores, por haber resuelto un caso de homicidio en tan solo 4 días. Son nombrados oficialmente los mejores detectives de la ciudad de Nueva York, aparte de ser conmemorados como oficiales del año en la ceremonia de Grand Central.* -

Peter felicito con emoción a Jessica y le dijo:

– *¡La cena de hoy será más especial aún!* -

Jessica soltó una pequeña risa de nervios y besó a Peter.

El día siguió su curso y las cosas fluyeron, Jessica y Peter tuvieron su cena de celebración en su bello comedor, Peter cocinaba mucho y esa noche horneó un pavo, acompañado de una pasta italiana y un buen vino tinto. Adam por su parte demoró un poco en terminar el papeleo de dicho caso, lo que causó que no viera su partido completo, pero igual disfrutó los últimos 15 minutos con una cerveza bien fría.

II

A la mañana siguiente, Jessica se levantó temprano, dejando a Peter en cama dormido y mientras, se bañó, se arregló y partió hacia la central para otro día de trabajo. Adam también se levantó y emprendió su camino de igual manera.

Jessica llegó a la central, estacionó su patrulla y entró a la oficina como un día cualquiera, mientras Adam aún no llegaba, porque tomó un taxi y había mucho tráfico por la mañana, digamos que es una costumbre para Adam llegar un poco tarde. Como eran compañeros, el departamento les proporcionó una sola patrulla para los dos y Jessica era la que usualmente lo conducía.

Ya estando dentro de la oficina, donde el área era amplia, espaciosa y bien equipada para las necesidades de la mejor dupla de NY, contando con pizarras de corcho para unir las fotos y datos de los casos, libreros repletos de libros de criminología y misterio, entre otras muchas cosas, las oficinas de la comisaría estaban decoradas rústicamente con duelas de madera y paredes en tonos cafés con madera igualmente. El escritorio de Jessica se ubicaba enfrente del de Adam a tan solo dos metros.

Jessica comenzó a ordenar su papeleo en la oficina arreglando todo para otro día de trabajo común. Adam seguía sin llegar a la central.

De repente, entró Jimmy Williamson el Jefe del Departamento de Ciencias Forenses que trabajaba en la central de detectives.

Jimmy era un tipo joven y tímido de apariencia escuálida y delgada, su pelo es de tono rubio claro, portaba lentes por su miopía y su piel era blanca como un fantasma, pero es una gran persona y sobre todo un muy buen amigo, además der ser una eminencia en su especialidad para ser un joven de 28 años y ser el jefe del Departamento de Ciencias Forenses, tienes que ser muy inteligente o tener grandes amistades para llegar a tener ese puesto.

Jimmy entró apurado a la oficina de Adam y Jessica con un tono de angustia le exclamó a Jessica:

- *Detective Sanders, el Jefe te quiere ver ahora mismo en su oficina, parece estar algo preocupado y desconcertado.*
- *Gracias Jimmy, enseguida voy.* -

Jessica pensó que algo andaba mal, pero no tardó nada en cruzar el pasillo en la segunda planta para llegar a la oficina de Falco.

- ¿Quería verme Jefe? – *dijo Jessica cerrando la puerta lentamente mientras entraba.*
- *Afirmativo Sanders, pasa ¿Dónde está Cross?* -

Preguntó Falco, era obvio que algo andaba mal, el Jefe lucía ciertamente algo desconcertado, no parecía ser su actitud de siempre. Mientras, Jessica le respondió:

- *Aun no llega Jefe, ya no debe tardar ¿Pasa algo?*
- *Esta bien, mira toma asiento tenemos un caso nuevo y quiero que vayas para allá de inmediato, fue en un estacionamiento cerca de un centro comercial. Comunícate con Cross y que te alcance en la locación, ¿Entendido?*
- *Afirmativo Jefe, voy para allá. -*

Falco le entregó la dirección a Jessica, salió corriendo de la oficina para entrar en la suya a toda velocidad, tomó su saco, su arma y salió lo más rápido que pudo, al abrir la puerta de la entrada principal coincidió de que Adam apenas iba llegando, Jessica lo tomó por el brazo y lo jaló hacia el auto, que estaba estacionado en frente. Adam asustado exclamó:

- *¿Qué pasa Jess? ¿A dónde vamos?*
- *Tenemos un nuevo caso Adam y parecer ser de urgencia, el Jefe Falco nos acaba de mandar y pregunto por ti, así que no hay tiempo que perder. -*

Ambos agentes salieron de la comisaría subiéndose al patrulla y arrancaron hacia la escena del crimen. Por fortuna las calles no estaban tan llenas como de costumbre, pero lo suficiente para que Adam y Jessica cruzaran velozmente, el eco de la sirena retumbaba por las puertas de los carros que pasaban, y el imponente rugido del motor del Challenger que cruzaba las avenidas como un rayo, mientras los faros se encienden en azul y rojo. No faltaba mucho para llegar al estacionamiento cuando Adam preguntó:

- *¿Qué sabes del caso?*
- *Aún nada, pero Falco se notaba distinto, tuve la sensación de que algo no andaba bien.*
- *¿A qué te refieres Jess? Creo que me comienzas asustar.*
- *No lo sé, pero el Jefe normalmente cuando nos asigna los casos, es un poco más frío, pero ahora lo noté distinto y parecía ser urgente, no me dio detalles solamente la dirección, la escena ya está acordonada.*
- *¿Él sabe algo del caso?*
- *Si, él recibió la llamada y tiene toda la información de la escena, pero por la prisa no entramos en detalles y solo nos asignó. -*

Adam y Jessica llegaron a la escena del crimen, un estacionamiento público de 5 pisos cerca de un centro comercial; cuando llegaron estaba lleno de patrullas, bomberos, paramédicos y una grúa. En verdad parecía que algo grave había sucedido. Al acercarse, vieron un auto volcado con las llantas hacia el cielo, parecía que se había caído del quinto piso.

Adam bajó del Challenger y mostró su placa en lo alto mientras un policía le daba paso por la cinta amarilla, entró para analizar la escena e inspeccionar el auto de cerca, los cuerpos estaban dentro del carro colgando de cabeza en sus asientos por el cinturón y llenos de sangre, una escena bastante aterradora, la cual hizo sentir escalofríos a Adam por la columna, Mientras Jessica se acercó con el oficial a cargo y le comentó:

– *Agente especial Jessica Sanders, fuimos asignados por el jefe Ian Falco; Reporte de la escena, oficial y quiero todos los detalles por favor. -*

El oficial no parecía inmutarse, mostraba una sobriedad muy grande y aparentaba no darle importancia al asunto, enseguida respondió:

– *Realmente no se necesitan detectives para saber que paso aquí, esos pobres diablos se quedaron sin frenos, revisamos el Ford Focus, fue una falla mecánica y el auto cayó desde el quinto piso, atravesó el muro de contención y aterrizó sobre el techo matando a los civiles y bueno, el resto lo puede ver con sus propios ojos agente. -*

Jessica sintió un nudo en la garganta, sumando la poca importancia mostrada por el oficial hacia las víctimas, era obvio que sentía mucha impotencia y molestia, pero no podía perder los papeles y por supuesto el profesionalismo; por último preguntó:

– *Hay algo más que deba saber oficial, ¿Tan solo fue una falla mecánica? -*

El oficial levantó la mirada hacia el cielo, tratando de hacer memoria y le comentó a Jessica:

– *Creo que no, ¡Ha, espera! También había una mariposa negra en el tablero.-*

Jessica confundida y sorprendida a la vez, le preguntó:

– *¿Una mariposa? ¿Real o de juguete? -*

El oficial le respondió enfadado y sarcásticamente:

– *Una simple mariposa, no tengo idea si era de ellos o si solo ya estaba ahí, ¿Gusta que le hagamos una autopsia? O ¿La ponemos en la lista de posibles sospechosos? -*

Jessica furiosa pero seria le respondió con temple:

– *Cuidado en la forma en cómo me habla oficial, le voy a pedir de buena manera un poco de respeto, no querrá perder la placa o ¿sí? Estoy segura de que tiene bocas que alimentar. -*

El oficial sorprendido, paso saliva mientras bajaba el tono enseguida y le respondió:

– *Lo lamento detective, le pido una disculpa. ¿La puedo apoyar en algo más?*
– *Sí, llame al Forense Jimmy Williamson, que venga por los cuerpos y que haga lo suyo.*
– *Entendido detective Sanders, ¿es todo?*

– *Y diga a Williamson que también se lleve la mariposa y que la analice.*
– *Entendido. -*

Adam se acercó a Jessica mientras el oficial se retiraba para seguir las órdenes. Jessica parecía calmarse un poco al ver que el oficial tomo una mejor postura, Adam se percató del estado de su compañera:

– *¿Todo bien Jess?*
– *Si si, todo está bien, ¿Qué encontraste?*
– *El Focus perdió líquido de los frenos probablemente a consecuencia de la bomba de frenado, no parece haber sido provocado, no hay cortes ni golpes, quizá ya estaba fallando. Atravesaron el muro de contención, cayeron del quinto piso y aterrizaron sobre el techo, el impacto fue tan fuerte que los cuellos de los pasajeros se rompieron muriendo al instante, tenemos 2 víctimas, conductor barón entre 45 y 48 años y el copiloto varón entre 30 y 33 años. Parece que no necesitaban nuestra ayuda después de todo, no hay mucho que investigar aquí, creo que el caso está cerrado y fue solo un accidente Jess, habrá que checar bien el sistema de frenado, ya revise con luz ultravioleta en búsqueda de huellas y por el momento no hay pistas, esperemos que Jimmy encuentre algo, no veo porque el Jefe nos asignó a esto. -*

Jessica pensativa e intrigada la pregunta a su compañero:

– *¿Ya viste la mariposa?*

- *Sí, pero eso ¿Qué tiene que ver? O acaso ¿Crees que la mariposa saboteó los frenos? O ¿Quizá ella iba manejando? - respondió Adam de manera burlona.*

Nadie parecía darle importancia al único elemento que no cuadraba en la escena y todos le hacían burla a Jessica.

- *No Adam, no es momento para chistes, solo que es algo muy extraño o más bien fuera de lo común.*
- *Lo lamento, concuerdo contigo, es algo poco común encontrar una mariposa en la escena, pero fue un accidente, la mariposa pasa a segundo plano y en verdad es un elemento dentro del cuadro, pero no tiene importancia alguna, creo que esta mas claro que el agua Jess, no hay más que hacer o decir.*
- *Parece que si, Jimmy viene en camino por los cuerpos, también le pedí que se llevará la mariposa para analizarla, digo después de todo es parte del entorno. -*

Había una considerable multitud de personas que se encontraban rodeando la escena por morbo para ver qué era lo que había pasado, mientras los noticieros iban llegando para comenzar a reportar lo sucedido. Adam no quiso hablar más del tema para evitar alguna discusión con Jessica y ambos regresaron a la central, para reportar informes con Falco. Se sentía una tensión durante el camino de regreso, no hubo alguna palabra entre los detectives a lo largo del transcurso.

Cuando llegaron a la central, no demoraron nada en hacer el reporte de los hechos ocurridos en su oficina, el caso fue cerrado de inmediato y fue marcado como un simple accidente automotriz, por fallas mecánicas y la familia de los difuntos se encargaría de hacer la demanda al respectivo lote de carros que les vendió el auto.

Ambos cerraron el despacho, apagaron las luces y salieron del lugar. Mientras, Jessica y Adam se dirigían al auto ya más noche para cerrar el día.

Estando en el estacionamiento Jessica estando de pie junto al auto le preguntó en un tono más serio de lo normal:

- *¿Vas a querer un aventón Adam?*
- *No gracias Jess, quede con unos amigos en un bar cerca de aquí, es cumpleaños de uno de ellos y lo celebraremos, ya sabes algo tranquilo, un par de cervezas, buena música y después a dormir.*
- *Esta bien, ya me iré a casa. -*

Adam se percató de que la manera en la que estaba Jessica no era la habitual y le preguntó:

- *¿Estas bien Jess? Te noto decaída y no necesito mis habilidades de Sherlock para saber que tienes algo, compañera.*
- *Si, estoy bien Adam, solo me sentí mal por esas personas, digo ¿Qué podían hacer al respecto? Y me intriga esa mariposa, creo que no es algo normal.*
- *Tranquila Jess, el auto se revisó y fueron fallas mecánicas comunes, no hay señales de saboteo o por lo menos intento de, creo que solo fue mala suerte, son cosas que*

suceden y en cuanto a la mariposa, creo que deberías olvidarlo, es un detalle insignificante, mañana Jimmy tendrá los resultados y si sale algo fuera de lo común lo sabremos, así estarás más tranquila ¿si? -

Jessica pareció relajarse con lo que le decía Adam, aparte de cuidarse las espaldas en el campo, también se daban seguridad y ánimo personalmente. Adam siempre fue un joven muy noble y parece que eso no cambiaría, su corazón le podía decir cuando alguien no se encontraba bien. Jessica más calmada le respondió:

– *Si, está bien Adam. ¿Sabes algo? Siempre que hablamos me haces sentir mejor cuando lo necesito, me siento más tranquila.*
– *No hay de qué Jess, para eso somos compañeros ¿no? Sabes, ahora que lo pienso, no te habrá hecho daño la comida de Pete o ¿si? -*

Jessica entre risas le contesta:

– *Obvio no tonto, bueno que te vaya bien en tu borrachera compañero.*
– *Por supuesto, me tomaré unas cuantas a tu nombre Jess. -*

Ambos agentes se despidieron y tomaron sus caminos, Jessica subió al auto y salió rumbo a su casa, mientras Adam prendió un cigarro y caminó hasta el bar, que se encontraba sobre la misma avenida.

Una vez que Jessica llegó a su hogar, entró con actitud decaída, a pesar de que Adam la había tranquilizado y estaban esperando los resultados de las autopsias, nunca es fácil presenciar un evento tan trágico como un accidente en el cual lo único que puedes hacer es: observar.

Jessica siguió hasta su recamara donde dejó la placa y el arma. No veía a Peter por ninguna parte, cruzó el pasillo donde lo encontró en el cuarto de sus pequeños, estaba preparando a sus dos hijos para dormir. Jessica entró de manera cautelosa sin hacer ruido saludando a Peter de beso y lo ayudó acostar a sus gemelos, después de darles las buenas noches y cubrirlos con sus sábanas, ambos salieron apagando la luz y emparejando la puerta. Se dirigieron a su habitación, una vez que entraron Jessica se desvestía y se ponía su pijama para descansar, dejando aun lado su traje sastre de dama en una silla cerca de la cama, ya que estaban listos para acostarse Jessica y Peter acostumbraban hablar de cómo les había ido en su día y en esta ocasión no fue la excepción, Peter le preguntó:

– *¿Cómo te fue en tu día amor? Te noto un poco cabizbaja.*
– *Tuve un día pesado cariño, hoy tuve un caso donde un auto se cayó del quinto piso de un estacionamiento, solo se quedaron sin frenos, hicimos el reporte y el Jefe lo marcó como accidente.*
– *Qué triste, pobres personas. Pero solo fue un accidente ¿no amor? Digo, después de todo sí solo fue eso, ¿Para qué llamar a los mejores detectives de la ciudad? Y ¿Cómo se encuentra Adam?*

- *Pues sí, no le tengo que dar tanta importancia al caso después de todo y Adam se encuentra bien, ya sabes cómo es él. Yo no revisé la escena, fue él, pero parece que me afectó más a mí.*
- *No pasa nada cariño, creo que después de todo somos humanos y tenemos sentimientos, es parte de la vida sentir cosas como esta y ¿Adam encontró algo? -*

Jessica tardó unos segundos en reaccionar, se quedó pensativa mirando al piso mientras estaba sentada sobre la cama, hasta que le respondió a su esposo:

- *Si, encontró algo...*
- *Y ¿Qué fue lo que encontró amor?*
- *Pues aparte de los cadáveres, encontró una mariposa negra muerta dentro del auto. -*

Peter se sorprendió, ya que no esperaba esa respuesta y le preguntó:

- *¿Es enserio? Que extraño y ¿Tuvo algo que ver, o es pura coincidencia?*
- *Pues no, no tuvo nada que ver aparentemente, pero tengo la corazonada que quizá sí.*
- *Pues dices que se quedaron sin frenos ¿no es así? Digo, quizá la mariposa estaba en el auto y el conductor aceleró asustado y obstruyó su vista... no se, podría ser algo así. -*

Jessica se quedó en silencio y en su mente trataba de darse tranquilidad y aclarar que solo estaba confundiendo las cosas. La conversación terminó cuando Peter se acercó y le dio un beso en los labios. Peter sugirió que fueran a descansar y así fue, ambos se acostaron y se echaron a dormir.

La noche pasó su curso mientras Jessica no podía conciliar el sueño, estaba sudando, dando vueltas sin cesar por la cama, le costaba mucho trabajo, no se podía acomodar pero tampoco quería despertar a Peter; Jessica nunca fue una mujer supersticiosa, más bien ella era una mujer de hechos y razones con explicaciones, pero quizá esta vez aprendería a seguir su instinto.

A la mañana siguiente, Jessica despertó cansada claro que no había dormido lo que debía.

Esta vez Adam fue el que llegó a la central primero, entró a su oficina dejando las llaves sobre el escritorio y quitándose el saco para colgarlo en el perchero que tenían y se le hizo muy extraño no ver a Jessica ya que ella es sumamente puntual. Pasaron casi 15 minutos, cuando Jessica por fin llegó y entró a la oficina, Adam desde luego se dio cuenta que Jessica se notaba cansada y con ligeras ojeras en su rostro. Por supuesto que no tardó en preguntarle:

– *Buenos días Jess, Falco preguntó por ti, ¿Por qué llegaste tarde? -*

Jessica suspiró y agachó la mirada contestándole:

– *Lo lamento Adam, no pude dormir bien y se me hizo tarde, me tomaré un café y estaré como nueva.*

– *Esta bien te voy a creer, le dije a Falco que pasaste a comprarme comida, que yo tenía la culpa. -*

Jessica soltó una pequeña risa y su humor cambió en ese instante.

– *Gracias por cubrirme compañero, te debo una.*
– *No te preocupes Jess como te dije ayer, para eso estamos. Pero en serio te vez mal compañera, yo fui el que me tomó las cervezas no tú y mírame, fresco como una lechuga. -*

Adam se levantó y tomó la cafetera que tenían en la parte trasera de la oficina, le sirvió en un una taza y se la entrego a Jessica mientras acomodaba su escritorio, de repente, Jimmy el Jefe del Departamento de Ciencias Forenses, entró por la puerta sin tocar y dijo:

– *Compañeros ya tengo los resultados de los análisis, no quería hacerlos esperar. -*

Adam de una manera amable le responde:

– *¿Qué pasa Jimmy? Háblanos, ¿Qué encontraste? Siéntate. -*

Jimmy un poco tímido, al ver la amabilidad mostrada por Adam, tomó la palabra entrando a la oficina con pasos lentos e inseguros y con su manera tan peculiar de caminar encorvado con una carpeta en la mano.

- *Gracias Adam, Como ya sabíamos, Los sujetos fueron identificados como Joseph Miller y Frederick Heinks, los dos hombres murieron al instante al momento del impacto, tienen varias vértebras rotas y por supuesto el cuello fue lo que los fulminó, si hubieran sobrevivido de milagro, hubieran quedado en coma o quizá parapléjicos, cualquiera de los resultados hubiera sido fatal.*
- *Bueno, ¿Algo más? - Preguntó Adam.*
- *¡Ha sí! Y sobre la mariposa Jessica, se le hicieron todos los análisis posibles y no encontramos nada, ni una huella digital, solo es una mariposa común y corriente. Por los análisis se estima que murió un par de minutos antes, incluso pudo haber muerto en el momento del accidente. Bueno, si necesitan algo más, ya saben dónde encontrarme compañeros.*
- *Gracias Jimmy. - Ambos agentes le contestaron.*

Jimmy dejó la carpeta sobre el escritorio de Jessica y se retiró de la oficina de los detectives, mientras Adam le dijo a Jessica:

- *¿Lo ves Jess? Te dije, que solo era una simple coincidencia, la mariposa no tiene nada que ver, ¿Ya estas mas tranquila? -*

Jessica se sentó en su silla, con la mirada clavada en la carpeta y sin más opción levantó los hombros en señal de resignación y respondió:

- *Creo que sí, quizá lo más probable es que se haya metido en el auto antes de caer, vaya coincidencia.*
- *Sí dejémoslo así Jess.* -

Ambos detectives cambiaron de tema y conversaron por horas de diversas cosas, claramente Jessica se tranquilizó dejando ir el asunto de la mariposa de su mente, aclarando todo.

Adam le comentó a Jessica que si le gustaría salir a comer, para distraerse un poco y cambiar de aires, Jessica accedió y ambos salieron a comer a un pequeño restaurante en Little Italy llamado "La pequeña Sicilia".

III

Las cosas se habían calmado, ambos agentes llegaron al restaurante italiano para poder comer, entraron por la puerta principal mientras la hostess los guiaba hacia la parte de la terraza, cerca de una jardinera, el lugar obviamente estaba ambientado como un clásico lugar en Italia, lleno de plantas y enredaderas verdes por todos lados, las mesas con manteles a cuadros rojo con blanco y un gran número de luces decorativas colgando de los toldos verdes; las cosas habían cambiado de tono, la preocupación e incertidumbre del caso habían quedado en la carpeta cerrada.

Era un bello atardecer, perfecto para dar un paseo o tomar alguna bebida, la luz del sol era tenue, no quemaba ni molestaba. Era una tarde perfecta para nuestros detectives, era justo lo que necesitaban.

En este oficio, es una parte fundamental tener días así, relajarte y no dejarte llevar por los casos, en pocas palabras mantener la cordura, día a día se observan cosas terribles, escenas grotescas y perturbadores, algo que te hace recapacitar de lo pequeño que somos los humanos, lo frágiles que somos, no tenemos la coraza de un cocodrilo o la resistencia de un elefante, mucho menos la agilidad de un lince y la fuerza de un gorila, tan solo somos carne y hueso, pero tenemos algo que los demás no tienen, una capacidad de razonar y analizar, una de las mayores ventajas del ser humano, eso se debe usar a nuestro favor, para no llegar al punto de quiebre.

Pero la armonía no duró mucho, apenas habían llegado sus bebidas por parte del mesero y estaban por tomar las cartas para leer el menú, en cuanto Adam recibió una llamada inesperada que rompió el buen momento de los detectives. Adam tomó su celular de inmediato e interrumpió la conversación con Jessica.

– *Detective Adam Cross, diga…* -

Adam cambió su tono de voz, en cuanto escuchó al Jefe del otro lado de la llamada:

– *Cross, habla Falco, ¿Estás con Sanders?*
– *Sí Jefe, aquí está conmigo ¿Qué pasa?*
– *Tenemos otro caso Cross, es un poco extraño, la escena se encuentra entre la 18 y la 15, es una estética llamada "Charlotte" está justo en la esquina, la víctima murió con de una secadora de cabello estilo casco, no tengo más detalles detective, el resto es de ustedes.*
– *¿Estilo casco? Esas cosas ¿Se siguen usando en pleno 2019?*
– *¡Eso no importa Cross, maldita sea! ¡Tú y Sanders vayan de inmediato para allá!*

– *Si Jefe, lo lamento vamos para allá. -*

Adam colgó su celular y Jessica desconcertada le preguntó a su compañero:

– *¿Qué pasa Adam? -*

Adam le responde:

– *Falco me acaba de hablar, tenemos un caso nuevo, entre la 18 y la 15, en una estética llamada "Charlotte", nos acaban de asignar y tenemos que ir. -*

Realmente esto no causaba ningún conflicto para ellos, cuando se vive en una ciudad tan grande ocurren casos tan seguido que en ocasiones aún no se resuelve uno cuando ya apareció otro de la nada. Jessica tomó sus cosas, dio el último sorbo a su bebida mientras Adam sacó unos billetes de su saco y los arrojó sobre el mantel cuadriculado, ambos agentes subieron de prisa a su patrulla y salieron a toda velocidad directo a la peluquería.

Esta vez Adam y Jessica, lo tomaron con más serenidad, no se sentían angustiados, solo lo veían como un día más en el trabajo pero no perdían el profesionalismo, iban concentrados y mentalizados a poder resolver el caso cuanto antes.

Al llegar a la estética, había solo una patrulla estacionada en la parte de afuera del lugar, además un gran número de gente que pasaba por ahí mientras sucedió el incidente y un pequeño grupo de mujeres entre lágrimas y tubos en la cabeza con mandiles puestos encima de su ropa; era claro que eran clientes y algunas empleadas de la estética. Se veía muy lindo el lugar, de color rosa con un estilo elegante y francés, pero no dejaba de ser una escena con una persona difunta en la parte interior del negocio.

Ambos agentes bajaron de su patrulla e ingresaron al lugar mostrando sus placas, parecía una casa de muñecas por la decoración que había, dentro solo se encontraba un oficial cuidando que nadie entrara al lugar. Jessica decidió investigar el cuerpo y mandó a su compañero con el oficial para saber qué había pasado exactamente y qué información podrían reunir.

La estética era amplia y estaba bien distribuida, en la parte de la izquierda se encontraban una serie de sillas giratorias con espejos de frente donde se hacían cortes o tintes; en la parte derecha estaba la barra y el mostrador donde se realizaban los cobros y en el centro al fondo se encontraban 5 sillas con las secadoras estilo casco. Jessica cruzó el lugar caminando hasta donde se encontraba el cadáver, la escena se tornó oscura y fría, los colores rosa pastel quedaron de lado y todo lucía color gris. Había una señora sentada en una de las sillas de la secadora con el casco puesto, el cuerpo estaba pálido y había un aroma a quemado en el aire a su alrededor, parecía que había sido una ejecución en la silla eléctrica, Jessica comenzó a inspeccionar y analizar el cuerpo.

No parecía haber señales de violencia ni nada por el estilo, parecía que simplemente la habían colocado allí como muñeca de aparador. Mientras, Adam se acercó con el oficial y le preguntó:

– *¿Qué pasó oficial? ¿Qué tenemos aquí?* -

El oficial a cargo respondió:

– *No tengo idea detective, yo solo estoy aquí por órdenes del capitán para cuidar que nadie contamine la escena.* -

Adam se frotó la barbilla con su mano y respondió:

– *¿Alguien me puede dar respuestas? ¿Quién fue el testigo más cercano?* -

El oficial giros su cabeza, y señaló a una mujer que se encontraba de pie cerca del mostrador, de unos 35 años de edad, cabello claro con un corte al hombro y unos grandes bucles dorados, vestida de una manera formal con un bonito traje de sastre y una pequeña placa en su pecho la cual tenía grabado su nombre "Margaret" y arriba el título de "gerente", la mujer estaba quebrada en llanto, los ojos irritados y rojos, era evidente que esa mujer quedaría marcada por el trágico suceso, Adam se acercó precavidamente y colocó una la mano en la espalda en símbolo de apoyo y le dijo:

– *Todo estará bien señorita, no debe preocuparse. Soy el agente especial Adam Cross...* -

Mientras Adam hablaba, Margaret lo interrumpió de una manera muy brusca quitándole la mano al detective y con un tono golpeado le exclamó:

- *¿No debo preocuparme? ¡No debo preocuparme! ¡Acabo de ver delante de mí cómo se moría una de mis clientes frecuentes! Cada maldito Martes venía para arreglarse el cabello, ¡Tenía una familia! Y usted viene a decirme que ¿No debo preocuparme? ¡No pude hacer nada para evitarlo! No pude… -*

Margaret volvió a romper en llanto, mientras cubría su rostro con un pañuelo, mientras Adam la abrazaba y trataba de calmarla un poco, pero era imposible, parecía una pequeña niña que había perdido a su perro y le dijo:

- *No fue su culpa señorita, no sea tan dura con usted misma, solo es una estilista, no es una paramédica profesional, ni siquiera yo tengo tantos conocimientos de qué hacer en ese caso. Necesito que se tranquilice ¿sí? ¿Quiere ayudar? Usted puede ser de mucha ayuda aun, pero necesito que mantenga un poco la calma por favor. -*

Las palabras de Adam parecían haber funcionado, Margaret asentó con la cabeza mientras las lágrimas paraban y limpiaba su nariz con su pañuelo estampado de flores azul marino. Adam continuó:

- *Necesito hacerle unas preguntas para poder saber qué pasó, ¿cree poder ayudarme? -*

Margaret con una voz temblorosa y tartamudeando le contestó:

– *Si... trataré... -*

Adam comenzó a preguntarle:

– *Bueno, antes que nada ¿Quién era la señora?*
– *Ella... ella se llama Luisa Weiser... ella venía todos los martes para arreglarse el pelo, tiene 50 años... tiene un esposo y una hija que ya es mayor...*
– *¿Ya contactaron a su familia?*
– *Si... una de sus amigas les llamó y les dijo... -*

Adam comenzó a darle más confianza a Margaret, siempre ha tenido ese don, su buen carisma y su manera de decir las cosas para que las personas pudieran abrirse sin preocupación.

– *¿Me puedes contar qué pasó Margaret? ¿Puedo llamarte Maggie?*
– *Si... pues yo solo estaba supervisando que todo fuera en orden... Yo cuido que las estilistas hagan su trabajo y que las clientas se encuentren satisfechas con el servicio que les brindamos, después de todo, era mi trabajo... -*

Margaret comenzó a llorar de nuevo, Adam no la soltaba y le hacía pequeñas caricias en la espalda mientras decía:

– *Tranquila Maggie, respira profundo. Recuerda que me estás ayudando, ¿Qué fue lo que sucedió?*
– *Pues... solo estaba checando y caminando por el lobby... cuando de pronto escuché un destello y en cuan-*

to reaccioné, Luisa estaba moviéndose de una manera muy extraña, se estaba convulsionando y le escurría la saliva por el mandil... comenzó a salir humo del casco y había un pequeño chispeó detrás de la máquina... y... y... dejó de moverse... -

Margaret volvió a soltar el llanto, estaba destrozada y probablemente con un pequeño trauma de por vida al recordar aquella aterradora escena de las clientas gritando y corriendo mientras Luisa se movía espantosamente con las descargas.

Jessica se acerca donde estaban hablando Margaret y Adam y le susurró a su compañero:

– *¿Terminaste? -*

Adam abrazó por última vez a Margaret y le dijo:

– *Muchas gracias Maggie, eres una mujer muy fuerte y has sido de gran ayuda. -*

Adam le preguntó a Jessica:

– *¿Qué encontraste Jess?*
– *La víctima es una mujer, de entre 48 y 51 años... -*

Adam interrumpió:

– *Tiene 50 para ser exactos. -*

Jessica entre cierra los ojos por la interrupción y continúa:

- *Okay, tiene 50 años y parece que la máquina hizo un corto, dando descargas directas al cerebro de la víctima. Tardó unos tres o cuatro minutos en fallecer, debió ser bastante desesperante y doloroso.*
- *¿Encontraste la causa del corto? Preguntó Adam.*
- *No, parece ser algo eléctrico, no hay líquido cerca y los cables están bien recubiertos, quizá fue un alta de corriente lo que causó el corto.*
- *Cielos, la mala suerte abunda en estos días. Ayer el caso del auto y hoy, esto… -*

Jessica volteó su mirada hacia Margaret que se había reunido con el grupo de clientas en la parte de a fuera del negocio y preguntó:

- *La gerente, ¿Te dijo algo más Adam?*
- *No, fue todo. Está muy devastada, sería bueno llevarla a la central, que el equipo de psicólogos le den una mano. Bueno Jess, hablaré con Jimmy para que venga por el cuerpo y que nos confirme lo obvio, iré a echarle un ojo. -*

Jessica tomó su teléfono para llamar a la central y seguir el protocolo, Adam caminó hasta el cuerpo para comenzar a buscar alguna pista, checó los cables, el casco, e incluso los utensilios de la estética, pero nada, todo parecía estar en su lugar. Por mera casualidad al detective se le ocurrió mover un poco el pequeño tocador color beige que se estaba detrás de la silla de Luisa donde se encontraban frascos con geles y los sprays para cabello entre otras cosas. Adam giró unos centímetros el mueble, cuando su sorpresa fue tan grande que quedó pasmado y exclamó al aire:

– *Pero ¿Qué diablos?* -

Los ojos de Adam no podían creer lo que veían, había otra mariposa negra en el suelo. Adam tuvo un colapso mental de momento, no tenía la menor idea de que pensar ¿Cómo era posible? ¿Otra mariposa? ¿Cómo había llegado ahí? ¿Qué diablos está pasando? Jessica se acercó y vio la reacción de su compañero.

– *¿Qué pasa Adam?* -

Adam, sin palabras volteó a ver a Jessica a los ojos y después regresó su mirada con dirección al piso, ahí fue cuando Jessica reaccionó y se conmocionó de la misma manera. Ambos se quedaron en silencio, no sabían qué pensar o qué deducir, no era normal encontrar una mariposa negra en 2 casos distintos.

Se quedaron perplejos unos segundos llenos de confusión, cuando de repente entró Jimmy Williamson a la estética por la puerta principal haciendo sonar la campanilla que estaba arriba del marco de la puerta, como en las viejas tiendas. El sonido de la campana hizo reaccionar de golpe a Jessica y Adam, mientras Jimmy les dijo:

– *Hola compañeros, ¿Sólo es ella?* -

Adam señaló la mariposa con su mano derecha y le dijo a Jimmy:

- *No sé cómo decirlo compañero, no se si llamarlo pista, indicio, coincidencia o qué diablos, pero tenemos otra mariposa negra amigo, llévala también a examinar por favor.* -

Jimmy lo tomó con un poco más de calma, llamó a sus compañeros forenses para que sacaran el cuerpo pálido de Lisa cubierto con una sábana blanca sobre la camilla, tomó con sus guantes la mariposa metiéndola en la bolsa especial de evidencia y salió de la estética llevando ambas cosas a su laboratorio en la central para realizar los respectivos análisis.

La dupla de detectives igual partió para analizar el caso y reportarse con Falco. Al llegar a la central, Adam y Jessica ciertamente confundidos entraron a la oficina del jefe para realizar el reporte y el papeleo de rutina. Falco los miro al entrar y les comentó:

- *¿Qué pasa muchachos? Los veo muy apagados, El capitán me hizo llegar un pequeño reporte de la situación, parece ser otro accidente, creo que alguien ha estado pasando por debajo de muchas escaleras ¿No lo crees Cross?* -

Pero la broma de Falco no le hizo gracia a Adam, lo cual dejó muy desconcertado a Falco, mientras Adam le respondió:

– *Creo que si Jefe, pero hay algo que no cuadra.* -

Falco sorprendido sabía algo no andaba bien por su reacción y preguntó :

– *¿De que se trata Cross? Habla...*
– *Pues mire Jefe, la cosa es que encontramos algo en la escena del accidente, algo que lo liga con el caso de ayer del Focus que cayó del estacionamiento, no sé si es una coincidencia o hay algo detrás de esto.*
– *¿De qué me estás hablando Cross?* -

Falco comenzó a desesperarse y Adam respondió:

– *Realmente no se si sea una conexión pero en ambas escenas encontramos una mariposa negra sin vida...* -

Falco respondió también sorprendido:

– *¿Es en serio? o ¿Es una de tus bromas pesadas muchacho?*

El jefe confundido volteó a ver a Jessica y le dijo:

– *Sanders, creo que tu eres la más sensata de ustedes dos, explícame esto* -

Jessica seguía en shock pero le respondió a Falco de una manera más sobria respaldando a su compañero:

- *Sí Jefe, es la segunda mariposa que encontramos en una escena de manera consecutiva, le pedimos a Jimmy que las tomara y analizara.*
- *Por ahora, la primera no tuvo novedades o anomalías en sus resultados, una simple mariposa que estuvo en el accidente, pero esta... espero que encontremos algo. -*

Falco no sabía que pensar, solo respaldó la decisión de los detectives, terminó el papeleo y marcó el caso como otro accidente. Los dos agentes especiales confundidos, salieron de la oficina de Falco y cruzaron el pasillo directo a la suya, Adam y Jessica habían terminado por el día de hoy, pero ellos decidieron quedarse para analizar más a profundidad la situación, buscar una posible conexión entre ambos casos y llegar alguna conclusión para saber que podría estar pasando realmente.

Cada quien tomó asiento en su respectivo lugar para comenzar una lluvia de ideas, era claro que dos mariposas no eran una simple coincidencia. Adam comentó:

- *Dos mariposas... ¿Qué podrían significar? Como ya lo hemos discutido anteriormente, la primera se pudo haber colado en algún momento del accidente, pero la segunda... ¿Qué rayos podría hacer una mariposa negra dentro de una estética de lujo? -*

Jessica le respondió:

- *No tengo idea, quizá podríamos probar preguntarle a la señora Margaret, si tenía conocimiento de que la mari-*

posa se encontraba ahí, o si solo la encontraron sin vida y la escondieron detrás del mueble para no causar algún alboroto con los clientes.

– *Creo que no sería una buena idea Jess, Margaret no está ahorita en sus 5 sentidos para poder ayudarnos, acaba de ver cómo murió una mujer delante suyo, yo creo que lo menos que va a importarle es una mariposa. Sabes, creo que en el estado de Luisiana, tienen algunas extrañas costumbres de hacer magia negra, conjuros malignos y suelen usar la mariposa negra como símbolo o tótem ¿Crees que alguien estuviera detrás de estas personas? -*

Jessica respondió de una manera abrupta:

– *Yo no creo en eso Adam, eso no tiene sentido... Creo que deberíamos intentar con Margaret y conseguir hechos más factibles que magia negra y conjuros. Además, dudo mucho que la misma persona estuviera detrás de los dos hombres del Focus y de una señora en la peluquería. -*

De repente llaman a la puerta de la oficina, Jessica da la autorización de entrar y Jimmy Williamson aparece e ingresa con una carpeta en la mano como es costumbre. Adam le pregunta:

– *¿Qué tienes para nosotros Jimmbo? -*

Jimmy tomó aire y comenzó con la explicación:

– *Terminé la autopsia del cuerpo de Luisa y en efecto, sus neuronas fueron fritas por la descarga eléctrica que recibió directamente del casco, de igual manera también su pulso subió de una manera acelerada, causando una arritmia cardiaca y después un paro respiratorio fue lo que finalmente la llevó a un lugar mejor. Y respecto a la segunda mariposa, no hay ninguna novedad nuevamente, una simple mariposa. De hecho me tomé la libertad de comparar a fondo ambas mariposas, para ver si existe alguna conexión pero lo único que las relaciona es la especie, conocida como: Ascalapha Odorata o comúnmente conocida como la mariposa negra.* -

Adam de una manera desilusionada contestó:

– *Cielos, esto no ayuda en nada, pero muchas gracias Jimmy, gran trabajo. Por lo pronto no tenemos nada, pero las mariposas están ahí, queriéndonos decir algo.* -

Jimmy caminó hacia el escritorio de Jessica y dejó la carpeta sobre la mesa:

– *Usen la lógica compañeros, ustedes resuelven crímenes para encontrar a los culpables de los homicidios ¿no? Quizá la mariposa no tiene ningún significado en especial o nada fuera de lo común, pero es una pista. Quizá para nosotros no es nada, pero quizá para alguien más si…* -

Jessica lo interrumpe:

- *¿A qué te refieres Jimmy? ¿Qué quieres decir?*
- *Pues mira detective, normalmente ¿Qué hay en común en una escena del crimen? ¿Qué hacen los asesinos en serie para recibir crédito por sus "obras"... la firma... la mariposa es la firma del asesino. Quizá para nosotros no tenga significado, pero para él si. -*

Jessica le responde sorprendida de la deducción pero a la vez con duda:

- *Entonces ¿Crees que hay un asesino detrás de esto? Pero en ambas escenas fueron accidentes, las causas están más que justificadas y tú lo sabes... tú hiciste las autopsias y los análisis, no hay prueba de un culpable.*
- *Así es, eso es lo que vemos... pero en la magia ese es el truco ¿no? ¿Ver una cosa mientras algo sucede detrás del telón? No sería la primera vez que uno de los asesinos realiza trabajos como estos... ya sabes, de hacer que parezca un accidente... cuando es todo lo contrario y realmente fueron provocados. -*

Jessica salto de sus silla como resorte y de una manera emocionada por encontrar un camino le dijo a Jimmy:

- *En ese caso, quiero que vayas al Departamento de rastreo y busques alguna conexión con las víctimas, si se llegaron a conocer, si tienen amistades en común, quiero saber que los une... oficialmente eres parte del caso compañero.* -

Adam se incluye a la conversación preguntándole a Jimmy:

– *Oye Jimmy ya que hablamos de un probable asesino y que alguien está detrás de todo esto ¿Crees en la magia negra?* -

Jessica no tardó en voltear y dar una mirada de pocos amigos hacia su compañero:

– *Adam, deja de lado tu teoría vudú...* -

Jimmy le respondió de una manera muy segura:

– *No Adam, yo soy un hombre de ciencia, no creo que eso. Dudo mucho que hayan muerto por una maldición o que alguien los hubiera hechizado o algo por el estilo, si eso es a lo que te refieres.* -

Adam soltó una carcajada y respondió:

– *No es por ser supersticioso pero creo que no podemos descartar nada, después de todo siendo detectives tenemos un abanico lleno de posibilidades, hasta que no tengamos más pistas o descubramos algo más.*

Jessica en su escritorios leía el sobre donde se encontraban los análisis de las mariposas y le dijo a Jimmy:

– *Jimmy, ve al departamento de rastreo cómo te dije y por favor, quiero que también busques huellas digitales en las dos mariposas. Si hay alguien detrás de esto, lo quiero saber de inmediato.*
– *Por supuesto detective. -*

Jimmy se retiró para seguir las órdenes de Jessica, mientras los detectives ya tenían una posible pista, un camino que tenía cierta lógica, las mariposas no habían llegado por sí solas, alguien debió haberlas puesto...

La deducción de Jimmy era muy sensata y lógica, ya habían tenido casos en los cuales el homicida utilizaba este modus operandi haciéndolos creer que habían sido accidentes, pero ahora la novedad era que la firma del asesino era una mariposa.

Claro que aún quedaban muchas respuestas como ¿Qué conexión tienen las víctimas? ¿Por qué una mariposa? Y un sinfín de preguntas que aún no tenían respuestas, pero claro él caso apenas iba comenzando a pesar de que ya había un registro de 3 víctimas y 2 escenas. Mientras Adam y Jessica seguían con la lluvia de idea comentando:

– *Creo que Jimmy llegó a un muy buen punto Adam...*
– *Si, yo también concuerdo, no lo había pensado de esa manera, no era normal que 2 mariposas aparecieran en diferentes escenas, pero ahora que lo vemos como un*

patrón, creo que siempre tuvo sentido, solo falta descubrir qué conexión tienen las víctimas y será más sencillo hilar los casos.

– *Tienes razón, lo malo es que no tenemos algún indicio o pista para saber por dónde comenzar a buscar o por lo menos tratar de prevenir el siguiente ataque.* -

Adam se queda callado unos segundos y reacciona contestando de una manera engreída y misteriosa:

– *Creo que si la tenemos…* -

Jessica confundida le pregunta:

– *¿La tenemos?* -

Adam muy seguro le responde:

– *¡Claro! Mira Jess, el tipo tiene que sacar las mariposas de algún lado ¿no lo crees? Tiene que haber algún proveedor.*
– *¡Brillante Adam! Parece que Jimmy te despertó. Bien pensado, ese es nuestro punto de partida, pero ¿A dónde iremos?*
– *No lo sé, quizá algunas veterinarias o donde vendan insectos ¿Podrías buscar en la base de datos?* -

Jessica en su escritorio se giró hacia su computadora y comenzó a teclear como si su vida dependiera de ello… podía sentir emoción, el caso comenzaba a aclararse, de estar en un oscuro vacío sin ningún rayo de luz, ahora suponían que estaban detrás de un asesino que dejaba una mariposa negra en la escena del crimen.

Si encontraban con el lugar o la persona que le suministraba las mariposas al homicida, todo sería mucho más rápido y lo podrían encontrar enseguida.

Jessica comenzó con una búsqueda a grosso modo buscando todo los lugares en la ciudad de Nueva York donde vendieran animales, después la redujo a donde vendieran insectos y por fin a los lugares donde vendieran mariposas. Hasta que al final dio con el único lugar que cumplía con la búsqueda, Jessica emocionada le exclamó a su compañero:

- *¡Bingo! Solo tenemos un lugar en toda la ciudad en la cual venden mariposas, es un lugar llamado el "El Criadero de Martín". Será mejor que vayamos a dar un vistazo.*
- *Seguro y ¿Dónde queda eso?*
- *Cerca de Harlem, vamos para allá.*
- *¿Le decimos al Jefe, Jess?*
- *No creo que sea una muy buena idea compañero, digo después de todo sigue siendo una teoría descabellada y no tenemos las suficientes pruebas para respaldar nuestras suposiciones.*
- *Esta bien, pero iremos mañana. Creo que ya no es una buena hora, son las 11:00 p.m. -*

Jessica sorprendida no se había percatado de la hora y le respondió:

- *Rayos, no me di cuenta de la hora, espero que Peter no esté preocupado, creo que me iré a casa ya Adam, mañana a primera hora nos veremos aquí e iremos al criadero de Martín para investigar eso…*
- *Claro que si Jess, mañana nos vemos aquí temprano, será mejor que te marches a tu casa para no preocupar a Pete, me lo saludas.*
- *Si si, de tu parte Adam, que pases buenas noches.* -

Jessica tomó su saco y sus demás objetos para salir con prisa directo al estacionamiento, donde subió al Challenger y se dirigió a casa con su familia.

Mientras Adam recogía todos los papeles en la oficina y acomodaba todo en su lugar, apagó las luces y también salió de la habitación, toda la central estaba en penumbras, todos los oficiales se habían ido, ya era muy noche como para estar en la oficina, solo quedaban los oficiales que hacían guardia por el turno de emergencias. Adam recordó que Jessica se había ido y se dijo a sí mismo:

- *¡Maldición! Jess ya se fue, tendré que pedir un taxi, espero que aun haya alguno…* -

Adam salió por la puerta principal de la estación, bajando los escalones principales mientras se ponía su chaqueta y se despidió al final del oficial encargado de velar las puertas de la central por la noche. No quiso perder más el tiempo y se encaminó a su departamento, quedaba a tan solo unas 8 cuadras, pero había sido un día agotador y la noche era fría con vientos helados como para caminar de regreso a casa a esas horas. Adam pasó 3 cuadras y en la siguiente esquina de la nada brillaron unas luces en su dirección, para la suerte del detective era un taxi haciendo los últimos recorridos para cerrar el día. Adam corrió y comenzó a chiflar haciendo señas para hacerle la parada al taxi, hasta que este se detuvo, subió al auto y le dio la orden de ir a su departamento.

Jessica llegó a casa extremadamente rápido, a pesar de que la ciudad de Nueva York es una ciudad bastante poblada y apodada "la ciudad que nunca duerme", tuvo la suerte de que las calles estaban bastante fluidas o casi vacías en aquella hora de la noche.

Se estacionó enfrente de la casa y trató de entrar lo más silenciosa que pudo, abrió la puerta y todo estaba totalmente oscuro, todas las luces estaban apagadas y no había sonido alguno.

Jessica se hizo paso entre las sombras hasta llegar a su cuarto y al entrar se percató de que Peter ya se encontraba dormido profundamente al igual que sus dos pequeños hijos, se puso su pijama sin hacer el mínimo ruido y se acostó junto a su esposo a dormir.

Por otro lado, Adam llegó a su departamento y al bajar del taxi le pagó por la ventanilla al conductor que arrancó de inmediato, todos querían ya irse a descansar. Adam subió las escaleras del edificio hasta el penúltimo piso donde se encontraba su hogar, abrió la puerta y como vivía solo, no tuvo ningún problema en entrar con toda la libertad o sin ir a despertar a alguien.

Había sido un día difícil para nuestros detectives y más por la misteriosa sorpresa de haber encontrado una segunda mariposa en dos casos seguidos en tan solo dos días, en dado caso de que fuera un asesino en serie, ninguno había actuado tan consecutivamente en sus casos anteriores. Adam se dirigió a su cocina donde abrió el refrigerador y sacó un par de cervezas bien frías para salir al balcón de su departamento, se sentó en una silla de madera que tenía bien acomodada con una preciosa vista al resto de la isla de Manhattan.

Adam se sentó muy tranquilo y destapó sus cervezas para poder relajarse un rato y ver la ciudad iluminada como si fuera de día. Tardó una hora en terminarlas, mientras que estuvo meditando sobre el nuevo caso que tenían en sus manos. Hacía tiempo que no les tocaba un caso complicado o mas bien ya se habían acostumbrado a resolverlos de una manera tan veloz que parecían sencillos y simples, pero gracias a Jimmy el caso tomó una ruta que no se veía por ningún lado y ambos detectives estaban por el momento más tranquilos.

Adam muy relajado se levantó de su silla, cerró el balcón y se metió a descansar porque mañana les esperaba un día emocionante para dar con una pista muy importante o al menos con alguien vinculado al homicida.

IV

Al día siguiente, ambos agentes partieron a las 7:00 a.m. hacia la central como habían acordado. Jessica no tuvo tiempo de despedirse de Peter, porque seguía dormido y por otro lado Adam solo se arregló y salió.

Adam tomó un taxi para llegar a prisa a la oficina, mientras Jessica subió al auto y partió. La dupla de detectives estaba bastante emocionada porque ya tenían una pista y tenían que aferrarse a ella como un barco con su ancla.

De manera sincronizada Jessica y Adam llegaron a la central y se toparon en la entrada del estacionamiento, Jessica bajó el vidrio del lado de copiloto y le gritó a su compañero:

– *Vamos Adam sube, no hay tiempo que perder.* -

Adam en la parte trasera del taxi le pasó los billetes al taxista y le dijo que podía quedarse con el cambio al conductor, después bajó a toda velocidad y se subió a el Challenger, segundos después de que se ponía el cinturón de seguridad le dijo a Jessica sarcásticamente:

– *Si, buenos días para ti también Jess...* -

Jessica sonrió y le respondió:

– *Lo lamento Adam, Buenos días compañero. Solo estoy muy emocionada de avanzar en este caso.*
– *Yo entiendo Jess, ahora acelera a fondo y vamos para allá.* -

Los dos detectives salieron de la central motivados, por ya no estar en blanco y tener un camino que seguir, arrancaron rumbo a Harlem. Jessica iba a una velocidad considerable pero con las sirenas apagadas para poder pasar desapercibidos y no llamar la atención.

Eran casi las ocho de la mañana cuando llegaron a la calle en la que estaba la tienda, completamente abandonada y sucia, parecía que esta parte de la ciudad estuviera olvidada, llena de lugares clausurados, las ventanas estaban tapadas con tablones y cortinas viejas, todo estaba hecho ruinas.

Al llegar a la tienda, se estacionaron en la puerta principal, bajaron y observaron el panorama, ambos agentes estaban listos para desenfundar sus armas en caso de que fuera necesario, aquel barrio parecía el lugar perfecto para una emboscada. La tienda estaba sucia como todos los demás en aquella zona, las ventanas estaban opacas y no se podía observar nada hacia el interior, había un letrero en la parte superior de la puerta con el nombre de la tienda el cual estaba chueco y casi colgando de un clavo que en cualquier momento se podría caer.

Adam se acercó a la puerta, mientras le pidió a Jessica que le cubriera la espalda y tocó en un par de ocasiones diciendo:

– *Agente Especial Adam Cross de la NYPD, abran la puerta. -*

Pasaron unos minutos dándoles a entender que quizá aquel lugar estaba abandonado como todos los demás, pero para su sorpresa, se comenzó a escuchar como se quitaban una seria de candados y seguros del otro lado, la puerta se emparejó y se alcanzaba a percibir una silueta oscura entre las sombras que preguntó:

– *¿Qué necesita oficial? Ya les he dicho muchas veces que no he visto nada.-*

Adam le respondió desconcertado:

– *No se de que me habla señor, necesitamos hacerle unas preguntas de alguno de sus clientes. -*

La extraña sombra preguntó:

– *¿Clientes? Hace 5 años que no tengo clientes.*
– *Entonces ¿nos dejará pasar? - Preguntó Adam.-*

La puerta se abrió y un tipo de apariencia repugnante se mostró, un hombre de 40 años, con sobrepeso y calvo, utilizaba lentes y hacía tiempo que no se rasuraba ni se bañaba... El individuo dejó pasar a Jessica y Adam, ambos entraron sin bajar la guardia. El lugar era un desastre, las jaulas y peceras estaban vacías, rotas y llenas de basura, era totalmente repugnante aquel lugar. Jessica de inmediato comentó, cuando el tipo de la tienda sacó un par de bancos para sentarse.

– *Disculpe, Señor…* -

El individuo pronto interrumpe a Jessica:

– *Martín, Martín Budd oficial…*
– *Señor Budd, tenemos entendido que usted vendió o vendía mariposas dentro de su gama de especies en su tienda ¿Cierto?* -

Adam agrega:

– *¿Qué pasó aquí? Señor Budd.* -

Mientras, Martín limpiaba sus lentes con su desteñida sucia camisa y respondió:

– *Así es Oficiales, yo solía tener la mejor tienda de insectos de esta zona de Harlem, el criadero de Martín era un paraíso para los amantes de los insectos y los niños curiosos que entraban a mirar las maravillas que tenía aquí. Hasta que un día las pandillas rivales de este lado de la ciudad, decidieron comenzar una guerra, fue una masacre, se escuchaban disparos, vidrios rotos, y una serie de explosiones y gritos, era una auténtica guerra civil. Yo cerré mi tienda para protegerme, gracias al cielo no me atacaron ni dañaron el lugar, pero después del desastre que hicieron esos vándalos, las ventas terminaron, era obvio que esta zona decayó, las familias ya no regresaron por miedo a ser lastimados o robados, pronto todo desapareció. Entonces, oficiales si están buscando mariposas, lo único que les puedo vender son ratas y cucarachas.* -

Jessica respondió:

– *No venimos por mariposas señor Budd, estamos buscando a un individuo que las está comprando ...* -

Martín interrumpió a Jessica diciendo:

– *Creo que no me está escuchando oficial, hace 5 años que no vendo nada aquí y no hay nadie mas que venda mariposas en toda la ciudad de Nueva York. Por cierto ¿Qué tipo de mariposa están buscando?* -

Adam respondió:

– *Mariposas negras...* -

Martín cambia su tono y comenzó a mostrar su dominio del tema respondiendo emocionado:

– *¡Ah! Ascalapha Odorata... sin duda un espécimen sumamente raro y fuera de lo común. No creo que su sujeto en-*

cuentre esas mariposas aquí, no es clima para esa especie, a parte de toda la contaminación es un repelente para ellas, este sería el último lugar al que vendrían por causas naturales.-

Jessica y Adam se voltearon a ver y sin decir nada más estaban aparentemente era un callejón sin salida, después agradecieron a Martín por su tiempo dejándolo intrigado por la situación y se retiraron subiendo a la patrulla rumbo a la comisaría.

Al llegar los detectives llamaron a Jimmy Williamson para una reunión en su oficina. Adam estresado ingresó al despacho y dio un fuerte golpe sobre la mesa expresando su molestia, mientras Jessica le comentó que necesita tranquilizarse, que eso no ayudaría por ahora. De repente sonó el teléfono de Jessica y contestó:

- *Detective Sanders…*
- *Si si, lo lamento amor.*
- *Estoy con Adam analizando unos datos aquí en la oficina.*
- *No tardaré mucho, unos quince o veinte minutos más.*
- *Si, yo también te amo Peter.*
- *Chao. -*

Jessica cuelga el teléfono con un rostro de decepción, parecía que tenía un plan con su esposo, pero al estar enfocada en el caso, perdió la noción del tiempo y se olvidó por completo de la cena que tenía pendiente. Unos segundos después entra Jimmy por la puerta y dice:

- *¿Qué tenemos amigos?¿Lograron encontrar algo? -*

Adam le contesta:

– *Nada Jimmy, estamos perdidos. Decidimos ir al único lugar de todo Nueva York donde venden mariposas. Ya sabes el asesino tendría que sacarlas de algún lugar... pero la tienda tiene 5 años cerrada. Entonces eso nos deja solo un camino, si no las consigue aquí, debe traerlas de fuera. ¿Crees que puedas buscar en la base de datos, los registros de todos los animales que pasan por aduanas? Y también lo que tenemos del mercado negro, si puedes reducirlo a insectos o mariposas estaría perfecto. -*

Jimmy se acerca al escritorio de Adam y comienza la investigación, mientras que Jessica le dice a su compañero que sí podría continuar mañana con la investigación, ya que dejó plantado a Peter. Adam le dijo que no había ningún problema y le daba la autorización para retirarse. Jimmy y Adam se quedaron hasta tarde siguiendo con la investigación. Jessica salió de la oficina y se fue a casa con su familia. Las horas pasaban en el despacho, hasta que Jimmy dijo:

– *Negativo Adam, no hay ningún ingreso de algún insecto, en específico mariposas. -*

Adam contestó:

– *Entonces ¿De dónde diablos saca las mariposas? El único lugar donde se mueven animales y objetos sin ser re-*

gistrados es en el mercado negro, pero dudo mucho que alguien "trafique" mariposas negras, yo creo que los traficantes no se arriesgarían vendiendo eso, o ¿Qué opinas Jimmy?

– *No lo sé Adam hace tiempo que no teníamos un caso así, esto se está volviendo algo interesante, pero creo que al final lo vamos a descubrir colega, siempre lo hacemos... -*

Mientras tanto Jessica llegó a su casa algo tarde y al ingresar por el pasillo principal, caminó por los corredores haciendo crujir la duela del piso, todas las luces ya se encontraban apagadas y al llegar a la cocina se encontró un plato servido con una tapa sobrepuesta y un par de velas derretidas, aún se podía oler ese aroma que expide al apagar la llama. Después siguió hasta su cuarto pero antes le echó un vistazo a la habitación de sus hijos para asegurarse que todo estuviera en orden.

Elena y Leonel estaban en sus respectivas camas disfrutando de su dulce sueño. Jessica cruzó el pasillo y entró a su habitación, Peter ya se encontraba acostado en el lado izquierdo de la cama, parecía que había sido un día duro para él, después de todo estaba entrenando para su gran triatlón que se llevaría a cabo en Central Park, Nueva York.

Se escuchaban unos pequeños suspiros que aseguraban que Peter estaba profundamente dormido, Jessica se acercó y le dio un beso en la mejilla, acarició su pelo y suspiró mientras se sentía culpable por haber llegado tan tarde y dejarlo plantado con la cena, pero el deber estaba primero.

De regreso en la central, el último policía salió por la puerta principal apagando las luces detrás de él, a excepción de la única habitación iluminada donde se encontraban Adam y Jimmy. Después de un par de horas de estar discutiendo del caso Adam le dijo a Jimmy:

– *Oye Jimmy ¿Hace cuánto que no sales?* -

Jimmy le respondió sorprendido e intrigado:

– *¿Perdón?*
– *Si amigo, ya sabes, salir a pasar el rato a un bar, una cerveza bien fría y un plato de nachos lleno de queso.* -

Jimmy le responde confundido:

– *Ammm, no lo sé, creo que fue en mi cumpleaños hace un buen rato.*
– *Bueno, pues hemos trabajado muy duro hoy colega, te invito una bien fría, ¿Qué dices?*
– *Este... sí ¿Por qué no?* -

Adam y Jimmy salieron de la oficina apagando la última luz de la central, bajaron las escaleras y salieron por la puerta principal, despidiéndose de los policías que hacían guardia por la noche para emprender su camino rumbo al bar que se encontraba a unas cuadras. Al llegar al lugar Jimmy se sintió un poco intimidado, no era precisamente una oficina con personas de traje, era un sitio pequeño con una luz tenue de color rojo y música de los ochentas y noventas de fondo, cuando cruzaron por la puerta principal, el cantinero saludó con emoción a el detective Adam:

– *¡Adam amigo! ¿Cómo estás viejo? -*

Adam con una sonrisa le respondió:

– *¿Qué tal Bob? Espero no haber llegado tarde compañero.*
– *Para nada amigo mío, sabes que "El Rincón de Bob" siempre estará abierto para ti, hermano. Por cierto ¿Quién es tu amigo?*
– *Bob, te presento a Jimmy, es un colega de la oficina, es el Jefe del Departamento de Ciencias Forenses, este chico, es un maldito genio Bob. -*

Bob de una manera amistosa recibió a Jimmy dándole un apretón de manos. Bob era un tipo de muy buena vibra y de excelente ánimo, tan solo estando cerca de él, transmitía positividad. Bob fue esclavo en África, tuvo una infancia muy dura al igual que su adolescencia, era un sujeto tan grande como un ropero, de tez oscura con un pequeño afro esponjoso y un delgado bigote. A los veinte años escapó de África dejando atrás su pasado, Bob fue esclavo desde muy pequeño y no tuvo la fortuna de conocer a su familia, llegó a Nueva York en un barco de basura buscando el sueño americano, no tenía nada, ni siquiera un nombre, así que decidió llamarse: "Bob".

Él comenzó trabajando de lavaplatos en un bar de motociclistas, donde le pagaban una miseria de sueldo y el ambiente era hostil, donde había peleas cada hora entre borrachos y rivales de sus grupos motorizados, pero Bob seguía ahí porque era indocumentado y le prestaban una pequeña habitación en el cual podía vivir. Poco a poco fue escalando puestos dentro del bar y adquiriendo más conocimientos sobre el oficio, hasta que a los cuarenta años con el dinero que había ahorrado, decidió poner su propio bar, un lugar donde las personas se sintieran entre familia y amigos, donde cualquiera fuera aceptado y bien recibido, esa era la filosofía de "El Rincón de Bob" un verdadero ejemplo de superación personal.

Jimmy no tardó en sentirse más cómodo, el mismo Bob fue a tomarles su orden personalmente a su mesa y también les llevó de igual manera sus bebidas.

Las horas comenzaron a pasar... los tarros se comenzaron a vaciar y los nachos con queso a desaparecer, ya eran las dos de la mañana y Adam seguía un tanto fresco, no estaba borracho pero si en un estado de relajación, Adam siempre supo tomar, ya que su familia en Escocia acostumbraba a beber mucho durante sus comidas y reuniones familiares, mientras que Jimmy... bueno Jimmy no tomaba desde hace años, así que ya no estaba en para nada sobrio y Adam le preguntó:

– *Oye Jimmy ¿Todo bien compañero? -*

Jimmy en una manera muy segura y un poco atontado le respondió:

– *Por supuesto Adam, ¿Por qué no habría de estarlo? Hace tiempo que no tomaba. La última vez que tome así, fue cuando la chica de mis sueños me dejó, ¡teníamos un mes Adam! ¿Puedes creerlo? -*

Adam trataba de ser serio y aguantando la risa:

– *¿Qué pasó con aquella mujer Jimmy?*

Jimmy fijando la vista en el tarro vacío comenzó a hablar más en serio y parecía que lo había vivido ayer:

– *No tengo idea amigo, todo iba tan bien y un día solo nuestras diferentes personalidades pesaron más y decidió terminar conmigo.*
– *Y ¿Cuándo pasó eso amigo? Lo lamento.*
– *Fue hace unos años Adam, estábamos a mitad de secundaria cuando Alicia, me dejó...* -

Adam no aguantaba más la risa, no podía soportarlo, trataba de evitarlo para no herir sus sentimiento y de repente Jimmy giró su cabeza y comenzó a vomitar a un costado de la mesa. El momento gracioso se esfumó cuando este quedó fuera de combate, era obvio que su compañero estaba en estado de ebriedad y no tenía mucha resistencia al alcohol. Adam se acercó a con Jimmy mientras le levantó la cabeza y le quitó las gafas, diciendo entre risas:

– *Creo que fue todo para ti campeón, espero que Falco no te quiera matar mañana.* -

Mientras que Bob se acercó con un trapeador en la mano diciéndole a Adam:

– *Tranquilo amigo, yo limpiaré esto, sabes que es muy difícil que alguien te siga el paso para tomar Adam, desde que vi entrar al chico no tenía pinta de buen tomador y tener mucho aguante.* -

Adam riendo le respondió:

– *Yo no lo obligué Bob, él solo quiso seguirme, lamento este desastre, creo que tendré que llevarlo a casa y reportarlo como enfermo mañana.* -

Bob de una manera compasiva como siempre, le dijo:

– *Si Adam no te preocupes, ¿Quieres que lo ponga en tu cuenta?* -

Adam le tomó la palabra, y salieron del bar de Bob despidiéndose de él. Adam tenía una cuenta donde a final de mes le pagaba todo lo que había bebido, y siempre finiquitaba el día que debía, así que no había ningún problema para Bob. Jimmy no dejaba de balbucear, era obvio que mañana despertaría con la cabeza girando como un trompo.

Adam pidió un taxi para llevar a Jimmy a casa, lo subió como pudo en la parte de atrás del auto y partieron. Al llegar a casa de Jimmy, Adam lo bajó como si fuera un costal de papas, Jimmy ni siquiera tenía la fuerza de mover las piernas y mantenerse de pie por sí solo, así que Adam lo tuvo que cargar hasta su cuarto, por suerte su departamento era el primero y no había necesidad de subir escaleras, jaló el llavero que salía de su bolsillo izquierdo sacando las llaves y entraron al departamento, Adam lo llevó hasta su cuarto recostándolo en su cama, le quitó su camisa salpicada por el vómito y le puso una cobija encima para que no pasara frio en la noche, Jimmy estaba totalmente derrotado, dejó sus pertenencias en uno de los muebles y se fue del apartamento en silencio apagando todas las luces a su paso.

Media hora más tarde Adam llegó a su casa sin ningún problema, esa noche en el bar había ayudado al detective a calmar un poco sus nervios y liberar la presión con el caso de la mariposa. Entró por la puerta principal, dejó sus llaves en una pequeña mesa junto a la entrada y se fue directo a su cuarto, se quitó la ropa quedando en calzoncillos y se echó a dormir sin más.

V

Al día siguiente Adam se levantó como si nada, de hecho se sentía con las pilas recargadas, como si le hubieran dado cuerda al muñeco, se metió a duchar y se puso su traje, tomó un pan que tenía en la barra de su cocina, se sirvió un vaso de leche y salió para ir a la comisaría para trabajar.

Era una mañana bastante solitaria para ser la ciudad de Nueva York, no tardó mucho tiempo en llegar a la central, eran muy pocos los carros que circulaban en las avenidas. Entró al edificio caminando con calma, mientras los policías estaban en sus escritorios haciendo su respectivo trabajo, recibiendo reportes o atendiendo emergencias, Adam subió las escaleras y entró a las oficina de Falco para decirle a su Jefe que Jimmy no se presentaría por que no estaba bien de salud.

Adam cerrando la puerta saludó a Falco:

– *Buenos días Jefe ¿Cómo está?* -

Falco en un tono serio le responde:

– *Buenos días Cross, ¿En qué te puedo ayudar?*
– *Vengo a reportar que Jimmy Williamson no se presentará hoy al trabajo Jefe, ayer me marcó por teléfono en la noche y me dijo que no se sentía bien, que tenía un poco de indigestión y no podría venir.*
– *Gracias Cross, pero ¿Por qué no me habló él? -*

Adam no entró en pánico por tener que mentirle a su Jefe y sin pensarlo le respondió:

– *Lo mismo le dije Jefe, pero me comentó que le hiciera el favor, ya sabe cómo es de responsable Jimmy, me dijo que sentía pena decirle, mañana seguro se presenta.*
– *Esta bien, gracias por el mensaje Cross, ¿Algo más?*
– *No Jefe, es todo. -*

Adam se retiró de la oficina de Falco cruzando el pasillo rumbo a su despecho, cuando de repente, se escucha un grito en la planta baja del edificio:

– *¡ADAM! -*

Adam se asomó por el barandal y vio a Jessica en la parte de abajo, lucía preocupada y alterada, Adam no tardó ni 3 segundos en bajar las escaleras, para preguntarle a su compañera sobre lo que estaba sucediendo, al acercarse a Jessica, ella salió corriendo con dirección a la puerta principal mientras todos los oficiales los observaban.

– *¡Vamos Adam! Sígueme no hay tiempo. – dijo Jessica.*

Adam siguió corriendo a Jessica por la calle, cruzando dos cuadras. Hasta que se percató que un grupo de patrullas se encontraban afuera del "Rincón de Bob". Adam corrió más rápido y logró pasar a Jessica en cuestión de segundos, sus pulsaciones se multiplicaban por segundo cada metro que se acercaba, entró a toda velocidad por la puerta empujando accidentalmente a un par de policías por la inercia que llevaba. Cuando su gran sorpresa fue ver a Bob recostado sobre la barra con los ojos abiertos y el equipo de forenses rodeando su cuerpo.

Adam sintió un nudo en la garganta y un dolor muy fuerte en su pecho, sintió que algo de su vida se había desprendido, algo dentro de él había muerto. El tenía una relación estrecha con Bob, ambos extranjeros tuvieron buena química al conocerse y ya tenía un par de años visitando su bar forjando una gran amistad con Bob.

Adam sumamente alterado grito al aire:

– *¿Qué pasó aquí? ¡QUE ALGUIEN ME DIGA DE INMEDIATO, QUE DIABLOS PASO AQUÍ! -*

El segundo al mando del equipo de forenses que estaba a cargo por la ausencia de Jimmy, se acercó y le dijo:

– *Detective Cross, hemos revisado la escena y lo que hemos encontrado hasta el momento es que aparentemen-*

te murió de un infarto, se estima que tardó entre dos y tres minutos en fallecer, aún no estamos seguros de la causa hasta que hagamos la autopsia, pero quizá se deba al sobrepeso del individuo. -

Adam no pudo contener las lágrimas por mucho tiempo, no podía creerlo. Jessica se acercó abrazándolo para poder calmarlo un poco, ya en sus brazos podía sentir como su compañero no dejaba de temblar, recargo su cabeza sobre el hombro de Jessica y soltó su llanto como un bebé. Cuando las cosas no podían ponerse peor de lo que ya estaban, la pérdida de un gran amigo solo le sumó una piedra más al costal del momento emocional, entonces uno de los forenses tomó la palabra en voz alta y dijo:

– *Detectives, quizá quieran ver lo que acabo de encontrar. -*

El forense levantó con su guante derecho la razón por la cual todo empeoraría…

En su mano tenía una mariposa negra sin vida… el bar que ahora se había convertido en una escena del crimen se tornó tan silencioso como un cementerio, todos fijaron su vista al forense y su hallazgo, todos dejaron de hablar y voltearon a ver a Jessica y Adam…

Adam sintió que el corazón se le detuvo, de momento se desconectó, como si hubieran parado el tiempo, pero de pronto la adrenalina regreso a su cuerpo como rayo que impacta un árbol, sus emociones se mezclaron en segundos, confusión, ira, molestia, coraje, tristeza, dolor; Adam pronto se transformó en un rinoceronte furioso, volteó una mesa por los aires, comenzó a arrojar algunas jarras contra la pared y en su ataque de ira empezó a gritar:

– *¡MIERDA! ¡Ese desgraciado debió seguirnos en la noche! Maldita sea, cómo no me di cuenta, nos estamos acercando a él y lo sabe... es una clara señal de que se siente acorralado...* -

Mientras Adam eufórico gritaba, se tomaba la cabeza con las manos, mostrando gran desesperación, cuando de repente volteó con Jessica y le dijo:

– *¡Jess! Ve a casa de Jimmy, si este desgraciado nos comenzó a seguir, tenemos que cuidarnos, Jimmy corre peligro, ayer lo dejé ebrio en su casa, ¡Ve de inmediato para allá!* -

Jessica no lo pensó dos veces y salió volando del bar, subió al Challenger Hellcat haciéndolo rugir imponentemente como si fuera montada en un rayo y arrancó a gran velocidad rumbo al departamento de Jimmy. Jessica recorría las calles con preocupación en búsqueda de su compañero, sus pensamientos nublaban su mente, el asesino había cambiado el juego, ahora la víctima estaba relacionada con ellos, había vuelto esto personal, había matado a Bob, uno de los grandes amigos de Adam y estaba detrás de los detectives, la vida de su joven amigo podía correr riesgo.

Tras un agobiante camino que se hacía eterno cada minuto, por fin Jessica llegó al edificio donde vivía Jimmy, la puerta principal del edificio estaba abierta… Jessica corrió hacia el departamento y comenzó a tocar la puerta gritando el nombre de su compañero. Los minutos pasaban sin escuchar respuesta alguna, Jessica temía lo peor, desenfundo el arma y estaba apunto de disparar hacia la cerradura de la puerta para poder entrar, de repente la puerta se abrió y apareció Jimmy con las gafas mal puestas, el pelo todo alborotado con los ojos semi abierto, los cuales no podía abrir y en ese momento Jessica suspiró de alivio.

Jimmy le comentó algo desconcertado:

– *Detective Sanders, ¿Qué hace aquí?* -

Jessica le respondió:

– *Tenemos que irnos Jimmy, el asesino de la mariposa volvió atacar y no estás seguro solo, ven conmigo ahora mismo, iremos con Adam a la central.* -

Jimmy desconcertado y algo asustado por la noticia le preguntó:

– *Y ¿Dónde fue el homicidio esta vez?*
– *Bob el amigo de Adam, en su bar, no se si lo conoces, el equipo de forense dice que fue un paro cardiaco por el sobrepeso, pero encontramos una mariposa negra, detrás de la barra…* -

Jimmy respondió en shock:

- *Rayos... apenas ayer en la noche lo conocí, pero ¿Por qué él? Digo ¿Lo hizo en significado de advertencia? ¿Crees que nos haya seguido a Adam y a mí? Maldita sea...*
- *No lo sé Jimmy pero por ahora tenemos que estar juntos, ya están en la mira Adam y tú, no pueden estar solos por ningún motivo, ese desgraciado podría estar esperando el momento perfecto.*
- *Al menos eso significa que estamos cerca y se comienza a sentir amenazado.*
- *Bueno, vamos con Adam, veamos que más averiguamos sobre el caso de Bob.-*

Jessica y Jimmy partieron hacía el bar de el difunto Bob. Cuando llegaron a la escena, solo restaba una patrulla y el bar clausurado con los cordones amarillos de "no cruzar" del Departamento de Policías. Entraron por la puerta y observaron a Adam, sentado frente al cuerpo de Bob, mirándolo fijamente, estaba examinando cada detalle. Algún indicio o pista que revelara más que un simple infarto.

Jessica se acercó a su compañero y le puso su palma en el hombro preguntando:

- *¿Cómo estás Adam? ¿Lograste descubrir algo? -*

Adam respondió de una manera desilusionada y un poco más calmado:

- *No Jess, no por ahora. Tengo un par de teorías pero no hemos logrado encontrar pistas. -*

Jessica respondió:

- *Cuéntame amigo.*
- *No sé, Bob estaba un poco pasado de peso pero yo creo que el infarto debió ser provocado por algo, no sé... alguna bebida que estaba envenenada o algún gas... debe de haber algo. -*

Jessica no quería herir más a su compañero y le respondió de una manera algo tajante:

- *Creo que solo fue un infarto Adam, obviamente la mariposa está aquí, pero no significa que el asesino lo haya hecho, hasta que revisen el cuerpo sabremos si está limpio o si algo intervino en su fallecimiento.*
- *Jess... fue él... debió seguirnos hasta aquí, fuimos un blanco fácil... -*

Mientras Adam se lamentaba, Ian Falco entró al bar. Todos los policías giraron su cabeza y saludaron al Jefe, mientras él solamente tenía ojos para sus detectives y dijo:

- *Sanders, Cross, ¿Qué pasó aquí? Reporte del caso... -*

Jessica iba a responderle a Falco, cuando Adam se le adelantó y comenzó a hablar:

Jess, yo puedo, esta bien.

– *Jefe, tenemos una víctima de cuarenta y ocho años, raza africana, complexión robusta y se llamaba Bob, era mi amigo desde hace años, es dueño del bar y el equipo de forenses reporta que murió por causas naturales, un paro cardiaco. Pero encontramos una mariposa negra detrás de la barra... Igual que en el caso del auto volcado y la estética de Margaret. Jimmy y yo venimos aquí ayer en la noche, después de trabajar, estuvimos un par de horas y nos fuimos a casa. El asesino debió observarnos, es una llamada de atención... -*

Falco levanta la palma de la mano y lo interrumpe:

– *¿Asesino? ¿Cuál asesino agente? Es suficiente Cross, tu amigo Bob murió de un paro cardiaco si así lo dictaminan los forenses, no hay rastros de alguna sustancia en su cuerpo, más que alcohol, no hay otro componente, hasta realizar los estudios. Creo que este asunto de la mariposa se está pasando de la raya. No tienen ninguna prueba, todas las escenas están resueltas y no hay ningún asesino -*

Falco comenzó a levantar el tono de voz, mientras de repente observó a Jimmy de reojo...

– *Williamson, ¿Qué haces aquí? Cross me dijo que estabas indispuesto del estómago, pero ya veo que fue una borrachera, me avergüenzas hijo... que dirían tus padres si estuvieran vivos aún... Creo que la mala influencia de*

Cross, te está llevando por un mal camino muchacho, es un buen agente, pero a veces puede parecer un puberto de secundaria... -

Jimmy bajó la mirada y dijo de una manera decepcionada:

- *Lo lamento Jefe, no volverá a pasar. -*

Jessica intervino, defendiendo a sus compañeros y cambiando de tema dijo:

- *Jefe, creo que ahora hay que enfocarnos en el caso... y tratar de buscar más pistas...*
- *No me digas que tú también crees en eso del asesino de la mariposa Sanders, eres mi mejor agente... no me digas que Cross te lavó el cerebro también...*
- *¡Es real! Como explica tres mariposas en tres escenas del crimen diferentes...*
- *Todos fueron accidente, esto no se cataloga como escena del crimen y esto terminó, así que llévense el cuerpo y cierren el lugar, es una orden agentes.-*

Obviamente los detectives se sentían desconcertados y desorientados, no tenían rumbo alguno y su Jefe no creía en el curso que estaba tomando esta misteriosa coincidencia, para Falco solo eran simples accidentes y sus dos mejores detectives estaban perdiendo la cabeza, buscando algo que no tenía sentido.

Adam en un tono muy serio dijo:

– *Ya escucharon al jefe, ya saben que hacer.* -

Los oficiales y forenses comenzaron a realizar sus tareas designadas. Mientras, Adam salió por la puerta entre lágrimas por la pérdida de su amigo Bob. Jessica salió detrás de él y le puso la palma de su mano sobre el hombro. Adam, limpiándose los ojos le dijo a su compañera:

– *Juro que lo vamos a atrapar Jess, lo juro por la muerte de Bob, ese maldito va a caer y cuando lo encontremos...*

Jessica lo interrumpe diciéndole:

– *Tranquilo Adam, esto es parte de su juego, dividirnos, tenemos que mantenernos unidos y estar calmados.*
– *Lo sé, lo sé, pero acaba de matar a Bob, no podemos bajar la guardia ni un segundo, quizá en este mismo instante nos esté observando o planeando el siguiente ataque.*
– *Mejor vamos a la oficina, ahí pensaremos en algo, compañero.* -

Al salir, ya se encontraba una multitud de personas curiosas observando la escena y un par de reporteros, poco a poco en los noticieros se hablaba de una posible conexión entre las escenas de los días anteriores. Adam y Jessica salieron, y la lluvia de preguntas comenzó a caer sobre ellos como bolas de golf:

- *Detectives, Detectives. ¿Qué significan las mariposas?*
- *¿Están ligados los casos de los últimos tres días?*
- *¿Hay un asesino suelto?*
- *¿Por qué Falco lo niega?*
- *¿Qué nos pueden decir al respecto?* -

Y un sinfín de preguntas que los reporteros hacían mientras grababan y atacaban con sus cámaras y micrófonos. Mientras una figura con una gabardina los miraba fijamente entre la multitud pasando desapercibido, la misma que estuvo afuera de la estética "Charlotte" y del estacionamiento, alguien que se mezclaba bien entre las personas pero observaba cada escena a detalle.

Los dos detectives se negaron a responder cualquier pregunta y cruzaron las calles caminando hasta que llegaron a la central y subieron hasta su oficina. Claro que era una situación muy difícil y frustrante, no sabían nada del homicida qué seguían, no sabían de sus razones o motivos, las víctimas no tenían conexión y lo único que tenían eran las mariposas.

Jessica y Adam estaban sentados en su despacho sin decir una sola palabra, esperando los resultados mientras pasaban las horas. El silencio era abrumador, se sentía una tensión muy densa en el ambiente y todo se rompió cuando un llamado a la puerta sonó. Jessica abrió la puerta y era el forense en turno que sustituyó a Jimmy. Adam en un tono golpeado le pregunta:

- *¿Encontraste algo? Estamos ocupados aquí.* -

Jessica volteó a ver a Adam y le respondió en un manera autoritaria:

– *Adam… él no tiene la culpa. -*

El médico forense un poco intimidado les comenta:

– *Lo lamento detectives, no encontramos nada. Los análisis de la mariposa son los mismos que las pasadas, es una simple mariposa sin pistas ni huellas. Y en cuanto a el sujeto… -*

Adam interrumpe abruptamente:

– *¡Bob! No es ningún sujeto, su nombre es Bob… -*

El Forense responde aún más intimidado:

– *Lo lamento detective, la autopsia muestra lo que se dedujo en la escena, su muerte fue a causa de un paro cardíaco y no hay ninguna sustancia en su cuerpo más que de alcohol. -*

Jessica de una manera más pacífica le da las gracias al forense y lo hace salir. Cuando cierra la puerta, volteó a ver a Adam con una cara de molestia absoluta. Y le dijo:

– *No tienes porque comportarte así Adam, él solamente está haciendo su trabajo y tú te portas grosero con él, así que cálmate de una vez o puedes irte a tu casa, de esta manera no ayudas a nadie. -*

Adam logró entrar en razón por las palabras de Jessica y claramente se notó el cambio.

– *Lo lamento Jess, no me controlé. Solo siento mucha impotencia de que no podamos encontrar nada y sigue habiendo víctimas, mataron a mi amigo Bob, el asesino está cerca y aun no tenemos pistas. -*

Jessica le responde:

– *Oye Adam, ¿Qué tal si el jefe tiene razón? Si en verdad solo son accidentes, no es posible que a estas alturas del caso no podamos tener algo, aparte de estas simples mariposas. -*

Adam sorprendido y un poco molesto le responde:

– *¿Acaso Falco te hizo cambiar de opinión? Ya habíamos hablado de esto, lo dedujimos y no es la primera vez que el asesino opera de esta manera.*
– *Si lo sé, pero como te digo, a estas alturas deberíamos tener algo. No tenemos nada sólido para continuar y en efecto esto no es una investigación oficial, solo es una conclusión a la cual llegamos por falta de pruebas. -*

Adam se levantó de su asiento, tomó su chaqueta para salir de la oficina pero en cuanto abrió la puerta se encontraron a

Falco. Adam, de estar molesto, cambió totalmente a estar sorprendido por ver de golpe al jefe delante de él.

Falco le preguntó:

- *¿A dónde vas con tanta prisa Cross?* -

Adam en el instante no supo qué responderle al jefe, hasta que le preguntó:

- *¿Dónde se encuentra Jimmy?*
- *Está en mi oficina con un médico, le están haciendo una revisión, quiero asegurarme de que se encuentra bien.* -

Adam mostró más tranquilidad y de inmediato trató de pedirle una disculpa a Falco por sacar a Jimmy a tomar unas copas, pero Falco lo interrumpió diciendo:

- *Bueno, me da gusto encontrarte antes de que salieras, necesito hablar contigo y con Sanders ahora mismo en mi oficina.* -

Falco se quedó esperando en la entrada a que los agentes pasaran hacia su despacho. Jessica también se levantó de su asiento y cruzaron el pasillo mientras Falco los seguía, hasta que ingresaron a la oficina- Falco cerró la puerta de una manera brusca a sus espaldas y les dice en un tono duro y serio:

- *Tomen asiento agentes.* -

Jessica y Adam se sentaron en las sillas que se encuentran delante del escritorio de Falco, mientras él pasaba por un lado encendiendo uno de sus puros, le dio la vuelta a su escritorio y se dejó caer en su silla. Mientras, Jimmy se encontraba bebiendo un vaso con agua en una esquina de la oficina. Falco lucía estresado y molesto, quizá un poco más de costumbre, le dio un fuerte golpe a su puro conteniendo la respiración y al exhalar soltó todo el humo contenido y se restregó la cara con la mano hacia abajo y comenzó:

- *Escuchen ustedes dos... no sé qué mosco les picó de verdad, creo que están haciendo las cosas muy grandes y no quiero que esto se salga de control ¿Escucharon? Estoy algo decepcionado de ustedes, son mis mejores detectives y por una serie de accidentes creen que hay un asesino allá afuera dejando mariposas en las calles. No crean que no he estado estudiando los casos, todos los resultados de los análisis, las autopsias, etc., está demostrado porque murieron y no hay más, ¿porque se enfocan en buscar otra explicación? Cuando la ciencia se las está dando tal cual. -*

Los detectives se quedan pensativos y no responden ante el sermón de Falco, mientras continuaba:

- *Miren yo sé que no es fácil que las personas mueran y no poder hacer nada al respecto. En mis tiempos estuve involucrado en tiroteos y enfrentamientos, muchos civiles, oficiales y compañeros murieron en mis brazos...*

¿Saben lo que es eso? Ustedes solo fueron a las escenas a investigar sin más, pero veo que fue un error. Ustedes tienen capacidades especiales para solucionar grandes casos, no se porqué los envié a eso. Y mira Adam, acerca del fallecimiento de tu amigo, lo lamento mucho de verdad. -

Adam bajó la mirada y quedó en silencio, Jessica le respondió a Falco:

– *Entonces ¿Qué sugiere que hagamos Jefe? Supongamos que fueron accidentes sin más, pero ¿Qué hay de las mariposas? -*

Falco se queda pensativo:

– *Si es algo inusual Sanders, no lo discuto pero quizá es mera coincidencia. No tiene que haber una respuesta lógica a eso, no lo sé probablemente sea temporada de mariposas negras y están por toda la ciudad, tal vez tengamos mariposas debajo del escritorio y no nos demos cuenta. -*

De repente comenzó a sonar un disturbio fuera de la oficina de Falco en la planta baja de la estación, se escuchaban forcejeos y discusiones, los detectives y Falco se levantaron de sus respectivos lugares y salieron de la oficina para ver lo que sucedía afuera. Al salir, se dieron cuenta de que un par de oficiales están deteniendo a un sujeto que trata de subir por la escaleras y comenzaba a gritar:

– *¡Estoy buscando a mis amigos! Adam y Jessica, ellos me conocen. -*

Los detectives se percataron que era Martín Budd, el dueño de la tienda abandonada que solía vender las mariposas e insectos. Adam al reconocerlo de manera inmediata grito:

– *Pueden soltarlo, está con nosotros oficiales. -*

El par de policías soltaron a Martín y deprisa subió por las escaleras acercándose a los detectives. Falco desconcertado le preguntó a Jessica y Adam:

– *Y ¿Quién es él?*
– *Es un amigo jefe viene a visitarnos, de hecho lo llevaré a mi oficina para que no interrumpa a los demás oficiales. - Adam le respondió rápidamente.*

Adam, sujetó del brazo derecho a Martín y lo llevó hasta su oficina para poder platicar sin levantar sospechas, por otro lado Jessica le ganó tiempo a su compañero platicando con Falco. Ya dentro del despacho, Adam le pregunta a Martín:

– *¿ Qué hace aquí señor Budd? -*

Martín le responde:

– *La detective Jessica me dio su tarjeta por si pasaba algo para poder contactarlos.*
– *¿Y? -*

Martín se quedó callado unos segundos, se tomó la cabeza con la mano:

- *No ha pasado nada agente, pero quisiera ver las mariposas que han encontrado. -*

Adam se mostró molesto y antes de contestarle, Jessica ingresó por la puerta y al cerrarla le dijo a Adam:

- *¿Qué pasó? ¿Tenemos alguna información? Si Falco se entera de quién es Martín y como lo contactamos, nos meteremos en serio problema Adam.*
- *No necesitas decírmelo Jess, ¿Por qué crees que lo traje a la oficina?*
- *¿Y bien? ¿Qué tenemos? -*

Adam volteó a ver a Martín y le responde:

- *Nada, absolutamente nada. El señor Budd solo vino a ver las mariposas.-*

Jessica se queda pensando y de pronto le llega una idea.

- *Sabes Adam, después de todo creo que el señor Budd si nos podría ayudar. -*

Adam confundido le contestas:

- *¿Sí? Y ¿De qué manera? -*

Jessica se acercó y en un tono de voz baja les dijo el plan:

– *Bueno, mira Adam. Martín nos puede ayudar a identificar si hay algún patrón en las mariposas, alguna pista que solo él como especialista lo pueda ver, puede que encuentre alguna conexión entre las mariposas o algo.* -

Adam se sorprendió y aceptó el plan.

– *Sí, me parece perfecto Jess, y ¿Cómo entrará al laboratorio? Jimmy me dijo que las mariposas se encuentran allí, aún no las trasladan a la sala de evidencias.* -

Jessica respondido:

– *Jimmy será la clave, yo distraeré a Falco mientras Jimmy los deja entrar al laboratorio, él sacará a los científicos y Martín y tú entrarán a revisar las mariposas.* -

Adam y Martín salieron en busca de Jimmy mientras Jessica cruzaba el pasillo para entrar a la oficina de Falco y mantenerlo ocupado.

El laboratorio del departamento de Ciencias Forenses se encontraba en la planta baja del edificio a mano izquierda, cerca del cuarto de evidencias. Para la suerte de nuestros amigos, Jimmy iba saliendo del laboratorio, Adam se acercó rápidamente hacia su compañero y le dijo:

- *Oye Jimmy necesitamos tu ayuda. Mira, él es Martín Budd, es experto en mariposas e insectos y nos gustaría que revisara las tres mariposas que tenemos de evidencia, para ver si puede descubrir algún patrón o algo fuera de lo común que no hayamos podido ver.* -

Jimmy un poco desorientado por su sentir, le respondió:

- *Está bien Adam, no creo que encuentre el mismo con solo sus ojos algo que nosotros con nuestra tecnología no hayamos podido, pero no perdemos nada. Ahora lo difícil será hacerlos entrar.* -

Adam le preguntó:

- *¿Dónde tienen las mariposas?* -

Jimmy le respondió:

- *Están en el laboratorio aún, en el lado derecho dentro de un refrigerador en sus respectivas bolsas. No creo que sean transferidas al cuarto de evidencias, se tienen que mantener en temperatura baja para no que entren en estado de descomposición.*
- *Perfecto Jimmy, así será más sencillo. Pero la pregunta es ¿Cuántos forenses están dentro del laboratorio?*
- *Solo hay dos, por el momento y saldrán en cualquier minuto. Creo que estamos de suerte, solo que tienen que*

darse prisa porque no sé en cuánto tiempo regresen o lleguen algún otro. -

Adam asintió con la cabeza y se escondió detrás de un pilar con Martín, esperando a que los forenses salieran del laboratorio. Jimmy entró por las puertas corredizas al laboratorio, una vez ahí el par de forenses ya iban de salida facilitando la tarea de Jimmy de poder evacuarlos para que Adam y Martín pudieran entrar. Los forenses salieron por la puerta principal y fueron directo al comedor que se encontraba en la planta baja del lado derecho del edificio.

Jimmy entreabrió la puerta para darle la indicación a Adam de que había vía libre. Adam miró un par de veces para ver si no había nadie cerca y le dijo a Martín.

– *Vamos, deprisa.* -

Adam y Martín caminaron a un paso veloz para entrar rápidamente al laboratorio, ingresaron por la puerta y Jimmy les dijo:

– *Yo me quedaré afuera para vigilar, estaré al pendiente y si se acerca alguien tocaré dos veces en la puerta para que salgan.* -

Adam le dio una palmada en el hombro y le dio las gracias. Jimmy salió del laboratorio y cerca de la puerta se encontraba un dispensador de agua donde aprovechó para servirse un vaso y justificarse con la resaca que tenía.

Martín y Adam entraron al laboratorio en el cual Martín mostró una enorme impresión, era normal después de vivir en su tienda sucia y abandonada, ver aquel inmenso cuarto lleno de tecnología, equipos de última generación y todo muy pulcro, el piso brillaba tanto que parecía un espejo de lo impecable, todo estaba en un color blanco que era difícil que no deslumbrar a alguien.

Adam le dijo a Martín que preparara la mesa con los utensilios para sus análisis, Adam se dirigió al lado derecho del laboratorio donde se encontraban varios refrigeradores, comenzó a abrirlos uno por uno lo más rápido que podía mientras decía:

– *No, no, no, este tampoco, no, no…* -

Hasta que abrió el penúltimo donde se encontraban las tres bolsas con las mariposas, las sacó velozmente y las colocó sobre la mesa de exploración donde Martín tenía las tres bandejas con lupas y pinzas muy finas para manipular a las mariposas.

Adam dejó las bolsas sobre la mesa y Martín comenzó a sacarlas con las pinzas, después colocó una mariposa sobre cada charola y ajustó el aumento de las lupas para poder examinarlas a detalle. Comenzaron a pasar los minutos llenos de presión y Martín alternaba su vista rápidamente entre las 3 mariposas.

Mientras tanto afuera del laboratorio, Jimmy estaba recargado sobre el dispensador de agua mientras bebía otro vaso con agua y de repente se abrió la puerta de la oficina de Falco, que quedaba en la parte de arriba exactamente y enseguida salió Falco caminando mientras Jessica lo seguía diciendo:

– *Espere Jefe, aún no, hay algo que platicar.* -

Falco no le prestó atención a Jessica y se asomó por el balcón ubicando a Jimmy rápidamente, al momento de hacer contacto visual le dijo:

– *Williamson, sube en este momento, quiero hablar contigo.* -

Jimmy al escuchar la feroz orden de Falco, se comenzó a ahogar con un trago del vaso que sostenía con la mano, para su suerte de repente un oficial pasó por su costado y le dio unas palmadas en la espalda para que Jimmy pudiera pasar el trago.

Falco, comenzando a molestarse insistió nuevamente:

– *Williamson, es la segunda vez que te digo que subas a mi oficina.* -

Jimmy no tuvo de otra más que subir y dejar la guardia abandonada de la operación secreta de infiltrar a Martín, comenzó a subir las escaleras y volteaba de manera constante hacia el laboratorio, aunque pudiera observar que alguien se dirigía hacia allá, no había manera de avisarle a Adam.

Cuando llegó al piso de arriba, Falco lo tomó por el hombro y le preguntó que cómo se sentía mientras lo llevaba al despacho, Jessica estaba de pie en la entrada y no tardó en percatarse de que Adam y Martín ya se encontraban dentro del laboratorio de Ciencias Forenses.

Mientras. Martín seguía inspeccionando delicadamente las mariposas, Adam comenzaba a desesperarse y se preocupaba de que alguien pudiera entrar y descubrirlos. El problema radicaba en que Adam tenía el permiso de estar allí porque es un detective, pero por otro lado Martín era un civil que no podía estar dentro del laboratorio y menos, estar manipulando la evidencia, pero el verdadero problema era que si Falco se llegaba a enterar de que Martín estaba analizando las mariposas y Adam seguía insistiendo de que había algo detrás de ellas, podía perder su puesto y quizá ser despedido del departamento de policías.

Adam apresurado le dijo:

– *No tenemos mucho tiempo Martín, cualquiera puede entrar al laboratorio y nos vamos a meter en un severo lío, yo puedo perder mi trabajo y echar mi carrera a perder y lo que usted está haciendo es ilegal y un delito, no se cuanto años le puedan dar en prisión si nos atrapan. Así que, ¿Ya descubrió algo?* -

Martín comenzó a sentir la presión y nervios también, pero parecía que ya había terminado su investigación y le respondió a Adam:

– *No encontré nada detective, o por lo menos nada fuera de lo ordinario. Tan solo son tres mariposas negras comunes y comparten perfectamente la misma taxonomía per-*

teneciendo al reino Animalia, su filo es Arthropoda, su orden es Lepidoptera, su suborden es Glossata, su infraorden es Heteroneura, su familia es Noctuidae, su género es Ascalapha y por último la especie es Odorata. No hay más detective, es todo lo que pude encontrar.-

Adam, de una manera frustrada por no encontrar algo útil con el cual trabajar, nuevamente le responde:

– *Muy interesante Doc, creo que podemos seguir las clases otro día, será mejor que salgamos, esto fue una pérdida de tiempo y muy arriesgado, guarde todo como estaba y vámonos de una buena vez. -*

Martín guardó todo en su lugar y se acercó a Adam para salir rápido del laboratorio y no meterse en problemas, comenzaron a dar unos pasos hacia la puerta, cuando de repente estas se comenzaron a abrir…

Adam y Martín se quedaron paralizados sin poder reaccionar, la puerta se abrió completamente y entró Jessica.

Ambos respiraron con tranquilidad al ver que ingresaba la detective y al hacer contacto visual les preguntó:

– *¿Encontraron algo? -*

Adam volteó a ver a Martín y les dijo:

– *Creo que lo ideal sería primero salir de aquí antes de meternos en problemas. -*

Los tres salieron sin ser vistos del laboratorio y subieron hacia la oficina de Adam y Jessica, ya estando ahí, entraron y bajaron las persianas de las ventas para poder hablar en privado. Jessica nuevamente pregunta:

– *Entonces ¿Tenemos algo o no?* -

Adam responde:

– *No Jess, solo son tres mariposas iguales, según Martín no hay nada fuera de lo común, absolutamente nada.* -

Jessica se toma el cabello con las manos y suspira.

– *Rayos, y ¿Ahora qué? Seguimos sin pistas y no podemos quedarnos cruzados de brazos esperando a que suceda otra vez.* -

Adam volteó con Martín y le dijo:

– *Gracias por su ayuda Martín, Jessica y yo seguiremos con esto, si volvemos a necesitar de sus servicios lo llamaremos o si obtiene alguna información que aporte, tiene nuestro número.* -

Martín se levantó de la silla y se despidió dando las gracias a los detectives saliendo por la puerta, una vez que esta se cerró, Adam le preguntó a Jessica:

- *¿Dónde está Jimmy?*
- *Está con Falco en su oficina, no creo que este en problemas a menos que sea por lo de la borrachera contigo en el bar de Bob.*
- *Bueno, esperemos que no sea así. Y ¿Cuál es el siguiente movimiento que haremos? -*

Jessica abrió las persianas de la oficina, después se llevó las manos a la cintura y miró a través de la ventana dejando un profundo silencio al igual que Adam. Ambos detectives por primera vez en muchos años no sabían qué era lo que tenían que hacer o cuál era el siguiente paso en el caso, Jessica tenía razón, no podían quedarse esperando a que hubiera otro "accidente" y que regresaran al mismo callejón sin salida.

Adam se levantó de la silla y le propuso a Jessica terminar el día de hoy.

- *Oye Jess, creo que te haría bien irte con Peter y tus hijos, digo después de todo ya le quedaste mal un par de veces, quizá puedas compensarlo. -*

Jessica se acerca a su compañero y mientras le da un gran abrazo le responde:

- *Gracias Adam, eres un gran compañero, ¿Sabías? Hazme un favor y cuídate mucho, quizá ese loco nos esté esperando... Tenemos que estar alerta y también cuidar de Jimmy. -*

Adam le respondió el abrazo y le contestó:

– *No hay de que Jess, ambos necesitamos un descanso de este circo y claro que tendré cuidado con este loco o loca, aún no determinamos eso.* -

Ambos soltaron un par de carcajadas y se separaron, Jessica salió por la puerta y se despidió de Adam.

Ya comenzaba a anochecer y Adam se quedó solo en el despacho trabajando en el caso, parecía que estaba siguiendo a un fantasma, nadie había visto nada pero aun así las mariposas seguían apareciendo; mientras el detective se encontraba sentado en su escritorio, una ventana de la oficina se comenzó a abrir a sus espaldas, Adam no se había percatado cuando alguien ya estaba dentro del lugar, caminaba con cautela y despacio para no ser escuchado, poco a poco desenfundo un arma que sacó de la parte trasera de su pantalón, al estar a unos metros de Adam, jalo el martillo hacia atrás cargando el arma y cuando el detective pudo escuchar el sonido, giró su silla velozmente pero ya era demasiado tarde, tres balas entraron directo en su pecho, indefenso y desangrándose, el sujeto detonó nuevamente el arma lo que hizo que Adam despertara, todo era un sueño y estaba dormido en su escritorio sobre los papeles y carpetas, las "detonaciones" eran una serie de golpes que llamaban a la puerta de la oficina haciéndolo despertar de su profundo sueño.

Adam levantó la cabeza como resorte con un clip pegado en la frente y respondió:

– *Adelante…* -

La puerta se abrió y entró Jimmy con una mochila diciéndole a Adam:

– *Ya es tarde Adam… ya es hora de irnos. -*

Adam se desprende el clip de la frente y girando su cabeza para poder observar la ventana cerrada y confirmar que efectivamente estaba soñando, después respondió:

– *Si si, gracias por decirme Jimmy, ya voy. Por cierto ¿Qué hora es?*
– *Ya casi son las 10 de la noche amigo.*
– *Se pasó el tiempo rápido, gracias por avisarme. Si quieres, puedes irte yo tengo llaves, yo cerraré. -*

Jimmy comenzó a hacer sonidos como tartamudeando y no respondía. Adam se percató y le preguntó:

– *¿Todo bien Jimmy? -*

Jimmy baja la mirada al suelo y entre labios le dijo:

– *Oye Adam, fíjate que la verdad me da algo de miedo irme solo a mi departamento y ya sabes no quiero dormir solo también.*
– *Bueno, mira Jimmy, puedo acompañarte a tu departamento y me puedo quedar a dormir, pero no dormiremos en la misma cama ¿Escuchaste? -*

Jimmy al escuchar la respuesta subió la mirada y en una manera eufórica le respondió:

– *¿De verdad? ¿Harías eso por mí?*
– *Creo que es lo más viable Jimmy, viendo las circunstancias del caso, ambos podemos estar en peligro y no estaría de más hacernos guardia por la noche.* -

Adam y Jimmy salieron de la oficina apagando las luces y cerrando las puertas de la central. Por otro lado Jessica se encontraba con Peter en la sala de su casa con una pequeña luz que iluminaba tenuemente el cuarto. Llevaban unas horas jugando algunos juegos de mesa y tomándose una botella de vino tinto. Gracias a que Adam dejó ir a Jessica unas horas antes, su compañera supo aprovechar muy bien el tiempo con su marido para pasar una buena tarde relajada en su hogar.

Jimmy y Adam llegaron al edificio después de haber pedido un taxi, ambos caminaron hasta donde estaba el departamento, Jimmy sacó sus llaves del bolsillo y abrió la puerta, entró primero que Adam y encendió las luces, recorrieron el pasillo principal donde se separaban los diferentes cuartos, el departamento tenía colores claros en las paredes, muebles y plantas muy estilo vintage.

Adam caminó hasta la sala, que se veía muy cómoda con muebles en color café chocolate y una enorme alfombra en la parte de abajo muy suave del mismo color que los muebles. Se quitó el saco, la placa del cinturón y dejó la pistola sobre las mesa central y después, le dijo a Jimmy:

– *Espero que el sofá esté cómodo Jimmy, no quiero llegar mañana a la oficina con dolor de espalda.*
– *Si son bastante cómodos Adam, lo prometo. Tienen un estilo de esponjas ortopédicas, de hecho le hará muy bien a tu espalda.* -

Adam se recostó sobre el sillón haciendo ruidos de comodidad, al parecer después de todo si estaba muy cómodo el sofá. Adam le preguntó:

– *Oye Jimmy, ¿tienes algo de cenar compañero? La verdad estoy algo hambriento.* -

Jimmy caminó hacia la barra de la cocina cerca de las habitaciones y encendió la luz, comenzó a abrir las gavetas buscando algo para cenar y tomando unas cajas de cereal, las colocó sobre la barra respondiendo:

– *¿Quieres hojuelas o bolitas de chocolate?*
– *O ¡Vamos amigo! ¿Cereal? Digo no soy tan especial, pero creo que el cereal no me va a dejar satisfecho.* -

Jimmy observó las cajas de cereal y le respondió:

– *Puedes repetir el plato si quieres.* -

Adam se levanta del sofá y le dijo:

– *Olvídalo. Oye ¿Tienes algunas cobijas que me puedas prestar? -*

Jimmy se da media vuelta saliendo de la barra y enfrente había un closet de madera, abrió las puertas y sacó dos cobijas que se las entregó a su compañero.

– *Aquí tienes amigo, ¿Necesitas algo más? -*

Adam negó con la cabeza y le respondió:

– *No gracias Jimmy, pero espero no tener que pedir la cena a domicilio.*
– *La mayoría de los restaurantes ya dejan de tener servicio a domicilio a esta hora y no creo que sea una buena idea, quizá el sujeto de las mariposas se disfrace de repartidor y aparezca en la puerta. -*

Adam se queda pensativo de pie y arroja las cobijas al sofá, diciendo:

– *Bueno, ese cereal no se escucha tan mal. -*

Jimmy comenzó a reírse y abrió la puerta del refrigerador para sacar el bote de leche. Adam se sentó en un taburete de la barra y tomó el control remoto de la televisión para encenderla.

Mientras Jimmy servía los tazones de cereal, Adam sintoniza el canal de las noticias. El locutor comenzó hablando de una serie de casos que habían transcurrido en la semana dónde los detectives Jessica y Adam estaban involucrados. Adam al ver esto le dijo a Jimmy:

– *Oye, mira. Están hablando sobre los casos. -*

Jimmy dejó de hacer ruidos con la bolsa por estar sirviendo el cereal y Adam subió el volumen de la televisión, mientras el locutor comenzó a decir:

– *Esta semana hemos tenido tres casos, en específico donde se vieron involucrados nuestros detectives recientemente galardonados: Jessica Sanders y Adam Cross; ambos han estado en las escenas donde en los respectivos días nosotros cubrimos 100% los hechos ocurridos en esas ocasiones. Nuestros reporteros fueron asignados a los eventos y estuvieron investigando acerca del tema. Y al estar buscando más información les preguntaron a los oficiales a cargo sobre los hechos ocurridos en la escena. Todos respondieron lo mismo, fueron "accidentes" y las causas están confirmadas científicamente; Es una lastima y mando mis grandes condolencias a los familiares de los difuntos, pero aquí la verdadera pregunta es… ¿Por qué los detectives Jessica y Adam se encontraban en las escenas? ¿Acaso los oficiales querían una opinión más profesional? o ¿Quizá hay una historia detrás de esto? Yo soy Leonard Justin y no olviden seguirnos para más noticias esta semana. -*

Adam apagó la televisión y exclamó:

- *Maldición... Ya comienzan a especular de la situación, llevamos varios días tras este caso y si las personas se llegan a enterar de que seguimos a un asesino pero no tenemos pistas, el pánico se va a propagar y quien sabe como se ponga Falco. -*

Jimmy preocupado le responde:

- *Si tienes razón Adam, se armaría un problema gigante que no podríamos controlar y sería un desastre en la ciudad.*
- *Con un demonio, creo que tenemos que hacer esto con más precaución que antes y la buena noticia es que aún no se sabe lo de las mariposas... Bueno, creo que será mejor que vayamos a descansar. -*

Jimmy se despidió de Adam y se fue a dormir a su cuarto, Adam apagó las luces de la sala y se recostó en el sofá para dormir. La noche fue tranquila para los detectives y pudieron descansar sin problemas.

VI

Al día siguiente, al despertar temprano Jimmy y Adam se sentaron en la barra de la cocina para desayunar nuevamente cereal y después de arreglarse, poder ir al trabajo. Ambos detectives terminaron sus labores y salieron del departamento de Jimmy, caminaron unas cuadras y después pidieron un taxi para llegar en menor tiempo.

Al llegar a la central Adam y Jimmy se bajaron del taxi y Jimmy comentó:

– *Yo pagaré el taxi Adam, después de hacerme el favor de quedarte a dormir en mi departamento y de solo poder ofrecerte de cenar y desayunar cereal, yo lo pagaré.* -

Adam soltó un carcajada y aceptó la oferta de Jimmy, sacó unos dólares y se los pasó al chofer por la ventana del lado del copiloto. Adam abrió la puerta de la central esperando a Jimmy. Una vez estando dentro parecía un día regular como cualquier otro, el murmullo de los oficiales se escuchaba, el eco de los teléfonos llamando y la orquesta de papeles en movimiento que no parecía tener fin como siempre.

Adam y Jimmy subieron por las escaleras y escucharon la voz de Falco proveniente de su oficina, parecía estar reprendiendo a alguien. Cuando pasaron por la oficina, la voz comenzó a hacerse más fuerte y acercarse, justo en el momento donde cruzaron, la puerta se abrió y Falco los vio de frente diciendo:

– *Hablando del Rey de Roma…* -

Ambos quedaron pasmados al ver al Jefe diciendo eso y se quedaron atónitos, mientras Falco continuó hablando:

– *Cross, Williamson. Entren a mi oficina estoy hablando con Sanders sobre el caso este…* -

Ambos entraron en la oficina y vieron a Jessica sentada enfrente del escritorio de Falco. Jessica volteó a verlos y los saludó levantando la mano, mientras Adam le preguntó de una manera asustada:

– *¿Qué pasó? ¿Estamos en problemas?* -
Jessica le respondió tranquila:

– *Aún no Adam, toma asiento.* -

Adam y Jimmy se sentaron junto a Jessica enfrente del escritorio mientras Falco entró a sus espaldas y cerró la puerta.

Caminó por un costado de ellos y se sentó en su silla diciendo:

- *Miren muchachos, antes de que llegaran le estaba comentando a Sanders acerca de este caso... si es que lo podemos catalogar así. Ayer vi el noticiero en la noche y ya comienzan a salir rumores, no quiero que esto se nos salga de las manos y mucho menos que se haga público. Las escenas fueron accidentes, no hay conexión entre las víctimas y las mariposas no significan nada. ¿Quedó claro? -*

Los detectives y Jimmy estaban en silencio y solo asintieron con la cabeza, mientras Falco continuó:

- *Estoy preparando una rueda de prensa esta misma tarde para dejar en claro que no hay nada, no hay una historia de fondo, simplemente fueron accidentes sin mas y punto. Creo que soy el responsable de aclarar este asunto y necesito que ustedes estén conscientes de las repercusiones si esto se llega a malinterpretar. Yo seré el único que hable y ustedes estarán presentes a mis espaldas. No quiero que conteste ninguna pregunta, que den alguna declaración o que hablen con la prensa, solo digan: El jefe Falco tiene la razón y estamos seguros de que fueron accidentes. ¿entendido?-*

Jessica y Adam nuevamente se quedaron en silencio y Jimmy preguntó:

– *¿ Qué hay de mi, Jefe? ¿Yo también tengo que estar presente? -*

Falco le respondió:

– *No Jimmy tú eres el del Departamento de Ciencias Forenses, no quiero que estés en la conferencia, si te llegan a encontrar los reporteros, les dirás que después de los análisis de las autopsias los resultados finales confirman que todos fueron accidentes. -*

Jimmy obedece las órdenes de Falco y se retira de la oficina. Falco continúa diciendo:

– *Les avisaré a la hora que esté lista la conferencia para que se preparen detectives. -*

Ambos se despidieron de Falco y salieron por la puerta rumbo a su oficina.

Adam y Jessica entraron a su despacho y comenzaron a discutir de la situación, Falco estaba algo exaltado por estos últimos sucesos, la prensa y las televisoras comenzaban a especular cosas acerca de alguna posible conexión entre los supuestos accidentes. Además de eso, los detectives también estaban tensos buscando al asesino y si los noticieros se comenzaban a meter empeoraría la situación.

Jessica comentó:

– *Esto no se nos puede salir de las manos Adam, nadie se puede enterar de este tema empezando por Falco, creo que nos meteríamos en un enorme problema y si se llega a saber a través de las noticias, no solamente se va a correr el riesgo de que sepan que hay un asesino suelto, la ciudad entraría en pánico y la seguridad por la cual hemos trabajado en años se perderá. -*

Adam se quedó en silencio sentado en su lugar con la mano sobre la boca por debajo de la nariz y después de unos segundos, le respondió a Jessica:

– *Lo sé, lo sé Jess. Tenemos que ser mejores y sé que podemos serlo, tenemos la capacidad de sacar este caso adelante y dar con el paradero de ese mal nacido, pero la cuestión aquí es que tenemos la marea en contra. -*

Jessica entró en confianza por las palabras de Adam y le respondió:

– *Tienes razón Adam, tenemos que salir a dar la cara con la ciudad y tranquilizarla, les diremos que todo está en orden, pero tenemos que actuar rápido y hacerlo. -*

Adam soltó una pequeña carcajada y le dijo a Jessica:

– *Hasta suenas como Falco, Jess. Qué monólogo tan convincente. -*

Jessica le responde:

– *Muchas gracias compañero, así es como haremos las cosas. Tenemos que calmar la tensión de Falco y terminar con las especulaciones de los noticieros, antes de poder seguir investigando. -*

Adam se levantó de su silla.

– *Esta bien Jess, iré a checar a Jimmy y platicaré un rato con él, si no te importa.*
– *Sí, no hay problema Adam. Cuídate y no vayas a meter la pata, estaré aquí en la oficina trabajando en el caso.*
– *¿Yo? ¿Meter la pata? Como crees... solo veré como se encuentra y regresaré para el discurso. -*

Adam salió por la puerta de la oficina, bajó las escaleras del primer piso y comenzó a buscar a Jimmy por toda la central. Por el momento, no parecía haber señales de él por ninguna parte dentro del edificio.

Después de unos minutos de recorrer los pasillos de la estación y no haber encontrado a su compañero, le comenzó a preguntar a algunos oficiales, si sabían del paradero del jefe del Departamento de Ciencias Forenses. Los oficiales parecían estar sincronizados y todos desconocían la ubicación de Jimmy.

Al poco tiempo de buscar a Jimmy, Adam se comenzó a desesperar y decidió salir a fumar un cigarro para calmar los nervios.

Salió por la puerta principal y sacó la cajetilla de uno de sus bolsillos de su saco, se puso el cigarrillo en la boca y metió su mano a la bolsa del pantalón sacando un encendedor de color verde, segundos después comenzó a encender su cigarro y observó que al otro lado de la calle, enfrente de la banqueta estaban los noticieros montando el escenario con el estrado y diversas camionetas de los noticieros comenzaron a llegar al lugar.

Adam comenzó a ponerse nervioso y empezó a fumar más rápido; de pronto una voz que venía de atrás de Adam le comentó:

– *Con más calma, te necesitamos para resolver el caso.* -

Adam giró su cabeza rápidamente desconcertado y vio a Jimmy sentado en una banca mirando hacia el suelo. Adam se acercó y le dijo:

– *¿Cómo?*
– *Si Adam, Jessica y yo confiamos en que atraparemos a ese rufián y todos sabemos que tu puedes hacerlo.* -

Adam quedó atónito con las palabras que le dijo Jimmy, él no sabía que ellos tuvieran tanta confianza en él. Después de reflexionar unos momentos le dijo:

– *Vamos a atraparlo Jimmy, como un equipo. Tu, Jess y yo, lo vamos a llevar ante la justicia, lo prometo.* -

Jimmy le preguntó:

– *Y ¿Cómo haremos eso?* -

Adam arrojó el cigarro a un bote de basura que estaba a su derecha, dio unos pasos hacia Jimmy y le contestó:

– *Por ahora solo le seguiremos el juego a Falco, él no debe saber que estamos trabajando en el caso y mucho menos los noticieros, esto quedará entre nosotros tres, pero por ahora tendremos que decir lo que el jefe quiere, ese es el plan.* -

Jimmy se levantó de la banca y le respondió:

– *¿Tienes algo planeado para decir en la conferencia? Porque parece que ya falta poco para comenzar.* -

Adam giró su cabeza y miró que el escenario estaba casi montado en su totalidad, las cámaras en posición listas para transmitir y las personas comenzaban a darse cita en el lugar. Adam regresó su mirada hacia Jimmy y le dijo:

– *Falco dijo que no hablemos durante la conferencia, solo estaremos presentes para respaldar sus palabras.* -

Jimmy refuto y le dijo:

– *Está bien, dejemos que Falco hable. Creo que él sabrá calmar a las personas y quitarnos este detalle de encima.*

– *Por ahora por muy mal que se escuche, tendremos que usar a Falco como un peón en este juego. No está jugando a nuestro favor, pero como bien dices él nos ayudará a despejar las noticias y sacudirnos un poco la presión, pero tarde o temprano llegará a un punto de quiebre, o nos ayudará a terminar el caso y encontrar a nuestro asesino, o será un problema para esto.* -

Jimmy pasó saliva y no le respondió a Adam. De repente la puerta de la estación se abrió y ambos voltearon rápidamente para ver de quién se trataba y era su compañera Jessica que caminó directamente hacia ellos y les preguntó:

– *¿Todo bien muchachos?* -

Jimmy respondió pasivamente:

– *Si Jessica, ya estamos en sintonía.* -

Mientras Adam se dirigió a Jessica:

– *¿Dónde está Falco?*
– *Estaba arreglando unos detalles, en cualquier momento debe de salir, él me avisó que ya era hora cuando fue a nuestra oficina.* -

Adam volteó a ver el escenario y susurró:

– *Hora del espectáculo...* -

De repente, se abrieron nuevamente las puertas de la central donde salieron dos oficiales escoltando a Falco, las personas hicieron un pasillo para ver como el legendario Jefe del Departamento de Policías de Nueva York, cruzaba la calle caminando hacia el escenario mientras fotografiaban cada paso que daba, Falco volteó a ver a Jessica y Adam y les hizo una señal con la cabeza para que acudieran también.

Adam y Jessica ingresaron al pasillo siguiendo a Falco hacia el escenario para dar inicio a la conferencia, Jimmy se quedó en la misma banca afuera de la central para observar el evento. Ambos subieron al estrado y Falco les comentó:

– *Ok muchachos, voy a hablar en el micrófono y ustedes dos estarán atrás de mí, ¿Entendido? No quiero ningún papelito y específicamente me refiero a ti Adam, esto va muy en serio. Las cadenas más importantes de noticias de la ciudad están aquí, así que no hagan nada de lo que se vayan a arrepentir.* -

Adam asentó con la cabeza y Jessica le respondió:

– *Sí Jefe.* -

Los dos detectives se pararon detrás del jefe Falco y este ajustó el micrófono mientras la calle se había llenado completamente de medios televisivos y de ciudadanos que estaban al pendiente del tema.

Todos los reporteros estaban esperando la señal para salir al aire y comenzar a transmitir las palabras de Ian Falco. Las personas aguardaban ya en silencio de igual manera para que comenzara la conferencia, Falco podía apreciar eso, la verdad es que se comenzó a poner nervioso, el veterano de la justicia no sentía nervios desde hace muchos años, se aflojó un poco la corbata jalando el cuello y pasando saliva, tenía su discurso escrito en una serie de hojas que había preparado con anticipación para este momento. Las manos le comenzaron a temblar un poco, tomo una gran bocanada de aire y comenzó:

– *Buenas tardes a todos, les agradezco mucho el darnos un poco de su tiempo para aclarar un tema que lleva pasando de boca en boca estos últimos días. Creo que yo, siendo el Jefe del Departamento de Policía y estando a cargo de mis detectives y oficiales, soy el más indicado para aclarar este asunto. Hoy estoy aquí para brindarles tranquilidad a todos las personas de esta ciudad e igualmente gracias a las televisoras que se dieron cita para esta conferencia, pero sin más preámbulo comenzaré.* -

Las personas se quedaron en silencio y no parecía haber reacciones, los distintos reporteros daban sus opiniones con los camarógrafos de los noticieros que estaban al aire en la televisión. Falco, al no ver alguna reacción del público se comenzó a poner más nervioso, el silencio lo abrumaba. Pronto este detalle fue notado por Adam y le dijo entre dientes a Jessica:

– *Esto está sumamente tenso Jess... y eso que aun no comienza a explicar el tema.* -

Jessica sonriente a las cámaras, le responde susurrando:

– *Falco dijo que no nos podíamos meter Adam, deja que siga hablando. -*

Falco hizo unos pequeños sonidos tratando de aclarar su voz y continuó con la conferencia:

– *Bueno... estas últimas semanas hemos tenido una serie de eventos desafortunados, donde pequeños accidentes cobraron la vida de inocentes ciudadanos. Honestamente no me agrada darles estas noticias, pero por lo escuchado ya habían comenzado ciertos rumores de que esto era una serie de asesinatos... pero no es así. Por eso mismo encargué a mis mejores detectives aquí presentes, Jessica Sanders y Adam Cross. Ambos detectives checaron las diferentes escenas y confirmaron que las causas en los diferentes accidentes fueron solo eso, meros accidentes, fallas mecánicas, cortos eléctricos y problemas de salud. No voy a revelar nombres o detalles de los casos por respeto a sus familias y a ellos. Y para confirmar, Jimmy Williamson el Jefe del Departamento de Ciencias Forenses hizo las debidas pruebas y análisis y al final todo resultó quedar en eso, en fallas que provocaron accidentes. -*

Las personas que estaban atentas a las palabras de Falco comenzaron a murmurar, se escuchaban susurros entre la audiencia al igual que los reporteros seguían hablando frente de las cámaras.

Falco había terminado de leer el discurso que armó y la gente no tenía respuesta, no había aplausos, no había reacción alguna, no había nada... por lo que le generó angustia y miedo de que no creyeran en su palabra. No sabía qué hacer o qué decir ahora, de inmediato Adam comenzó a caminar hacia Falco, mientras Jessica trató de detenerlo discretamente.

Adam continuó caminando hacia Falco y lo movió ligeramente hacia un costado y acomodando el micrófono se dispuso a hablar, mientras Falco lo miraba de una manera sorprendida y molesta a la vez, Jessica estaba atónita en la parte de atrás viendo la locura que comenzaría su compañero. Adam comenzó:

– *¡Buenas tardes, Nueva York! ¿Cómo están hoy?* -

El público comenzó a ovacionar a su detective y se escucharon algunos aplausos entre las personas, Falco estaba impresionado por el recibimiento que tenía Adam por el público, y este continuó:

– *Miren, estamos aquí el día de hoy, para aclarar este tema que a algunos les preocupa. Nuestro grandísimo Jefe Ian Falco ha dicho todo lo que tenía que decir, habló por todo el Departamento y habló con la verdad, de eso estamos seguros Jessica y yo. Puedo confirmar que los eventos ocurridos fueron accidentes y causas externas donde no hubo un responsable o alguien que causara dichos eventos, lamentablemente no pudimos evitarlos y desafortunadamente no estuvo en nuestras manos, pero trataremos de evitar estos accidentes en un futuro, no solo nosotros como policías, sino también los otros servicios como los médicos, los bomberos y todos los demás, porque es nuestro deber protegerlos y darles una vida segura...* -

De repente, la ovación era tan fuerte que Adam no pudo continuar hablando y Falco no podía creer lo que estaba presenciando, Adam estaba demostrando porque era uno de los mejores detectives que tenía la fuerza y porque era de los más queridos. Jessica solo sonrió y agachó la mirada mientras escuchaba esa ovación ensordecedora hacia el detective escocés.

Adam levantó las manos y se dejó querer por el público. Jimmy, al otro lado de la calle aplaudía con gran emoción, pero en el fondo sabía que no todo era la verdad que Adam decía frente a las cámaras, aún había un asesino suelto que incluso podría estar entre el público... Cuando la multitud comenzó a guardar silencio de nuevo, Adam continuó:

– *Les agradezco mucho su apoyo, quiero que todos vayan a dormir tranquilos esta noche con sus familias, Nueva York está bajo nuestra protección y cualquiera que quiera hacerles daño se la verán con nosotros, no hay crimen que no podamos resolver, no hay criminal que no podamos encontrar, los únicos que no podrán dormir tranquilos son los criminales y asesinos porque nosotros los estaremos buscando y somos los mejores en eso.* -

Nuevamente la multitud estaba demostrando cariño Adam, las personas estaban vueltas locas, parecía que era un concierto y la banda se entregaba a la ciudad y la ciudad a la banda. Era increíble como el ambiente había cambiado totalmente desde que Adam tomó el micrófono, las personas coreaban los nombres de Adam, Jessica y Falco, los reporteros hablaban tan amenos con las cámaras que parecía que estaban en un evento de entrega de medallas, todo era un verdadero espectáculo que Adam se había encargado de orquestar. Adam se acercó por última vez al micrófono y dijo despidiéndose:

– *Muchas gracias Nueva York, les deseo muy buenas tardes y que descansen. -*

Adam se volteó y le guiñó el ojo a Falco mientras se iba caminando hacia donde Jessica se encontraba, Falco se había quedado pasmado, acomodó el micrófono para terminar con el discurso diciendo:

– *Bueno, el agente Cross se ha encargado de aclarar todo, muchas gracias por venir y por su tiempo. Que pasen buenas tardes. -*

La audiencia presente comenzó a aplaudir y a dar las gracias de que sus héroes habían salido para aclarar la situación. La ventaja fue que lo supieron manejar de tal manera que solo fue un mensaje que tenía que dar la autoridad y no una rueda de prensa donde los reporteros tuvieran oportunidad de pre-

las mariposas, ya que era la única pregunta
spuesta. Adam se paró junto a Jessica y le dijo:

al? *Le saqué las papas del fuego a Falco. -*

Jessica le dio una palmada en el hombro sonriendo y le respondió:

– *Estúpido, pero muy valiente. Desobedeciste una orden directa del jefe pero lo hiciste muy bien. -*

Las televisoras comenzaron a apagar sus equipos y a recoger todas sus cosas, mientras Adam, Jessica y Falco cruzaron la calle para entrar a la oficina, al llegar a la entrada Jimmy se acercó aplaudiéndole a Adam y le dijo:

– *Brillante compañero, simplemente brillante, eso dejará tranquilas a las personas y a los medios. -*

Adam entre sonrisas le responde:

– *Gracias Jimmbo, solo hice lo que tenía que hacer. -*

Los cuatro oficiales entraron a la central en ese bello atardecer que aún iluminaba a la gran ciudad de Nueva York. En el momento que se cerraron las puertas de la central, Falco giró rápidamente y tomó a Adam por los brazos. Jessica y Jimmy se quedaron en shock esperando lo peor, mientras Falco le dijo:

– *Desobedeciste una orden directa Cross, dije que no podían hablar. Ni una palabra… -*

Adam se quedó en silencio y no sabia que responder…

Mientras a Falco le cambió el ceño en segundos, de parecer furioso a estar contento y de estarlo sujetando por los hombros lo acercó aún más y le dio un fuerte abrazo diciendo:

– *¡Pero eso fue brillante muchacho! Eres el detective más inmaduro e irresponsable que he tenido jamás, pero no cabe duda de que cuando llega el momento tiene que salir el verdadero héroe que la gente necesita. Hasta me recuerdas a mí de joven hijo, atrevido, aventurero, un líder nato y un justiciero hecho y derecho, incluso bien parecido… -*

Hace tiempo que no se veía a Falco tan de buen humor. Jessica y Jimmy soltaron el aire que habían sostenido por la reacción de Falco y liberaron la tensión al ver el giro de la situación. Adam por otro lado, estaba contento con su actuación, pero también tenía presente que tan solo era una cortina de humo para distraer a Falco y las noticias de el asesino de la mariposa y sabía que tenía que seguir en su papel, así que le contestó a Falco:

– *Entonces… ¿Crees que soy guapo? -*

Falco volvió a su estado normal por la pésima broma de Adam y le respondió:

– *¿Por qué me molesto? de verdad... Ya sé que estoy hablando con un niño de kínder… estoy tratando de felicitarte y sales con tus bromas Cross… -*

Adam lo interrumpe y le dice:

– *Es broma Jefe, en verdad agradezco sus elogios, se que no obedecí sus órdenes, pero sentí que tenía que hacerlo. -*

Falco se tranquilizó y le puso la mano en el hombro respondiendo:

– *Bien hecho muchacho, sigue así. Qué bueno que aclaramos este tema y dejamos las locuras de las mariposas a un lado por fin. Ya se pueden ir agentes, hoy saldrán temprano por su buen trabajo, nos vemos el día de mañana. -*

Adam se quedó callado y observó a Jessica, mientras ella se acercó para abrazarlo.

– *Muchas gracias Jefe, solo hacemos nuestro trabajo, nos vemos el día de mañana. Solo subiremos a la oficina por nuestras cosas y acomodar todo.- Concluye Adam.*

Jessica, Jimmy y Adam subieron al primer piso y entraron a su oficina, para dialogar de lo sucedido y ver que seguiría en este caso.

Jimmy se sentó en una silla entre Jessica y Adam y dijo:

– *Muy bien, ya logramos despistar de buena manera a el jefe y a la ciudad, Ahora, ¿Cuál será nuestro siguiente paso?* -

Jessica volteo a verlos y no se le ocurrió nada, mientras Adam giró diciendo:

– *Bueno, creo que le tenemos que dar las gracias a Martín Budd por su ayuda y después tenemos que buscar un patrón entre los casos, ya vimos no que no hay conexión entre las víctimas, pero debe haber algún patrón que podamos identificar, deben de tener algo en común, dudo mucho que los casos fueron aleatoriamente así sin más.* -

Jimmy responde:

– *Yo me encargaré de eso Adam, mañana temprano buscaré esos datos y tu y Jessica podrán buscar a Martín para hablar con él ¿Si les parece?* -

Jessica le pregunta a Adam:

– *¿Estás seguro de esto Adam? Creo que lo mejor sería dejar de involucrarlo, ya viste lo que le pasó a Bob…* -

Adam al interrumpe diciendo:

– *Estoy seguro Jess… y lo de Bob… Bob no sabía nada del caso, él no merecía eso. Pero Martín nos ayudó y no le dimos las gracias como se debe. A pesar de que no avanzamos mucho en el caso, se arriesgó por nosotros e hizo algo ilegal que lo pudo haber metido en serios problemas.*

Jessica le responde:

– *Tienes razón Adam, mañana iremos a darle las gracias a Martín. Por lo pronto creo que partiré a casa con Peter.* -

Adam le preguntó a Jessica que ya iba de salida:

– *Oye y ¿cómo va todo entre ustedes dos? Ya sabes, por la falta de tiempo y todo eso...*
– *Todo va mejor compañero, a pesar de que estamos estancados en el caso, he podido llegar más temprano a casa y pasar tiempo con ellos.*
– *Me da gusto escuchar eso Jess, cuídate y les mandas un saludo a todos de parte del tío Adam.* -

Jessica abrió la puerta de la oficina y respondió:

– *Claro que si Adam, cuídense ustedes también, los veo mañana temprano en la oficina.* -

Jessica se despidió de Adam y Jimmy y se fue a su casa, mientras Jimmy le pregunta a su compañero:

– *Oye Adam... entonces ¿Hoy vendrás nuevamente a dormir a mi casa?* -

Adam soltó unas carcajadas diciendo:

– *Si, pero esta vez pasaremos por algo de cenar, ya no comeré más cereal -*

Jimmy por su parte también se río y le respondió:

– *Está bien Adam, pasaremos por algo de cenar. -*

Adam toma su saco y su arma para salir de la oficina mientras le dijo a Jimmy:

– *Apaga esa luz Jimmy por favor y cierra la puerta. -*

Ambos salieron de la oficina y de la central por la pucrta principal para dirigirse a el departamento de Jimmy, comenzaron a caminar, era casi el anochecer y el cielo lucía rojizo y morado, era una postal increíble, la luz del cielo se reflejaba en los enormes rascacielos y se pintaban del mismo color. Al ir caminando Jimmy le preguntó a Adam:

– *Y ¿Qué vamos a cenar Adam? -*

Adam se queda pensativo y le responde:

– *Pues mira Jimmbo, lugares sobran pero la verdad es que no me quiero desviar mucho del camino, no sé si ese psicópata nos está acechando nuevamente o algo por el estilo, así que prefiero seguir la ruta. Creo que aquí a unas cuadras hay un puesto de hot-dogs y está bastante bueno. -*

Jimmy le responde algo preocupado:

– *¿Crees que nos esté siguiendo? -*

Adam notó la preocupación del Jimmy y le dijo:

– *No, no. Ten calma amigo, nadie nos sigue, solo es para estar más seguros, pero no creo que nos esté siguiendo, ahora que lo comentas mientras daba el discurso hoy en la tarde, vi a un sujeto sospechoso cerca de las cámaras, portaba una gabardina y no tenía pinta de ser de algún noticiero, no lo pude ver bien pero no había muchas expresiones en él, era un tipo de tez oscura, solo estaba ahí de pie, me parece que tenía una cámara pequeña en la mano o un celular pero no estoy seguro. -*

Jimmy trató de calmarse un poco. Minutos más tarde ya se estaban acercando al lugar y Adam le dijo:

– *Ya casi llegamos Jimmy, ¿Puedes oler eso? -*

El olor se podía percibir unas cuadras antes, el aroma a salchicha en aceite sobre la plancha era muy enganchante, el olor del vapor que cubría el pan casi recién hecho y sobre todo el tocino que brincaba mientras se cocía, era una mezcla increíble, te hacía sentir el sabor en las papilas gustativas antes de haberles dado la primera mordida.

Adam y Jimmy llegaron al pequeño puesto donde había un puñado de personas alrededor comiendo hot-dogs. Adam se acercó y levantando su mano al aire dijo en voz alta:

– *Buenas noches, quiero dos por acá por favor.* -

El señor que estaba preparando volteó a ver a Adam y le respondió:

– *Con gusto señor, salen en unos minutos.* -

Adam y Jimmy comenzaron a platicar de algunos temas de interés mientras el despachador les entregaba su cena. Después de unos minutos el señor les entregó sus hot-dogs preparados con todo lo que se le podía poner, tenían cátsup, mostaza, mayonesa, jitomate, cebolla, aderezo e incluso pequeños trozos de papas fritas triturados. Los dos oficiales comenzaron a cenar mientras el tiempo transcurría.

Una vez que terminaron, Adam pagó la cuenta invitando a Jimmy y este le dijo:

– *Oye, yo debería pagar lo mío Adam ¿Por qué pagas lo de ambos?*
– *Creo que es suficiente con que me este quedando a dormir en tu casa amigo, lo menos que puedo hacer es invitar la cena.* -

Jimmy le dio las gracias conmovido por el gesto de su amigo. Ya que terminaron de limpiarse las manos y la boca, Adam le dijo a Jimmy:

– *Oye viejo, vete adelantando, tengo que hacer algo. Te veo en el departamento ¿si?* -

Jimmy un poco desconcertado con la petición de Adam no tuvo otra más que aceptarlo, antes de partir Jimmy le pregunta:

– *¿No tardarás mucho? ¿Verdad?* -

Adam lo negó. Jimmy se despidió ligeramente de su compañero y le dijo que se verían en el departamento como habían acordado.

Jimmy se despidió del despachador de aquel sabroso puesto y se fue. Adam tomó el rumbo contrario y comenzó a caminar, prendió un cigarrillo y empezó a desviarse por unas cuadras. Ahora era un anochecer oscuro, el cielo había dejado de ser rojizo con morado para volverse azul con tonos negros, Adam caminaba por las sombrías calles que eran iluminadas por las farolas públicas.

Pasaron unas cuadras y parecía que por fin Adam había llegado a su destino. Se detuvo mirando hacia el otro extremo de la calle y tiró su cigarrillo por la alcantarilla. Adam estaba justo enfrente del bar de Bob. Cruzó la calle hacia el lugar que estaba completamente apagado y acordonado por las cintas amarillas del Departamento de Policías. Adam abrió la puerta con una ganzúa especial que tenían los detectives, entonces cuando la puerta se abrió, entró esquivando los cordones accediendo al bar olvidado y solo que algún día albergaba personas felices y con buena música, pero ahora estaba más callado que un cementerio.

Adam comenzó a caminar entre las mesas que se llenaban poco a poco de polvo hasta llegar al centro del bar, con una mirada devastada miraba cada esquina de la oscura taberna, al final se acercó a la barra donde fue la última vez que vio a Bob o por lo menos su cuerpo. Este se quedó en silencio y de pie mirando ese punto en específico mientras le comenzaron a salir unas cuantas lágrimas de los ojos observando el espacio donde siempre acostumbró a ver a su amigo y después comenzó a susurrar:

– *Te lo prometo amigo... voy a encontrar a ese desgraciado, ya hemos atrapado a otros criminales con este modus operandi y no es el primero ni será el último, te lo juro por este bar Bob... por tu bar. Yo sé que este era tu más grande sueño, que habías trabajado intensamente por él y este psicópata te lo arrebato... lo haré pagar por todo lo que ha hecho y en especial por lo que te hizo. Debo admitir que es bueno, pero no será lo suficiente para escaparse de mí, sin pagar las consecuencias de sus actos.* -

Las lágrimas de Adam comenzaban a cubrir sus mejillas, mientras le hacía la gran promesa a su difunto amigo. No pudo contenerse más y cayó condolido de rodillas como un niño para después comenzar a gritar desgarradoramente con todas sus fuerzas liberando todo ese dolor de su pecho. La puerta del bar se abrió y entró Jimmy asustado corriendo hacia él, al ver a su amigo de esa manera se acercó para poder abrazarlo. Jimmy tomándolo con todas sus fuerzas le dijo en el oído:

– *¡Tranquilo amigo! ¡Tranquilo! ¡Vamos a detenerlo, estoy seguro de eso! Pero necesito que te tranquilices y vayamos a casa ahora, esto no es seguro.* -

Adam comenzó a calmarse y poco a poco a controlar sus emociones. Después de un breve período de tener miles de sentimientos encontrados, Jimmy sugirió volver al apartamento y descansar, El detective estaba pasando por un momento sumamente difícil, no era nada sencillo utilizar una máscara hacia el público y decirles que no había ningún problema por el cual debían preocuparse, pero detrás de esta sabía que había un psicópata suelto por la ciudad, que si no le daban caza lo más pronto posible, más personas inocentes saldrían heridas.

– *Espera Jimmy, necesito ver algo. – dijo Adam poniéndose de pie y alejándose de él.*

Adam camino hasta donde estaba la barra y la brincó como un conejo de un salto.

– *¿Qué estás haciendo Adam? – preguntó Jimmy desconcertado.*
– *Quiero checar las cámaras, tengo la esperanza de que aún pueda ver las grabaciones de estos días en la memoria. –*

Jimmy sorprendido entendió y comprendió que era una idea muy buena, así podrían ver exactamente qué le pasó a Bob y si podían ver al asesino en algún momento o por lo menos alguna pista. Adam entró a un cuarto al final de la barra donde había un pequeño escritorio donde Bob realizaba sus cuentas y tenía su laptop en la cual tenía acceso a ver las cámaras. Adam tomó asiento mientras Jimmy lo seguía, abrió la computadora y la encendió, la computadora está enchufada a la electricidad por lo que aún podía utilizarla sin el problema de que no tuviera batería.

– *Que suerte tenemos que aun no retiran el mobiliario, pero aún no podemos cantar victoria, no sabemos si las grabaciones de las cámaras están guardadas. - susurró Adam.*

El cuarto estaba oscuro y la luz de la pantalla iluminaba los rostros de los detectives. Adam abrió la aplicación de las cámaras de seguridad y la pantalla se dividió en seis cuadros, que eran los puntos donde se ubican las cámaras a lo largo del bar. Adam ingresa la fecha del fallecimiento de Bob, cuando la búsqueda fue aceptada, ambos veían cuidadosamente las imágenes en busca de algún indicio, cuando de pronto una hora antes de su fallecimiento, en la cámara número uno que era la que se ubicaba apuntando la puerta principal, ingresó la misma figura que había visto Adam en la tarde. Lo señalo rápidamente y dijo:

– *Es él, Jimmy, el es tipo que vi hoy en el evento, es la misma gabardina. -*

Los dos siguieron cuidadosamente su ruta dentro del bar y a dónde se dirigía, el sujeto caminaba lentamente observando a detalle el lugar pero nunca haciendo contacto visual con las cámaras por lo que no se podía identificar su rostro, y las luces del lugar no permitían percibir más detalles como el tono de su piel o el color de su vestimenta. El video siguió corriendo y el individuo se acercó a la barra donde Bob lo atendió, aparentemente tuvieron una charla de unos cortos minutos, en los cuales Bob se observaba tranquilo mientras conversaban y al final realizó un movimiento con su cabeza negando algo. El sujeto levantó su mano en señal de agradecimiento y se fue de su lugar así sin más.

- *¿Qué fue lo que le dijo a Bob?, algo le negó. Es obvio que el sujeto le hizo una pregunta.*
- *¿Habrá preguntado por nosotros? - preguntó Jimmy con miedo.*
- *Y ya que no le dio la información ¿Lo habrá matado? - agregó Adam.*

El video siguió su curso y el sujeto no regresó más al lugar, Adam adelantó la cinta hasta que llegó a la parte del fallecimiento de Bob. Él estaba simplemente de pie, limpiando la barra con un trapo cuando de repente detuvo su acción y llevándose las manos al pecho se desplomó inmediatamente tirando unas jarras que se encontraban ahí mismo. Los clientes que se encontraban en ese momento corriendo para auxiliarlo mientras otro parecía llamar por teléfono a la ambulancia. El video de ese día terminó cuando las autoridades llegaron y no hubo más... Adam ingresó una memoria USB que traía consigo mismo y descargó el video como evidencia.

- *Por lo menos ya tenemos una imagen del sospechoso, no se porque pero los homicidas siempre regresan a las escenas para ver sus acciones. Tenemos ya el video donde aparece él y hoy lo volví a ver en la conferencia.*
- *Si Adam, pero no hay ninguna prueba. Estás acusando a alguien que no sabemos quién es o que tiene que ver, en el video no se muestra nada, ni siquiera tiene contacto físico con Bob.*
- *Lo sé, pero tengo la corazonada de que tiene algo que ver y no es coincidencia que fue de las últimas personas que tuvo contacto con él y hoy estuvo presente en el discurso. -*

Después de unos minutos de análisis, Jimmy logró convencer a Adam de dejar el bar de Bob e ir a su apartamento. Ambos salieron del lugar y Jimmy volvió a poner las cintas en su lugar para cerrar bien la puerta. Durante el camino de regreso estando dentro de el taxi se había producido un silencio bastante incomodo, Adam iba secando algunas lágrimas mientras aspiraba por la nariz, Jimmy por otro lado solo miraba de reojo a su compañero y se concentraba en el paisaje que se apreciaba por la ventana, el taxista simplemente les preguntó al inicio del viaje ¿Cuál es su destino? y el resto del camino fue en total silencio.

Al llegar al departamento del edificio de Jimmy, los dos se bajaron para entrar y una vez que ya estaban en la sala, Adam se disculpó con Jimmy:

- *Perdón por lo sucedido allá atrás amigo, no pude con la impotencia y tuve que desahogarme. Tenemos que atra-*

par a este maldito para evitar que se cobren más vidas inocentes como las de Bob. -

Jimmy encendió la luz principal y tomó unas cobijas del clóset que estaba aun costado de la cocina y se las dejo en el sillón donde Adam dormiría nuevamente y le respondió entendiendo la situación:

– *Si, te entiendo perfectamente, pero cuántas veces nos dijeron en la academia, cuantas veces nos ha dicho Falco, cuántas veces hemos escuchado que en este ámbito tenemos que saber manejar la presión, ser pacientes y por mas que no encontremos salida de la cueva, comenzar a buscar y no desesperarse. Confío en ti Adam, confío en Jessica y también confío en mí. Lo vamos a encontrar, estoy más que seguro de eso. Solo es cuestión de tiempo que demos con alguna pista importante y eso unirá los puntos para dar con él. -*

Adam logró entrar en razón y calmarse un poco diciéndole:

– *Yo sé que lo encontraremos Jimmy, pero seguimos en las mismas, estamos estancados ¿Qué hay de los civiles? ¿La gente inocente? Si no nos damos prisa habrá más víctimas y no podremos hacer nada. -*

Jimmy, bajó la mirada.

- *Mañana seguiremos trabajando en el caso compañero, en este momento no hay nada que hacer, lo más sensato es descansar y manejar bien la presión.*
- *Esta bien amigo, espero que esos hot-dogs no me causen pesadillas en la noche. - agregó Adam.*

Ambos se echaron a reír y Jimmy se despidió yéndose a su cuarto a dormir.

Adam se recostó, acomodó las cobijas para poder descansar, apagó la luz central de la habitación y la pequeña lámpara cerca del sillón, se recostó viendo hacia el techo mientras pensaba. «Diablos el tipo era bueno, realmente bueno, por primera vez en no sé cuántos años teníamos un caso que realmente nos está poniendo a prueba, pero la situación es que hay vidas en juego.» de verdad le aterraba a Adam pensar quien podría ser el siguiente, algún civil, algún otro amigo o alguien del mismo equipo.

VII

Adam era un tipo duro, después de todo era escocés y no era un sujeto fácil de quebrar, pero la pérdida de Bob realmente lo había perforado como un puñal directo al corazón, en cierto punto cuando se trabaja siendo un detective resolviendo homicidios, es un poco más fácil suprimir el sentimiento para solo sentir algo de lástima por los familiares o amigos de las víctimas, pero cuando un homicidio es de tu círculo cercano o alguien que conoces, eso es diferente, se vuelve personal y algo muy complicado de digerir.

La noche pasó, y por suerte Adam retomó el control de sí mismo y pudo dormir unas cuantas horas. En eso de las 2:00 de la madrugada, Adam decidió levantarse al baño, la sala se iluminaba ligeramente por la luz de la luna que entraba por el enorme ventanal de la sala, arrojó las cobijas destapándose y se levantó modorro y con los ojos más cerrados que abiertos, entró al pasillo que conducía al cuarto principal donde se encontraba Jimmy dormido y a su izquierda estaba la puerta que daba al baño, ingresó al sanitario y su visión era limitada por la falta de luz, Adam extendió su mano buscando el botón de la luz hasta que dio con él y lo presionó, pero para su sorpresa la luz no encendía y dijo:

– *Maldición, debió fundirse el foco... mañana le diré a Jimmy.* -

Se acercó a la letrina y comenzó a orinar, al estar haciendo sus necesidades Adam miraba con dificultad su entorno dentro del baño y logró encontrar un pequeño foco a su derecha con una cadena que colgaba cerca de él, tiró de la cadena y la bombilla se encendió con una luz muy pobre que apenas iluminaba el baño en tonos amarillentos haciendo mucho juego de sombras. Adam terminó y jalo la llave del baño para que corriera el agua, se subió los pantalones de la pijama y caminó hacia el lavamanos, comenzó a lavarse las manos con el agua fría a esas horas de la madrugada mientras observaba que el foco comenzó a parpadear repentinamente, él no le dio importancia y prosiguió con su higiene, se agachó y comenzó a lavarse la cara con el agua helada cuando de repente la luz se apagó totalmente dejándolo ciego momentáneamente ya que se había acostumbrado a la moribunda luz amarilla quedando a ciegas. Adam suspiró y susurró sarcásticamente:

– *Perfecto, simplemente perfecto.* -

La luz regresó de golpe después de unos segundos y la vista de Adam se volvió incómoda observando de una manera borrosa el resto del baño, agacho la mirada y vio en el lavamanos una sombra, una sombra de algo sumamente familiar que había visto estos últimos días, la sombra de una mariposa…

Adam reaccionó de golpe y abrió los ojos lo más que pudo, dirigiendo su mirada hacía el pobre foco que colgaba a su costado, tratando de encontrar lo que hacía que esa figura se formará, el pulso del detective comenzó a subir rápidamente y su respiración comenzó a descontrolarse, trató de enfocar su vista lo más que pudo en la bombilla, pero no encontró nada, más que una posible mancha que probablemente era lo que causaba aquella sombra tenebrosa, Adam respiró profundo y dijo:

– *Voy a enloquecer con esta situación.* -

Se volvió a girar hacia el lavamanos y la sombra había desaparecido, lo más lógico que pasó por su pensamiento en esos momentos, era que estaba desvelado y su mente le estaba jugando trucos, volvió a agacharse y se mojó la cara para tratar de retomar la calma, cuando se levantó, miró hacia el espejo y vio una sombra que estaba detrás de él, Adam quedó totalmente paralizado y comenzó a sudar, nuevamente su ritmo cardíaco se disparó y la única reacción física que tuvo fueron sus bellos de la piel que comenzaron a erizar velozmente como un gato.

Adam estaba pasmado y no retiraba su atención de la sombra que estaba a su espalda. Esta vez no era la sombra de una mariposa, esta vez era la sombra de un individuo de gabardina. Lo primero que pensó Adam, fue que el asesino ya estaba dentro del apartamento para terminar con el caso de una vez por todas, sin nada que perder Adam reaccionó de golpe como si un volcán hubiera hecho explosión y giró lo más rápido que pudo tirando un golpe hacía la silueta que veía, el golpe pegó en seco haciendo un ruido escandaloso que sonó haciendo eco por todo el pasillo, despertando a Jimmy, que tan pronto lo escuchó, corrió hacia el baño para ver la causa de aquel sonido, Adam ya no podía ver la sombra, sintió algo duro en sus nudillos en el momento del impacto pero está casi seguro que no había sido algún pómulo o una mandíbula lo que había golpeado. Jimmy llegó corriendo y encendió la luz del pasillo iluminado casi por completo el baño, observó a Adam en una posición de defensa y alterado. Por otro lado Adam se llevó la sorpresa de que la sombra que había golpeado y que ahora estaba en el suelo era tan solo era un perchero con la bata de baño de Jimmy. Adam quedó inmóvil por la adrenalina unos segundos procesando lo que había hecho y Jimmy preocupado le preguntó:

– *¿Estas bien amigo? ¿Qué pasó? -*

Adam jaló aire rápidamente y le respondió:

– *Nada amigo, todo esta bien. Solo que la luz del baño no sirve, me tropecé con tu perchero y me asusté... es todo.*
– *¿Estás seguro Adam? Parece que hubieras visto un fantasma... estabas en posición de pelea.*
– *Solo son mis reflejos Jimmy, estoy bien entrenado para defenderse en segundos... -*

Adam soltó una pequeña risa acompañada por su intento de chiste para distraer a Jimmy, pero este no bajó las sospechas y le dijo:

- *Bueno, cualquier cosa no dudes en decirme. Espero que no te hayan hecho daño los hot-dogs o ¿Si?* -

Adam comenzó a reírse y le respondió:

- *Como crees amigo, tengo años comiendo allí. Solo fue un accidente por falta de la luz de tu baño Jimmbo, me pude haber hecho daño ¿Sabías? Deberías arreglar eso...*
- *Si lo lamento Adam, mañana lo arreglaré. Ya me iré a dormir y de verdad, cualquier cosa que necesites me avisas, estamos para cuidarnos.* -

Jimmy se dio la vuelta y caminó hacia su cuarto, Adam le agradeció y levantó su mano para despedirse, volteó su mirada hacia al perchero que estaba en el piso y llevando sus manos hacia la cintura, suspiró diciendo:

- *En verdad tengo que calmarme... estoy perdiendo la cabeza y esto solo va a empeorar las cosas.* -

Adam pasó sus manos sobre la cara restregándose hacia abajo para despabilarse y salió del baño dirigiéndose a la sala para dormir nuevamente o por lo menos intentarlo, apagó la luz del pasillo y caminó a tientas hasta llegar al sillón, se recostó y tomó nuevamente las cobijas cerrando los ojos para dormir. Al parecer Adam estaba tan cansado y agobiado que terminó desconectándose de inmediato y durmiendo el resto de la noche como un bebé.

VIII

Al día siguiente Jimmy fue el primero en levantarse, tendió su cama y se metió a bañar. Adam despertó poco a poco al escuchar a lo lejos como caía el agua de la ducha, se levantó hasta sentarse en el sillón y su mirada se clavó en un punto fijo entre sus pies, se pasó las manos sobre la cara haciendo sonidos con la garganta seca, hasta que por fin cobró las fuerzas de levantarse y caminó hasta la barra de la cocina donde había una botella de agua que comenzó a beber. Jimmy salió del baño con una bata que tenía grabada la insignia del departamento de policías de Nueva York y se le quedó mirando a su compañero de una manera preocupada y le preguntó:

– *¿Estás bien Adam? Te noto algo desvelado, ¿No pudiste dormir?* -

Adam volteó hacia la ventana principal del apartamento en la cual entraba una luz cálida a las 9:00 de la mañana y le respondió:

- *Si amigo estoy bien, en cuanto pasó lo del baño me quedé completamente dormido, solo es el exceso de trabajo y la falta de pistas en este caso colega.*
- *Adam, tenemos que ser fuertes compañero, recuerda lo que hemos hablado, tenemos que manejar bien la presión ¿Okay? Y mira, si realmente estás cansado y lo que necesitas es reponer fuerzas, puedes quedarte en mi apartamento todo el día y yo iré a la central a seguir trabajando en el caso con Jessica, no creo que ella tenga problema en entenderlo.* -

Adam se quedó en silencio unos segundos meditando la tentadora propuesta de Jimmy y enseguida le tomó la palabra diciendo:

- *Está bien Jimmbo, me quedaré aquí, aparte hoy juegan los Celtics contra el Dundee y no me quiero perder el partido por lo cual eso nos conduce a la siguiente pregunta... ¿Tienes cervezas?* -

Jimmy se llevó la mano a la barbilla y dirigió su mirada a la pequeña cocina viendo el refrigerador y le respondió:

- *Pues... creo que tengo un par de naranjadas, pero lo que sí te puedo ofrecer es un buen regaderazo para quitarte ese rancio olor...* -

Adam se comenzó a reír sarcásticamente y le respondió:

- *Muy gracioso Jimmy, me daré un baño e iré a comprar cervezas para ver el partido, le dices a Jessica que no me siento muy bien y yo después hablaré con ella.*
- *Esta bien amigo, me iré a cambiar para ir a la central, pero ¿Qué hay de Falco? Digo, si me ve con Jessica trabajando seguramente me preguntará por ti.*
- *Bien pensando Jimmy, dile a Falco que... ammm no lo se... no estoy en buen estado para pensar en algo que decirle a Falco, ¿Qué se te ocurre?*

- *Pues... si le decimos que te quedaste viendo el partido va a creer que eres un irresponsable, si decimos que te sientes mal probablemente no lo crea... tenemos que pensar bien en lo que vamos a decir.*
- *Bueno, vete a arreglar y yo me iré a bañar, ya pensarás en algo, estoy seguro. -*

Jimmy sonrió y se dio la vuelta rumbo a su cuarto, no tardó ni 10 minutos cuando ya había salido de su habitación arreglado con un traje de color gris. Adam apenas estaba por entrar al baño con la toalla en la mano y se sorprendió de lo rápido que había arreglado, Jimmy le dijo:

- *Bueno Adam estás en tu casa y ya sabes donde esta todo, cualquier cosa tienes mi número y el de Jessica... -*

Adam levantó la palma de su mano y lo interrumpió abruptamente diciendo:

- *Amigo amigo, es obvio que tengo sus contactos, trabajo desde hace años con ustedes y no tengo 10 años para que no me pueda quedar solo ¿sabes? Tengo una Walther p22 sobre tu mesita amigo, creo que estaré bien.*
- *Esta bien, esta bien, solo que me preocupo por ti amigo, no te ves descansado y con el susto que me diste ayer por la noche, temo por tu salud.*
- *No hay de qué preocuparse ¿Está bien Jimmy? - dijo Adam seriamente.*

Jimmy se despidió y se fue del apartamento rumbo a la comisaría. Adam se metió al baño y se quedó observando unos segundos la puerta, pero pronto por precaución se dirigió rápidamente a la sala donde tomó su pistola para meterla al baño.

Fuera de la central llegó Jessica y se estacionó en su bello Challenger, Jessica bajó del auto y entró por la puerta para otro día de trabajo en la oficina. Todo lucía como un día normal, los oficiales trabajaban en sus cubículos contestando llamadas de robos en algunas pequeñas tiendas, asaltos a personas en los callejones y crímenes pequeños comparado con el gran caso de la mariposa negra que nadie estaba consciente más que nuestros detectives.

Jimmy llegó a la central para continuar con el caso y subió por las escaleras rumbo a la oficina de Jessica para comentarle acerca de lo que había pasado con Adam en la noche, por el otro extremo Jessica sale de la oficina de Falco y al ver a Jimmy le dijo:

- *Hola Jimmy, ¿Cómo estás? -*

Jimmy terminó de subir las escaleras y le respondió:

– *Que tal Jessica, ammm ¿Podemos hablar en tu oficina?* -

Jessica confundida, comenzó a preocuparse y lo primero que se le vino a la mente fue el estado de salud de Adam.

– *¿Qué pasó Jimmy? ¿Dónde está Adam?* -

Jimmy comenzó a ponerse nervioso y le dijo:

– *Si, si Adam está bien, pero de eso es de lo que quiero hablar.* -

Jessica tomó del brazo a Jimmy y lo jaló ligeramente hasta llegar a su oficina, entraron por la puerta y al momento de cerrarla Jessica miró desafiantemente a Jimmy y le preguntó nuevamente en un tono más duro:

– *¿Dónde está Adam? ¿Qué pasó?* -

Jimmy se sintió por un momento intimidado y pasó saliva por su garganta.

– *Está en mi casa Jessica, está perfectamente bien. Solo que no se siente de ánimos por la presión que tenemos sobre el caso y está muy estresado por no tener alguna pista.* -

Jessica suspiró y dijo:

- *Bueno, creo que eso cambia todo el plan de hoy, pero igualmente tenemos que seguir trabajando en esto. Tenemos que buscar alguna conexión entre las víctimas, algún vínculo que compartieran, trabajo, estudios, parientes lejanos o algo... Pero en el camino hacia acá me puse a pensar acerca de Martín Budd...* -

De manera algo sorprendido Jimmy le pregunta:

- *El extraño sujeto de la tienda abandonada ¿Que hay con él?*
- *Como te dije me puse a pensar y aún no sabemos porque el asesino mató a Bob el amigo de Adam, pero tenemos que andar con cuidado y cualquiera que pueda ser testigo o que esté "involucrado" en el caso puede correr peligro aparte de las posibles víctimas que ni siquiera tenemos un patrón para seguir y tratar de evitarlo. Así que es probable que Martín Budd pueda correr peligro, así que hoy iremos con él para darle una orden de protección.* -

Jimmy se sorprendió porque no había pensado en ello e inmediatamente le dio la razón a Jessica.

- *Me parece perfecto Jessica, iremos de inmediato. Cuando regresemos continuaremos buscando las conexiones con las víctimas, pero tienes razón, ahora nuestra prioridad es tratar de salvar todas las vidas posibles y hacer que no corran riesgo alguno.*
- *Muy bien, salgamos cuanto antes.* -

Jessica y Jimmy salieron de la oficina rumbo al estacionamiento para ir a visitar al señor Budd. Al salir de la su oficina, se toparon con la sorpresa de que Falco iba saliendo de igual manera y se vieron cara a cara en el pasillo con él.

– *¿Qué tal agentes? ¿Cómo están? - dijo Falco a secas.*

Jimmy al ser joven y falto de experiencia, se comenzó a poner nervioso por estar haciendo algo fuera de lo "correcto". No tardó en tener su tic nervioso de estar subiendo sus gafas cada 5 segundo y comenzó a tartamudear ligeramente:

– *Ho…o…ola Jefe, ¿Nosotros? Estamos bien, gracias. -*

Jessica obviamente notó que su compañero podía echar a perder las cosas y que podrían ser descubiertos, así que lo interrumpió de manera breve diciendo:

– *Buenos días Jefe. Todo está bien, gracias por preguntar. De hecho ya íbamos de salida para patrullar. Adam sufrió de migrañas y le pedí a Jimmy que me acompañara el día de hoy. Digo, si no hay problemas con eso Jefe.-*

Falco no parecía sospechar nada por la actitud tan segura que mostraba Jessica y creyó por completo lo que la detective le dijo. Falco les contestó:

– *Me parece una buena idea Sanders, igual Williamson puede comenzar a empaparse en el trabajo de campo y sienta un poco de adrenalina de vivir las cosas allá afuera. Espero que Cross se sienta mejor mañana, necesito que me mantengan informado de su estatus y si se sigue sintiendo mal, necesitaré que vaya al médico para poder darle alguna incapacidad.*

– *Entendido Jefe, lo mantendremos informado. No le quitamos más de su tiempo y saldremos a patrullar. - Respondió Jessica.*

– *Con cuidado agentes, que tengan un buen día. -*

Jessica y Jimmy se despidieron de Falco y bajaron las escaleras para salir de la central y tomar curso a la vieja tienda de Budd en Harlem.

Por otro lado, Adam ya se había terminado de bañar y se había arreglado en el departamento de Jimmy. Estaba en la sala contando el cambio para comprar sus cervezas y ver el partido de su equipo favorito. Una vez que terminó de contar, guardó el puñado de monedas en el pantalón, tomó su pistola y se la guardó en la parte de atrás del pantalón, como no estaba en servicio Adam no portaba ni su placa ni su sobaquera, pero lógicamente con ese loco de la mariposa suelto, no iba a salir sin su arma para poder defenderse.

Adam bajó del apartamento para ir a la tienda que no estaba muy lejos, quizá eran 3 cuadras a lo mucho, tenía bien medido el tiempo para ir y venir sin perderse un solo minuto del esperado juego, comenzó a caminar por las calles en aquella mañana que ya comenzaba a solear, sacó un cigarrillo de su bolsillo, lo encendió y comenzó a disfrutar del día; en cierto punto era extraño estar en la otra cara de la moneda, poder ser una persona como cualquier otra y no estar patrullando las calles buscando rufianes o crímenes para resolver, era ciertamente relajante y muy ameno estar gozando el día y sus más mínimos detalles que al estar de servicio no tienen relevancia alguna, son de esas ocasiones que te das cuenta de lo bella que es la vida y todo lo que conlleva, los olores, los colores, los paisajes, las personas, los insectos, entre otras cosas.

Nueva York es una jungla de asfalto y no había mucha naturaleza pero tenía sus propios destellos que la hacían una ciudad muy bonita. Adam por fin llegó a la tienda de licores y tiró su cigarro en la entrada, no estaba permitido fumar dentro de esta.

Ingresó sabiendo lo que buscaba, un six de Heineken bien frío el cual no tardó en encontrar los refrigeradores donde se ubicaba la cerveza, lo tomó llevándolo rápidamente a la caja para que se la cobrarán, puso las cervezas en el mostrador y sacó el cambio que tenía contado en su bolsillo para pagar, el señor lo recogió y lo comenzó a contar, mientras tanto Adam miraba a diferentes partes de la tienda, veía los carteles con las promociones y miraba a sus alrededores, de pronto su mirada se enfocó en la salida de la tienda, la cual daba hacia la avenida y se podía ver la acera de enfrente, la gente iba y venía como si nada, pero había algo que resaltaba entre la multitud, más bien era alguien y no algo, había un sujeto de pie observando fijamente a Adam, no parecía inmutarse con nada, ni con las personas, ni con los autos que pasaban… nada absolutamente nada, solo estaba allí de pie viéndolo.

Adam aparte de sentirse incómodo, sintió algo de paranoia, su sexto sentido le decía que estaba relacionado con el asesino o incluso lo estaba viendo en persona, pero ¿Qué tal si solo era una ilusión como la de anoche? O ¿Qué tal si solo era un civil más? «No, se parece mucho al sujeto del video de las cámaras de Bob, me está siguiendo...» pensó. Adam no tenía permitido creer en coincidencias, ya habían pasado varios minutos y el individuo no despegaba la mirada del detective, además en la forma que vestía… era obvio que quería mantener un bajo perfil y no ser reconocido, estaba vestido con un pantalón de mezclilla, un rompe vientos negro y una gorra que estaba tan abajo que no permitía ver sus facciones de la nariz hacia arriba.

El despachador de la tienda le comenzó a hablar a Adam para darle su ticket y sus cervezas, pero Adam tampoco le quitaba la mirada al sujeto, el tendero siguió insistiendo:

– *Disculpe joven, joven, joven…* -

Sus miradas entrelazadas no podían despegarse ni un momento, hasta que el señor le preguntó en voz alta:

– *Caballero, ¿Se encuentra bien?* -

Adam reaccionó por fin y miró al señor nuevamente un poco destanteado y le respondió:

– *Sí, sí. Perdone.* -

Tomó el ticket de la mano del señor, la bolsa que estaba sobre el mostrador y miró nuevamente a la calle para ver al sujeto y para su gran sorpresa era que no estaba… Adam salió corriendo de la tienda para poder ubicar a donde se había ido el misterioso hombre que lo observaba, pero había muchas personas, era casi imposible identificar al individuo, por más que resaltara su vestimenta, prácticamente era como encontrar una aguja en un pajar.

Adam comenzó a cuestionar su estado mental, pero estaba 100% seguro que era real, que lo estaba viendo y no era una ilusión, de verdad estaba allí parado, no había duda de eso, pero la verdadera pregunta era ¿Quién era él?

Adam sacudió su cabeza y decidió irse al apartamento de Jimmy para ver el juego.

Mientras tanto Jimmy y Jessica en la patrulla, estaban a unas cuadras de la tienda abandonada de Martín en Harlem. Al momento de llegar ambos bajaron de la patrulla y se estacionaron en la parte frontal de la tienda para entrar y poder notificarle a Martín de que era posible que corriera un riesgo. Se acercaron a la puerta y Jessica comenzó a tocar la puerta diciendo:

– *Señor Budd, soy la detective Jessica Sanders.* -

Ambos esperaron unos segundos, pero no parecía haber respuesta.

Jessica volvió a tocar la puerta pero ahora con más fuerza y dijo:

– *Martín, soy yo Jessica del Departamento de Policía. ¿Me escuchas?* -

Nuevamente pasaron unos segundos y nada... Jimmy se asomó por la ventana y le dijo a Jessica:

– *¿Segura que está aquí? Esto luce abandonado, quizá se cambió o algo así.*
– *Este es el lugar Jimmy, ya vine en compañía con Adam.*
– *Quizá tenga algún sótano y está allí abajo, por eso no escucha. -*

Jessica no parecía concordar con Jimmy y presentía que algo andaba mal. Decidió dar los últimos golpes a la puerta para ver si Martín respondía y comenzó a golpear más fuerte la puerta con el puño gritando:

– *Departamento de Policía de la Ciudad de Nueva York, abran la puerta de inmediato. -*

Pasaron unos segundo y Jessica desenfundo su arma sin pensarlo dos veces disparando tres balas a la chapa de la puerta, esta se abrió y Jessica entró con cuidado al tenebroso lugar pidiéndole a Jimmy:

– *Quédate detrás de mí, cuídame la espalda.*
– *Pero si no tengo un arma Jessica... - Dijo Jimmy asustado.*
– *No importa, solo avísame si ves algo. -*

Ambos entraron silenciosamente y con cuidado, no había luz alguna en la tienda más que los ligeros rayos del sol que entraban entre los tablones que cubrían las opacas ventanas, era bastante difícil de ver ahí dentro, había muchas sombras y manchas que no dejaban ver bien los detalles. Los agentes siguieron internándose en la oscura tienda que parecía más bien una cueva.

No había ni el más mínimo ruido dentro, era un silencio increíble, solo se escuchaban las respiraciones de los detectives. Jessica sacó una pequeña linterna de su bolsillo del saco y trató de buscar algo sobre el paradero de Martín, siguieron caminando lentamente hasta que llegaron al final del lugar donde estaba el mostrador, donde solía estar la caja registradora, Jessica comenzó a alumbrar por esa zona buscando alguna pista pero nada, mientras Jimmy se quedó detrás para checar la puerta del lugar para que nadie entrara o saliera.

El mostrador estaba totalmente vacío sin ninguna pista, pero exactamente detrás de este, se encontraba una puerta carcomida probablemente por termitas, el cuarto lucía aún más oscuro que el resto de la tienda, la atmósfera de humedad y incertidumbre lo hacían parecer cómo una dimensión desconocida. Jessica alumbró con su linterna y solo se apreciaba al fondo una pared despintada y en mal estado, Jessica le dijo a Jimmy:

– *Jimmy, voy a entrar. Necesito que cuides la puerta y si ves algo o alguien me avisas ¿Entendiste?* -

Jimmy se acercó temeroso hacia la puerta donde se encontraba Jessica, y se quedó junto al marco de esta, Jessica entró despacio y apuntó hacia la derecha para iluminar la habitación, donde solo encontró cajas y jaulas, entre otras cosas, después alumbró hacia su izquierda poco a poco, donde lo primero que observó fue un catre con un cuerpo encima, el cuerpo estaba recostado sobre su hombro izquierdo dándole la espalda a Jessica y con su brazo izquierdo estaba agarrando una almohada entre su mano y su cabeza, parecía estar durmiendo. Por la complexión Jessica reconoció que era el mismísimo Martín Budd.

Jessica bajó el arma y la enfundó en su sobaquera, comenzó a caminar lentamente hacia el catre donde estaba acostado Martín. Jessica comenzó a susurrar en un tono leve para poder despertarlo:

– *Señor Budd... Soy la detective Jessica.* -

Martín no parecía estar escuchando. Jimmy se asomó para ver lo que estaba sucediendo dentro mientras se percató de la escena y le comentó a Jessica:

– *Está durmiendo... no debemos despertarlo... de hecho no podemos entrar de esta manera sin una orden y mucho menos disparar a la puerta...* -

Jessica se detuvo y le contestó a Jimmy:

– *Ya lo sé, pero su vida corre peligro... ¿Acaso no debía despertar con los disparos de la puerta?* -

Jimmy no dijo más y solo aceptó la decisión de su compañera, Jessica siguió caminando hasta que estaba lo suficiente cerca de Martín, lo tomó por el hombro y comenzó a moverlo ligeramente, diciendo:

– *Señor Budd, soy Jessica… necesitamos irnos…* -

Martín parecía no seguir escuchando ni se percataba de que Jessica y Jimmy estaban dentro. Jessica le dio un pequeño jalón más fuerte hasta que volteó el cuerpo de Martín… tenía los ojos abiertos y la boca llena de espuma, en el momento en que Jessica se percató le gritó a su compañero:

– *Jimmy ¡Llama a una ambulancia y a la central de inmediato!* -

Jimmy entró en pánico totalmente al ver el cuerpo de Martín desplomado con ese aspecto de sufrimiento en su cara, no pudo contener el susto y le preguntó a Jessica con una voz quebrantada:

– *Esta… ¿Esta? ¿Muerto?* -

Jessica le puso los dedos el cuello unos segundos para sentir el pulso en la arteria carótida y le dijo:

– *No tiene pulso... ¡Pero haz de inmediato lo que te ordené Jimmy!* -

Jimmy no lo pensó dos veces al escuchar a Jessica y sacó rápidamente su celular para marcar a la central y pedir refuerzos.

IX

Adam estaba tranquilo sentado en el sillón de la sala de Jimmy y le dio el último trago a su cerveza para ponerla sobre la mesa donde se encontraban los otros 5 envases vacíos. El partido estaba apunto de terminar, quedaban 2 minutos más el tiempo de reposición y el marcador estaba 3-0 a favor del Celtic, había liquidado prácticamente a su rival. Adam estaba disfrutando el encuentro en su día libre, no estaba en estado de ebriedad, pero estaba cómodo. Había sido un gran encuentro para los de su tierra natal y era justo lo que Adam necesitaba para relajarse y olvidar de momento todo eso del caso de la mariposa negra.

De repente su celular que estaba en la mesa de un costado del sillón comenzó a sonar. Adam lo tomó y observó que era el número de Jessica, oprimió el botón verde y tomó la llamada:

– *Hola Jess, ¿Qué tal? Oye perdón por no ir hoy, la verdad no me sentía del todo bien y …* -

Adam es interrumpido por Jessica.

- *Hola Adam, eso no importa ahorita, necesito que vengas de prisa a la tienda de Martín… -*

Adam respondió algo desconcertado:

- *¿Martín? ¿Fueron a darle las gracias? O ¿Fueron a interrogarlo y descubrieron algo?*
- *No Adam, está muerto…*
- *¿Qué? ¿Muerto? ¿Cómo y porqué?*
- *No hay tiempo de explicar, ven ahora mismo. Ya estoy trabajando en el caso, estoy checando la escena y Jimmy está revisando el cuerpo.*
- *Esta bien, voy para allá. -*

Adam tomó su chaqueta con su pistola y salió como un rayo del apartamento hacia la nueva escena.

Mientras tanto, Jessica estaba tratando de encontrar alguna pista dentro de la habitación de Martín. Comenzó a mover las cajas y las jaulas para ver si encontraba algo, pero solo había mugre y suciedad, siguió moviendo algunas cosas y le dijo a Jimmy:

- *Será muy difícil encontrar alguna pista dentro de este basurero… -*

Jimmy le responde:

- *Por lo pronto no parece haber señales de violencia o alguna marca visible en su cuerpo, lo más indicado sería llevarlo a la central para hacerle sus debido estudios, espero que no tarde mi equipo. ¿Qué pasó con Adam?*

– *Ya no deben de tardar... y Adam también ya venía para acá.*
– *Entendido, por lo que puedo observar es que quizá hubo alguna sustancia o algún envenenamiento.*
– *¿Eso crees?*
– *Puede ser... Necesito mis herramientas para comenzar a manipular el cuerpo y llevarlo al laboratorio para realizar la autopsia lo más rápido posible, pero aparentemente es algo de su interior y tampoco lo quiero tocar para ver si logramos identificar alguna huella. -*

Jessica tiró una caja por la furia que sentía por que el asesino había cobrado una víctima más y ya eran cuatro casos. Jessica enojada comentó:

– *Maldita sea, llegamos tarde y Martín no merecía esto. Él quiso ayudar y terminó pagando el precio.*
– *Pero aún no sabemos si fue el asesino, quizá pudo haber sido otra cosa.*
– *¿Cómo lo sabes Jimmy? - Preguntó Jessica.*
– *Aún no encontramos alguna mariposa aquí dentro. -*

Las sirenas comenzaron a sonar fuera de la tienda de Martín, mientras los oficiales y el equipo de forense entraba a la escena, Jessica vio al primer oficial que entró y le dijo:

- *Usted estará a cargo de cuidar esta escena, necesito que acordone la zona, nadie toca nada a menos que sea autorizado por Williamson y quiero listones en la parte frontal de la tienda, al igual un perímetro de 5 metros y nada de reporteros ni noticias, no hay comentarios hasta estar seguros de la situación.*
- *Entendido detective. - Respondió el oficial.*

El equipo de forenses llegó donde se situaba Jimmy para darle sus instrumentos y poder comenzar a realizar su trabajo. Jimmy tomó su kit, se puso sus guantes y un cubre bocas, primero levantó la cabeza de Martín para checar si no había golpes o algún indicio de violencia.

Adam llegó a la escena mientras se decía así mismo en sus pensamientos:

- *Maldición, ese asesino está tras nosotros y no podemos seguir involucrando a nadie más. -*

Al entrar al establecimiento observó que los oficiales habían puesto tripies con luces para poder iluminar dentro y no perderse ningún detalle o alguna posible pista. Jessica se acercó rápidamente con su compañero y le dijo:

- *¿Puedes creerlo compañero? Esto se está volviendo una pesadilla y no pudimos evitarlo. -*

Jessica hablaba mientras comenzaba a levantar el tono de su voz por la impotencia de no poder impedir la muerte de Martín.

- *¿Qué fue lo que pasó? – preguntó Adam.*
- *Venimos por eso mismo para tratar de prevenir alguna tragedia y llegamos tarde. Jimmy y yo veníamos para acá, tocamos a la puerta y no hubo respuesta, después entramos por la fuerza y encontramos a Martín acostado en un catre en el cuarto en la parte de atrás. Según Jimmy, por el momento no parece haber señales de violencia y no han encontrado heridas o golpes.*
- *Diablos, esto solo tiene una explicación lógica, el maldito nos está estudiando. -*

Adam hace una pausa y se queda observando con la mirada perdida. Jessica notó que Adam estaba ausente y trató de hacerlo reaccionar:

- *Adam, ¿Qué ocurre? ¿Estas bien?*
- *No del todo Jess, hoy fui a la tienda a unas cuadras del departamento de Jimmy donde había un individuo al otro lado de la calle el cual no dejaba de observarme, quizá era él o quizá no trabaja solo... También tengo que platicarte sobre la cinta de las cámaras de seguridad de Bob.*
- *Y ¿Qué características pudiste ver? ¿Cómo era?*
- *Se veía bastante sospechoso y por mas que quisiera pasar desapercibido no podía, era demasiado obvio, no parecía disimular, incluso me hace pensar que lo hacía a propósito para que yo lo viera pero eso sería muy tonto o descarado de su parte. -*

Jessica sorprendida de que quizá Adam había tenido un primer encuentro con el asesino, le preguntó impaciente:

- *Y ¿Por qué no lo seguiste?*
- *No estaba en condiciones compañera, mi mente estaba bastante nublada y realmente no quería dejarme llevar por mis emociones, quizá tan solo era una persona normal o solo estaba allí y yo lo juzgaba por estar pensando en el caso.*
- *¿Cómo estaba vestido?*
- *Se veía un tanto diferente a todas las personas que pasaban por ahí, tenía una gorra que le cubría la mayor parte del rostro, al igual que un rompe vientos de color negro y unos jeans.*
- *Y ¿Qué hay de los videos de Bob?*
- *Pues aparece un sujeto que vi fuera de la estación cuando dimos la conferencia, no era parte de ningún noticiero y solo estaba ahí de pie, el mismo tipo aparece en el video hablando con Bob una hora antes de su fallecimiento y creo que el mismo fue al que vi hoy en la tienda, pero no estoy seguro.*
- *¿Por qué no me habías dicho antes? Entonces ¿Crees que se trata de él?*
- *Puede ser, mira lo que le pasó a Martín, pero nuevamente no estoy seguro, el sujeto que vi en la conferencia era de tez oscura, pero en el video no puedo confirmarlo por las luces del bar.*
- *Después me enseñas el video y lo analizamos en la oficina, ¿Dónde lo tienes?*
- *Lo tengo en una memoria USB. – respondió Adam dándole unas palmadas a su bolsillo del pantalón.*

Jimmy seguía examinando rápidamente el cuerpo para ver si podía encontrar algo para guiarse y saber qué pudo haber causado el fallecimiento de Martín. Sin encontrar nada útil, Jimmy dio la orden a su equipo de retirar el cuerpo y meterlo en el camión de Ciencias Forenses.

Cuando se llevaron el cadáver, Jimmy comenzó a checar la pequeña sábana sucia verde y deslavada que estaba en el catre, la inspeccionó cuidadosamente en busca de alguna mancha o algo que perteneciera a Martín o alguna otra pista que dictaminara que había alguien más había estado en la habitación. Por el momento no parecía haber algo en la escena, el equipo subió el cuerpo a la camilla y lo sacaron de la tienda. Jimmy se había hecho la idea de que hasta no hacer la autopsia seguirán con la incertidumbre de qué es lo que había pasado con Martín.

Todos se comenzaban a salir del cuarto para cerrar la escena y regresar a la central, pero Jimmy tuvo la corazonada de mover la almohada para ver si descubría algo, al retirarla la sorpresa no fue otra más que ver la temida figura que había estado acechándolos durante los últimos días. Uno de los forenses pasaba aun lado de Jimmy cuando este se levantó como resorte y le dio la orden:

– *Trae enseguida a los detectives Sanders y Cross. -*

Este afirmó, y salió corriendo del cuarto en búsqueda de los detectives. Jessica y Adam al escuchar la orden del forense se dirigieron rápidamente a la escena.

– *¿Qué pasó Jimmy? ¿Qué encontraste? - pregunto Jessica.*

Jimmy levantó la mariposa por un ala y respondió:

– *Fue él, compañeros…* -

Adam y Jessica quedaron pasmados al ver la mariposa que Jimmy se había encontrado bajo la almohada de Martín. Entonces este sería el cuarto caso dentro del historial de la mariposa negra, era la quinta vida que se perdía y aún no había un rumbo el cual seguir. Adam dijo:

– *Entonces fue ese desgraciado… ¿Encontraste algo en el cuerpo de Martín?*
– *No, en el primer estudio superficial no pude encontrar nada, tendremos que esperar a los resultados de la autopsia, yo mismo lo haré con mi equipo y saldré cuanto antes.*
– *Está bien Jimmy, ve para allá, yo elaboraré un plan ahorita con Jessica de cómo proceder con el caso y te mantendremos al tanto, en cuando sepas algo del estudio nos avisas de igual manera, ¿Entendido?*
– *Entendido compañero, estamos en contacto.* -

Jimmy salió de la tienda y subió al vehículo de Ciencias Forenses para ir al laboratorio. Jessica y Adam estaban de pie cerca del catre en la habitación estresados por lo sucedido.

– *Llegamos tarde Adam, Martín no merecía terminar así, nosotros lo involucramos y él solo quiso ayudar.*

- *Lo sé Jess, pero no podíamos hacer nada para evitarlo, pero ahora sabemos de los riesgos y no involucramos a nadie más.*
- *Y ¿Qué le diremos a Falco? No podemos decirle que Martín estaba cooperando para el caso y ahora lo asesinaron. Pero quizá ahora nos crea que realmente tenemos un asesino suelto.*
- *Podría ser, pero Falco nos hará culpables de lo ocurrido por el fallecimiento de Martín y quizá tengamos alguna consecuencia o una sanción por no obedecer.*
- *Al final de cuentas, Falco se dará cuenta porque el cuerpo entrará al laboratorio y tenemos que hacer el reporte, no podemos pasar esto por desapercibido.*
- *¿Entonces qué haremos Adam?*
- *Este será el plan, primero esperaremos a que Jimmy termine de hacer la autopsia y nos diga el resultado, yo me encargaré de encontrar al sujeto que vi en la mañana y en el video, voy a rastrearlo y veré si encuentro alguna pista y tu trata de investigar alguna posible conexión entre las víctimas, tenemos varios días diciendo que lo vamos a hacer y por una u otra razón no lo hacemos y por último no haremos el reporte hasta que sepamos cómo murió Martín y vemos cómo lo manejamos.*
- *Entendido, eso es lo que haremos. -*

Adam salió del establecimiento y se dirigió hacia el departamento de Jimmy, Jessica terminó de supervisar algunos últimos detalles con los oficiales para después regresar a la central. Cuando Jessica llegó a la central aún no había recibido noticias de Jimmy y las puertas del laboratorio seguían cerradas por lo que indicaba que aún no se terminaba la autopsia.

Jessica decidió subir a su oficina para tomarse un respiro y buscar conexiones entre las víctimas, comenzó a buscar en la base de datos los nombres, las edades y las ciudades de origen para ver si había algo que los uniera, pero nada... después buscó lugares en los que las víctimas habían trabajado, escuelas donde habían estudiado, pero tampoco hubo algo útil que les ayudará, Jessica tardó aproximadamente una hora buscando qué podía unir a las víctimas pero no encontró nada, los fallecidos no se conocían, no tenían parientes o algún dato que los uniera, ni siquiera la edad, no había conexión alguna.

Pasaba el tiempo y Jessica se comenzaba a desesperar cuando de repente un llamado a la puerta de su oficina la interrumpió, tenía la esperanza de que fuera Jimmy con los resultados, pero sorpresa la que se llevó cuando la puerta se abrió y vio entrar a Falco, Jessica se quedó pasmada y Falco comentó:

- *Sanders, ¿Cómo estás? ¿Cómo sigue Adam?*
- *Bien Jefe, está mejor.*
- *Muy bien, me da gusto escucharlo. Una pregunta detective, Jimmy entró con un cuerpo al laboratorio y el capitán Hall, me informó que hubo un caso nuevo ¿Fueron a investigar?*
- *Afirmativo, si fuimos jefe. -*

Jessica respondió pasmada porque no sabía qué decir y no echar a perder el caso con Falco, pero tarde o temprano saldría la verdad a la luz y Falco se enteraría.

Jessica se quedó en silencio para después tener la fortuna de que Jimmy tocara a la puerta y entrara con los resultados de la autopsia, en cierta manera la salvó de una terrible e incómoda conversación con Falco. Jimmy dijo:

– *Espero no interrumpir nada, Jefe, detective, tengo los resultados del estudio sobre Martín.* -

Dejando la carpeta sobre la mesa, Jessica se adelantó y la tomo antes de que Falco pudiera agarrarla, a Falco no pareció importarle y le dijo a Jimmy:

– *Williamson, dime lo que descubriste…* -

Mientras Jimmy comenzó a describir lo que había encontrado, Jessica lo seguía con el documento que se encontraba en la carpeta. Jimmy respondió:

– *Los resultados dictaminan que Martín tuvo un enfisema pulmonar, que es producida cuando los alvéolos de los pulmones se destruyen gradualmente, lo que hace que cada vez más difícil respirar, el enfisema es una de varias enfermedades conocidas en conjunto como enfermedad pulmonar obstructiva crónica.*
– *Entonces, estas diciendo que ¿Murió por una enfermedad respiratoria? - Preguntó Jessica.*
– *Así es.* -

Jessica estaba desconcertada por lo que había sucedido con Martín, la autopsia había dictaminado que tenía un enfisema pulmonar, pero ¿Qué había pasado con la mariposa? Tanto Jessica como Jimmy estaban confundidos con lo que había sucedido.

Por otro lado, Adam se encontraba a una cuadra de la tienda donde había visto al individuo que lo estuvo mirando por la tarde. Comenzaba a anochecer y los grupos de personas que caminaban disminuían facilitando poder ver los rostros de cada uno. Estaba atento por si notaba a alguna persona actuando de forma sospechosa o poder identifica al sujeto, Adam sostiene un periódico mientras miraba cuidadosamente los rostros de las personas que pasaban, ninguno parecía contar con el atuendo que había visto del sospechoso y como no pudo observar características físicas le era más difícil encontrar a alguien que no sabía cómo lucía, porque no tenía confirmado que el mismo sujeto que apareció en el video y en la conferencia eran la misma persona. «Hasta donde yo sé, puede que sean más de uno y están trabajando en conjunto.» pensó Adam.

Comenzaron a pasar las horas y Adam no veía nada fuera de lo común, el problema es que no tenía algo que basarse por el momento, entonces después de media hora decidió regresar al departamento de Jimmy. Comenzó a moverse entre la gente de regreso a casa cuando una figura lo seguía sigilosamente a unos 20 metros de distancia, Adam no se percataba de que era seguido, la luz comenzaba a disiparse y se lo dejaba a las farolas de la calle, había más sobras y callejones en el camino lo que le facilitaba al sospechoso para poder seguir al detective sin ser detectado.

Cruzaban las cuadras y Adam decepcionado de no poder encontrar algún rastro de aquel sujeto, buscaba en sus pensamientos algo que lo ayudara a descifrar quién podía ser o como encontrarlo. La misteriosa figura lo seguía de cerca pero no tanto como para poder ser descubierto. Faltando un par de cuadras las personas disminuían en la calle lo cual hizo que el sospechoso tomará pequeñas pausas en puestos o tiendas para aparentar ser un civil más, cuando Adam se disponía a cruzar la calle un camión de transporte se frenó delante de él por que el semáforo señaló la luz roja, Adam pronto se quedó viendo una de las ventanas en la cual podía ver su reflejo y a sus espaldas pudo observar que alguien lo seguía y se detenía por momentos, Adam mantuvo la calma y prosiguió a cruzar la calle pero de vez en cuando espejeaba o utilizaba objeto para confirmar que el individuo aún estaba tras de él.

Al llegar a la puerta del edificio, Adam sacó la llave de su bolsillo y giró a su alrededor para identificar al sospechoso, cuando volteó pudo observar al sujeto de pie detrás de un poste de alumbrado, Adam hizo contacto visual rápidamente y cuando el sospechoso se dio cuenta de que el detective sabía de su presencia se echó a correr en dirección opuesta, Adam guardó la llave en su bolsillo y se dispuso a correr detrás del sujeto, comenzando la persecución. El sospechoso portaba una chamarra azul marino y la misma gorra, este iba corriendo velozmente causando desastres a su paso, estaba aventando a las personas que caminaban tranquilamente y también arrojaba objetos para obstruir el paso de

Adam, mientras el gritaba:

– *¡Policía de Nueva York, detente ahí mismo!* -

Al sujeto no parecía importarle y seguía buscando evadir al detective tomando un par de atajos entre callejones y brincando pequeñas rejas, pero Adam que contaba con un gran físico y condición por el entrenamiento, siguió al sospechoso sin ningún problema, era cuestión de tiempo que lo alcanzara o esperaba que cometiera algún error para poder atraparlo. Adam confiado de que este individuo no sería rival para él, se decía en sus pensamientos «*¿Qué se cree este tipo? ¿cómo se le ocurre regresar a el lugar donde nos vimos? ¿Me está buscando a mí?* o *¿Por qué habrá regresado cerca de la tienda? Bueno eso no me importa, cuando lo atrape le sacaré las respuestas yo mismo de una vez por todas.*»

Adam comenzó a gritar amenazando que sacaría su arma si no se detenía, pero claro que los oficiales no tienen permitido desenfundar su pistola si no les disparan primero, pero con Adam y Jessica que tenían buena relación con Falco, tenían un poco más flexible esa regla bajo ciertas circunstancias. Con dichas amenazas el sospechoso seguía corriendo, incluso trató de exprimir su cuerpo al máximo para evitar ser disparado. Al final después de una larga persecución, entraron a un callejón muy estrecho lleno de contenedores de basura donde al sujeto se le complicaba correr ya que tenía que evitar obstáculos y esto lo hacía perder velocidad y Adam lo aprovechaba para acortar distancia.

Al final del callejón, había una reja muy alta por la cual el sospechoso comenzó a escalar rápidamente mientras Adam no paraba de correr detrás de él. Cuando por fin logró estar del otro lado, abalanzó su cuerpo para poder continuar su carrera pero el bolsillo de su chamarra se le atoró en un pequeño alambre que sobre salía en la parte de arriba de la cerca, esto causó que se rompiera la bolsa y cayera una llave con un llavero al suelo. El sujeto siguió corriendo hasta que giró en una de las esquinas y desapareció, Adam se acercó a la reja para tomar la llave que se había caído, la tomó y comenzó a observar, parecía una llave común pero el llavero por otro lado era un semicírculo color dorado con las iniciales "R.R." grabadas.

X

Al día siguiente, Jessica y Adam llegaron a su oficina temprano como siempre, Jessica entró con un café en la mano que perfumaba con su sabroso aroma la oficina de los detectives.

– *Buenos días Adam, ¿Cómo te fue ayer? - Jessica dijo*

Adam tenía una cantidad increíble de papeles en su escritorio y escribía rápidamente en su computadora en búsqueda de datos.

– *Bien, bien, creo que tenemos un pequeño avance, ayer seguí al sospechoso... - respondió Adam.*

Jessica pasmada le contestó:

– *¿Seguiste al sospechoso? ¿Cómo lo encontraste?*
– *Fui al lugar donde lo vi cerca del departamento de Jimmy, parece que a nuestro sujeto le gusta estar cerca de nosotros para verlo todo, estuve un par de horas pero*

al final no vi nada sospechoso ni a nadie. Después decidí regresarme al departamento y me di cuenta de que me estaban siguiendo, en ciertos momentos volteaba o miraba en reflejos para confirmar que de verdad me estaban siguiendo y en efecto, era él. Cuando llegué al edificio giré y cuando él se dio cuenta que lo vi se echó a correr y lo seguí, después de una molesta persecución el tipo logró huir pero dejó caer esta llave con un llavero. – Concluyó Adam mientras levantaba el llavero con su mano.

– *¿Encontraste algo en él? - Preguntó Jessica impactada por la historia.*

– *Sí y no, la llave es una llave común, pero en el llavero tiene grabado las iniciales "R.R.". Estuve buscando en la base de datos, todos los criminales que tenemos en los récords, pero ninguno tiene dicha iniciales y tampoco las huellas que tiene el llavero no aparecen en el registro.*

– *Ya veo, es una buena pista. Pero si el asesino nos está siguiendo tenemos que andar con cuidado y cuidarnos las espaldas, es peligroso.*

– *Y ¿Qué pasó con la autopsia de Martín? - preguntó Adam.*

– *No lo vas a creer, el estudio nos informó que falleció por un enfisema pulmonar…*

– *¿Y eso es…? - preguntó Adam con gesto de confusión.*

– *Una enfermedad respiratoria en los pulmones Adam, parece que el asesino no tuvo nada que ver en esto.*

– *Eso es imposible Jess, encontramos la mariposa debajo de la almohada…*

- *Lo sé, lo sé Adam, esto me confunde tanto como a ti. Ahora será mejor que busquemos a R.R. y le hagamos unas preguntas.*
- *Me parece bien, ¿Dónde está Jimmy? - Preguntó Adam*
- *Está ocupado en otro caso que llegó ayer en la noche, Falco lo asignó personalmente y cuando se desocupe regresará para seguir con esto.*
- *Y ¿Qué dijo Falco sobre Martín?*
- *Nada, como aparentemente fueron causas naturales, no dijo nada. De hecho no mencionamos que encontramos la mariposa, por eso no le dio importancia.*
- *Diablos, esta es la cuarta mariposa que tenemos. -*

De pronto, la conversación de los detectives es interrumpida por unos golpes en la puerta. Adam contestó:

- *Adelante. -*

Entró un oficial de complexión fornida, de tez blanca y con una amplia barba color café, en su impecable uniforme presentaba su insignia del departamento de policías y abajo una placa con la leyenda "Cap. Hall". El oficial dijo:

- *Buenos días detectives, espero no interrumpir. Me presento, soy el Capitán Ashley Hall. Yo estoy a cargo de todos los oficiales y patrullajes de campo, ¿Tienen un minuto?*
- *Si claro Capitán, un placer. Ella es la detective Jessica Sanders y yo soy Adam Cross, ¿En qué podemos ayu-*

darlo?

- *Miren detectives, yo tengo contacto directo con el jefe Falco, yo mando todos los reportes que me pasan los oficiales día a día. Y este mes hemos tenido lo que se corre entre voces en la central "el asunto de la mariposa". Yo creo en mi trabajo tanto como ustedes detectives, así que quiero ayudarlos y terminar con esto lo más pronto posible pero necesito saber que es lo que sucede. -*

Adam y Jessica se quedaron en silencio mientras intercambiaban miradas entre sí. Jessica tomó la palabra y dijo:

- *Muy bien Capitán Hall, tomé asiento. ¿Quiere ser parte de este caso? Tendrá que trabajar en secreto con nosotros y cada cosa que sepa será confidencial, incluso con Falco ¿Entendido?*
- *Sí señora. - Respondió Hall, tomándolo como una orden directa sin cuestionar.*
- *Bueno, esto es lo que sucede, tenemos un caso abierto Adam, yo y el médico forense Jimmy Williamson, los tres trabajamos en el "caso del asesino de la mariposa negra". Por el momento el resumen es que tenemos cuatro escenas del crimen con 5 víctimas, cuatro escenas y cuatro mariposas. No hemos encontrado señales de agresión, armas u otros objetos, el modus operandi del asesino es utilizar objetos del entorno para provocar la muerte de las víctimas y parecer que son accidentes. No hemos encontrado alguna conexión entre las víctimas, huellas o patrones que nos ayuden a rastrearlo.*

- *Estamos algo en blanco como puede ver Capitán, por eso mismo no queremos hacer esto público para evitar que se propague la noticia de que hay un loco suelto y aun no tenemos nada. - Agregó Adam desde su lugar.*
- *Falco tampoco cree que haya alguien detrás, cree que todo lo estamos inventando ya que no tenemos evidencia que compruebe que tenemos un culpable, lo único que tenemos son las mariposas. - Dijo Jessica.*
- *Bueno... eso y hay un sujeto que es nuestro principal sospechoso y lo hemos visto varias veces. – comentó Adam sacando la memoria USB de su bolsillo.*

Minutos más tarde después de terminar de ver el video, el Capitán Hall se quedó sorprendido al escuchar la historia detrás del mito, un escalofrío le recorrió toda la espalda por la incertidumbre que le causaba saber que alguien estaba detrás de personas inocentes sin aparentemente ninguna razón y que los mejores detectives aún no conseguían nada.

- *A todo esto Capitán, la penúltima víctima era mi amigo, dueño de un bar y el último era experto en mariposas el cual nos ayudó para analizar las que teníamos aquí, lo que quiero decir con esto, es que a ambos fueron conocidos y estaban relacionados a nosotros, quiero que entienda que si quiere involucrarse en el caso podrá esta expuesto y puede llegar a ser un blanco para el asesino y nosotros no queremos cargar en nuestra conciencia esa responsabilidad, así que es su decisión si se quiere unir. Dejó en claro Adam. -*

Hall lo meditó unos instantes, sabía el peligro que conllevaba estar involucrado, pero por otro lado no creía que alguien fuera tan estúpido para asesinar al capitán de la policía de Nueva York y al final sus ideales de hacer justicia lo llevaron a tomar la decisión:

– *Entiendo detectives, estoy dentro. ¿Cuál es el siguiente paso? ¿Cómo los puedo ayudar? -*

Jessica respondió:

– *Ayer Adam persiguió a un sospechoso, todo parece apuntar que es el sujeto que vimos en el video y que Adam ha visto antes, aún no tenemos pruebas pero puede ser que quizá esté involucrado en el caso o quizá sea el mismo asesino que buscamos. Durante la persecución Adam encontró esta llave y el llavero tiene las iniciales "R.R.", por el momento es la única pista que tenemos, tenemos que encontrar al sospechoso e interrogarlo, lo que pueda encontrar es bueno Capitán.*
– *Entendido detective, estaremos en contacto y muchas gracias por permitirme ser parte del caso. -*

Hall salió por la puerta una vez que los tres intercambiaron números para seguir en contacto y Adam mencionó:

– *Está bien que tengamos al Capitán de nuestro lado, después de todo, será de mucha ayuda tener a alguien en el campo y más por el rango que tiene.*

– *Tienes razón Adam, solo que no quiero que se meta en algún problema y sobre todo de que su vida corra riesgo por estar siguiendo este caso.*
– *Él tomó la elección Jess, ahora tenemos que enfocarnos nuevamente y continuar con la pista de R.R.*
– *¿Significa algo en especial? Tal vez alguna compañía, alguna empresa, iniciales… no sé. Preguntó Jessica.*
– *No lo había pensado así, creo que eso nos aprieta más el problema. Tenemos que empezar a descartar opciones y reducir nuestra búsqueda. -*

XI

Al día siguiente, Adam y Jessica llegaron por la mañana a la oficina para continuar con el caso, Adam había llegado antes que Jessica y había comenzado a investigar. Jessica llegó después de unos minutos y de buen humor saludó a Adam:

- *Buenos días ¿Cómo estás amigo?*
- *Hola Jess, algo atareado por el caso y tú ¿Cómo estás?*
- *Sí, puedo verlo. Yo también estoy bien, gracias. ¿Descubriste algo?*
- *No exactamente, espero hacerlo. Estoy armando un perfil psicológico del asesino, quiero saber exactamente por qué hace lo que hace y por qué opera en la manera en lo que lo hace. - mencionó Adam mientras se quitaba su saco y lo dejaba sobre la silla de su escritorio.*
- *Entiendo, creo que sería una buena idea. ¿Aún nada de R.R.?*
- *No, nada. - Respondió Adam desalentado.*
- *Bueno comencemos. Lo primero es que aun asesino tiene algo como objetivo, una meta o un logro, Si bien las*

causas concretas pueden ser muchas, por norma general la persona que comete un asesinato ve a su víctima como como alguien que le ha causado un daño, supone una amenaza para su integridad, estatus o para la de un ser querido, representa un obstáculo para alcanzar un determinado fin.

– *Eso es lo primero que se define usualmente pero las víctimas que tenemos no tienen algún patrón, respondió Adam.*
– *Bueno, eso es lo que sabemos por ahora, quizá las víctimas conocían al asesino.*
– *¿Qué quieres decir? ¿Probablemente ellos le hicieron algún daño al asesino y ahora este cobra venganza? – dijo Adam mientras lanzaba una manzana al aire.*
– *No bobo, aunque no lo podríamos descartar, por lo general tienen un comportamiento normal, en muchos casos el asesinato se produce como consecuencia del nacimiento de agresividad hacia una persona en concreto debido a circunstancias variables, quizá nosotros no podamos ver un patrón, pero cabe la posibilidad de que las personas que han muerto son conocidas de el asesino o le recuerdan a algún momento traumático de su vida. Quizá no nos sirva de mucho para el caso, pero nos puede ayudar para saber algo más de él o poder adivinar cuál será su siguiente movimiento, después de todo, lo que queremos es salvar vidas.*

Segundos después sonó un llamado a la puerta y Jimmy ingreso:

- *Hola compañeros, ¿Cómo les va?*
- *Seguimos atareados con el caso, ¿Cómo te fue a ti? Respondió Adam.*
- *Bien, bien fue un caso rápido, apuñalaron a un sujeto en una taberna y pidieron que le hiciera la autopsia. ¿Encontraron algo de R.R.? Jessica me mantuvo informado.*
- *Aun nada Jimmy, la búsqueda es amplia y aún no sabemos por dónde empezar. -*

Vuelven a tocar la puerta y Jessica autoriza la entrada. El Capitán Hall entró por la puerta y comentó:

- *Buenos días detectives, usted debe ser el Jefe del Departamento de Ciencias Forenses, Jimmy Williamson. -*

Dirigiendo la mirada a Jimmy que estaba sorprendido por la presencia del Capitán, ya se habían visto en un par de ocasiones en algunas escenas del crimen, pero nunca habían intercambiado palabras y menos presentarse. Hall estiró la mano para estrecharla mientras Jimmy de manera tímida respondió:

- *Así es, soy yo, y usted es el Capitán Hall ¿Verdad?*
- *Es correcto doctor, Capitán Ashley Hall para servirte. Seré parte del caso y trataré de ayudar para terminar con esto lo más rápido posible.*
- *Sí... Jessica me comentó que se uniría. Bueno amigos tengo trabajo que hacer, si me necesitan estaré en el laboratorio, mucha suerte con lo de R.R.*

Jimmy se despidió de todos y bajó para seguir con su trabajo. Adam por otra parte tuvo la idea de salir a patrullar con el Hall.

– *Capitán Hall. ¿Qué le parece la idea si salimos a patrullar y podemos buscar al sospechoso, ya tenemos más o menos los detalles físicos y puede que ande cerca como en las otras ocasiones? - Dijo Adam.*
– *Es una buena idea detective. ¿Tiene alguna idea por dónde deberíamos comenzar a buscar?*
– *Quizá donde encontré el llavero y le perdí el rastro. -*

Jessica interrumpió.

– *En ese caso Adam, necesitaré una descripción para hacer el reporte en la base de datos y poder ingresarlo al sistema.*
– *Muy bien, las tres ocasiones que lo he visto, sin contar el vídeo ha tratado de mantener un perfil discreto utilizando gorras y chaquetas para cubrirse pero el tipo debe rondar entre los 40 y 50 años, no fue tan rápido en la persecución, pero se notaba que no era su primera vez haciendo esto, tez oscura y me parecía que tenía un bigote, fuera de eso no pude distinguir algún rastro más para identificarlo.*
– *Creo que con eso basta, es un comienzo. Ve con el capitán Hall para ver si pueden encontrar alguna pista de su paradero.*
– *Entendido. -*

Adam y Hall salieron de la oficina para subir en la patrulla del Capitán y comenzar el patrulleo en búsqueda del sospechoso o de alguna pista. El caso seguía bastante complicado, solo tenían una breve descripción de un sospechoso que realmente no estaban seguros de estar ligado al asesino y por otro lado solo tenían las mariposas que no tenían nada que revelar. Mientras, Jessica se quedó en la oficina haciendo el reporte, Adam y Hall comenzaron su búsqueda por las calles, unos minutos más tarde llegaron al callejón donde al sospechoso se le había caído la llave. Ambos bajaron y comenzaron a buscar pistas.

- *¿Es aquí? - pregunto Hall.*
- *Afirmativo estese atento Capitán podríamos encontrar algo que nos ayude en el momento menos esperado.*
- *Entendido detective, pero puede llamarme solo Hall, no hace falta tener tanta formalidad.*

Ambos caminaban de manera lenta con los ojos muy abiertos buscando cualquier detalle en el callejón.

- *Muy bien Hall. El tipo brincó por aquí mientras lo seguía y al momento de llegar al otro lado se le cayó la llave y después giro a la izquierda en la salida del callejón. - explicó Adam mientras actuaba la escena.*
- *Ya veo. Cuando salió a la calle debió perderse entre la multitud y tomar otras calles, debió ser imposible seguirlo.*
- *Así es, ¿Pero qué podría significar R.R.?*

– *No tengo idea, estuve buscando en la base de datos y no tengo ningún récord de alguien que coincida con esas letras. -*

De repente sonó la radio en el interior de la patrulla diciendo:

– *Capitán Hall, habla el oficial Mark, cambio. Tenemos un 10-54, repito 10-54, posible cadáver, cambio. -*

La transmisión se cortó esperando la respuesta, Hall corrió a la patrulla y tomó el radio con su mano desde la ventanilla del conductor, respondiendo:

– *10-4 Mark, voy en seguida, necesito la 10-20, cambio.*
– *10-4, la 10-20 es entre la 1era y la 17 sobre pera. Repito entre la 1era y la 17 sobre pera.*
– *10-4, voy en camino.*
– *¿Qué sucede? Hall - Preguntó Adam de pie delante de la patrulla.*
– *Tenemos un posible cadáver, será mejor que nos movamos ya, detective. -*

Ambos subieron a la patrulla y se dirigieron a la dirección mencionada por el oficial que reportó el caso. Encendieron las sirenas y salieron a toda velocidad, en el camino Adam preguntó:

– *¿Qué sabemos del caso? Es homicidio, suicidio...*

- *Aún no se, pediré el informe en cuanto lleguemos.*
- *Diablos espero que no sea el asesino de la mariposa.*
- *Esperemos que no Adam.*
- *Que le sucede a esta ciudad, ¿No se pueden estar tranquilos un par de días? -*

Cuando por fin se acercaban a el lugar, parecía un gran edificio en construcción que prácticamente estaba en obra negra, probablemente tendría más de 20 pisos de altura, Adam no podía dejar de pensar que se podría tratar de un posible quinto caso de la mariposa, podría ser la gota que derramara el vaso y el caso podría salirse totalmente de control.

Una vez que llegaron se percataron de que era un edificio en construcción, estaba rodeado por patrullas, ambulancias y protección civil, comenzaron a acordonar la zona para evitar que los civiles se acercaran a la escena. Adam y Hall bajaron de la patrulla y corrieron hacía el lugar. El oficial Mark cruzó el perímetro señalado llegando hacia ellos y Hall dijo:

- *¿Qué pasó aquí Mark? Dame un reporte. Tienen un desastre y no hay orden en esto, quiero que lleven al detective Adam Cross a la escena, mientras yo hablaré con protección civil ¿Entendido?*
- *Sí Capitán. Sígame por aquí detective. - dijo el oficial Mark*

Hall se separó y se dirigió a la unidad de protección para mantener un orden mientras otro oficial llegaba y le narraba los hechos. Adam y Mark se adentraron a la construcción donde se apreciaba un estado degradado del edificio, sólo había columnas, montones de material y escombros, caminaron hacía el centro del edificio donde había una abertura cilíndrica en la parte central donde parecía que se instalaría una fuente desde la planta baja hasta el piso 12. Cuando se comenzaron a acercar, Adam observó un grupo de trabajadores de la obra con sus chalecos en colores naranja fosforescentes y sus cascos amarillos, estaban haciendo una especie de círculo el cual no dejaban ver qué era lo que rodeaban.

Al llegar Mark dijo:

– *Abran paso, ya les dije que salieran del perímetro. Usted el jefe de la obra, quédese aquí, quizás el detective quiera hacerle unas preguntas. - Dijo Mark señalando a un hombre gordo de apariencia ruda y ascendencia hindú.*

El personal de la construcción comenzó a alejarse del círculo y a salir del área acordonada. Cuando se comenzaron a mover Adam pudo apreciar lo que había sucedido, había un joven o al menos eso parecía, tirado y desmembrado por la velocidad en la que parecía haber caído. Era un tremendo desastre aquella escena, prácticamente fue como soltar un huevo de la palma de la mano y ver como explotaba con su llegada al suelo. Adam se cubrió la boca y la nariz con su mano por el olor y lo crudo de aquella escena.

Adam dijo:

- *Gracias por traerme oficial Mark, yo me encargo de aquí, necesito hablar con el encargado, saque a todos del lugar, acordone la escena y llame a los forenses. -*

Mark se retiró y Adam se acercó con el jefe.

- *Buenas tardes caballero, agente especial Adam Cross. ¿Cuál es su nombre y que función desempeña? - Preguntó Adam mientras se llevaba las manos a la cintura abriendo su saco y mostrando la placa, a pesar de que tenía una actitud carismática y juvenil, cuando era necesario tenía que adoptar una posición diferente dependiendo la situación.*

El hombre se retiró el casco y respondió:

- *Soy Armand y yo soy el jefe de seguridad de este site.*
- *Mucho gusto Armand, me puedes decir ¿Qué pasó aquí? Y necesito algunos datos del joven.*
- *Pues… su nombre es Jared, el muchacho estaba colgado del décimo piso cuando su arnés se rompió y se cayó. Yo estaba en mi oficina cuando escuché el grito del muchacho y después un silencio sobre todo el lugar, luego de eso escuché a algunos de los trabajadores gritar ayuda y cuando salí solo pude ver el desastre.*
- *Muy bien Armand y ¿Cuántos años tenía Jared? -*

Armand se quedó callado y no respondió, lucía nervioso, el sudor comenzaba a recorrer su frente y mientras mordía sus labios no paraba de mover el casco entre sus manos.

– *Señor Armand, le estoy haciendo una pregunta. ¿Cuál es la edad de Jared?-*

Preguntó nuevamente Adam mientras daba unos pasos hacia él. Armand agacho la cabeza y en un tono de decepción respondió:

– *18, detective… -*

Adam se llevó la mano a la cara y dijo:

– *18… era un menor de edad, estaba trabajando y usted lo sabía. Voy a necesitar el permiso de Jared de Fall Protection. -*

Nuevamente Armand se quedó callado.

– *No tiene el permiso ¿No es así?- Dijo Adam.*
– *Usted está arrestado por tener a un menor de edad laborando en un lugar peligroso y sin un pase de protección contra caídas. Se levantarán cargos y posiblemente usted será responsable de la muerte de Jared. ¿Ya se notificó a la familia de Jared? -*

Armand comenzó a llorar y a suplicar:

– *No es posible, no pueden hacerme esto.*
– *Si es posible, está infringiendo la ley y este accidente es su responsabilidad. - respondió Adam de manera molesta apuntándole con su dedo.*

Hall llegó donde estaban reunidos los dos hombres y se unió la conversación:

– *Ya me notificaron lo sucedido, Armand está usted bajo arresto, tiene derecho a permanecer en silencio y todo lo que diga podrá ser usado en su contra. Ahora lo primero que hará será entrar a su oficina y hablar con los padres del chico para notificarlos de lo sucedido, el oficial Mark lo esperara afuera de su oficina y lo escoltara a la patrulla para llevarlo a la comisaría. Dígale a los padres que me busquen en la central, yo los recibiré. ¿Entendido? -*

Armand siguió llorando como un bebé desconsolado mientras el oficial Mark lo llevó a la oficina.

– *Iré a la central detective, lo dejaré para que revise la escena, el equipo de forenses ya viene para acá.*
– *Gracias Capitán, estaremos en contacto. -*

Hall se retiró de la escena y Adam se acercó al cuerpo destrozado de Jared. El cuerpo gracias a la velocidad de la caída y sumando la gravedad, había quedado hecho trizas, Adam se acercó con cuidado para no pisar pequeños pedazos del pobre joven repartido por todo el lugar. El detective tomó una pequeña varilla de metal y comenzó a mover un poco el cuerpo de Jared, movía ligeramente algunos pedazos que habían caído en algunas piedras de escombros, todo indicaba que había impactado primero en una pila de costales de cemento y después cayó sobre el piso. Adam caminó hasta los costales y comenzó a sacudir con su mano un poco de cemento en polvo que se había salido de un costal roto, el cemento era sumamente fino y estaba tan suave comparado con simple arena cuando de pronto sintió una protuberancia debajo del polvo. Adam se asustó y retiró la mano rápidamente pensando que sería algún pedazo de Jared.

Al poco tiempo Jimmy llegó a la escena con dos forenses y todo su equipo especial, se acercaron a Adam y dijo:

- *Hola Adam, me topé con el Capitán Hall cuando llegué, él iba de salida y me dijo lo que sucedió. No me imaginé que fuera tan grande el desastre.*
- *Así es Jimmy, pobre chico. Necesito que hagas algo por mí, amigo.*
- *Si dime Adam.*
- *Antes de que cheques el cuerpo quiero que cheques debajo de aquel polvo de cemento, creí sentir algo.*
- *Enseguida. -*

Jimmy sacó sus guantes especiales y una brocha de su maletín de equipo y se acercó a los costales de cemento mientras los otros dos forenses comenzaron a hacer anotaciones de lo que había en la escena y contando los pedazos que estaban por ahí. Jimmy comenzó a limpiar con la brocha aquel polvo, cuando se quedó pasmado por lo que había encontrado.

- *¿Y bien? - Preguntó Adam.*
- *Ven a verlo por ti mismo. – respondió Jimmy con una voz quebrada.*

Adam rodeó a Jimmy y observó que debajo del polvo se encontraba una mariposa. Ambos se quedaron en shock y Adam dijo:

- *Imposible, no puede ser.*
- *Es una broma ¿Verdad? Porque si es así, es de muy mal gusto.- dijo Jimmy molesto sin levantar la mirada*
- *¿Crees que yo la puse? Acabo de llegar con Hall y el oficial Mark estuvo conmigo. – respondió Adam defensivamente.*

Jimmy la sacudió con su brocha revelando que efectivamente era igual a las anteriores.

- *Esta bien, te creo, entonces ¿Fue él?.*
- *Maldita sea, ese infeliz lo hizo de nuevo. ¿Habrá cortado el arnés? -*

Adam dirigió su vista hasta el décimo piso dónde Armand había dicho que Jared estaba trabajando.

- *Quédate aquí Jimmy, sigue buscando pistas e informarle lo que descubrimos a Jessica y a Hall, tenemos un quinto caso. No quiero que nadie más se entere de la mariposa ¿De acuerdo?*
- *Si Adam. -*

Adam corrió hacia las escaleras y comenzó su carrera hasta el décimo piso, eran unas escaleras de caracol muy pronunciadas y muy estrechas. Adam en sus pensamientos se preguntaba, «¿Por qué un chico de 18? ¿Cuál era la conexión con las otras víctimas?» Nada tenía sentido en estos momentos.

Cuando llegó al décimo piso, se acercó al vacío por donde había caído Jared, estaba dando un par de vueltas por lugar buscando entre los materiales y herramientas si había alguna pista pero no había nada. En el techo cerca de aquel espacio mortal se veía una especie de polea que sostenía el arnés y que solo quedaba un pedazo colgando, Adam se acercó y examinó aquel pedazo de arnés, no parecía tener señales de corte o algo que lo hiciera romperse, el material lucía desgastado y muy viejo, lo que daba la impresión de haberse roto por el tiempo, porque incluso estaba despintado ya, que en caso de ser así Armand tendría aún más la culpa de no verificar el equipo y estar al pendiente de la seguridad de sus trabajadores, pero ¿Y la mariposa?

XII

Adam seguía buscando alguna pista dentro de la construcción que lo pudiera ayudar a resolver este acertijo, en un momento levanta la vista, y observa una figura en el techo del edificio que estaba frente al sitio, Adam se quedó observando unos segundos al sujeto y no había duda, era él, el sujeto que estaban buscando había regresado, tenía unos binoculares en la mano con los cuales observaba toda la escena y cuando se percató que Adam lo había encontrado, comenzó a correr por el tejado huyendo del detective nuevamente.

Adam no tardó en reaccionar y corrió hacia él buscando una forma de acercarse al edificio; de su lado derecho había unos departamentos que conectaban ambos edificios, era un salto peligroso pero Adam no tuvo tiempo para pensarlo y brincó, eran 12 pisos de altura, tomó carrera para saltar los 6 metros y medio de distancia y aterrizar en un balcón que estaba abierto. Adam saltó por la adrenalina y el coraje que sentía por atrapar al sospechoso, fue un aterrizaje bastante doloroso, un golpe en la espinilla y un raspón en el codo que se convirtió en una pequeña abertura por la cual comenzaba a salir un poco de sangre, pero había logrado llegar al otro extremo, tiro del seguro de las escaleras de emergencia y comenzó a subir rápidamente al tejado. No parecía haber señal del misterioso sujeto, Adam comenzó a correr siguiendo su instinto por los tejados, tratando de adivinar por dónde se había ido el sospechoso, siguió corriendo y no había ni rastro de él, la situación para Adam se había convertido en otro callejón sin salida

Saltó por los edificios cruzando unas 7 cuadras pero no se veía por ningún lado. Desesperado, no podía dejar ir la única pista que les serviría para atrapar al asesino, trataba de recuperar un poco de aliento en el techo de una casa mientras pensaba rápidamente por donde se podía haber escapado.

Decidió seguir corriendo para ver si podía encontrar un punto más alto, hasta que llegó a unas escaleras que le permitieran llegar a la cima de un edificio y poder ver mejor desde las alturas. Cuando logró subir Adam parecía un águila viendo todo el panorama, y su suerte mejoró en un momento para otro, Adam observó que el sospechoso entró por un "roof garden" a unas tres cuadras, se bajó lo más rápido que pudo ignorando por completo el golpe que había sufrido y la herida hasta llegar al roof garden, mientras pensaba que no sería buena idea llamar a los refuerzos o incluso a Jessica para no alertar al sospechoso.

Cuando llegó, abrió ligeramente la puerta y desenfundó su arma, parecía ser un cuarto de entretenimiento, tenía botellas, una televisión y juegos, Adam decidió avanzar por su propia cuenta y al final del cuarto había una puerta que contenía una escalera que daba a la planta inferior la cual daba a un largo pasillo con toda la serie de departamentos del edificio. Adam bajó las escaleras, los pasillos eran muy elegantes cubiertos con una alfombra roja, la pared pintada de blanco y unos preciosos candelabros que iluminaban el todo el corredor; el detective tenía cuidado de no toparse con algún residente para no armar un escándalo, comenzó a caminar con cuidado viendo cada puerta que había, y de repente una mujer salió del pasillo que cruzaba, soltando una bolsa de marrón que llevaba en las manos, probablemente eran sus compras del mercado

Adam reaccionó rápidamente apuntando su pistola por error, pero al ver que solo era una señora indefensa bajo el arma y movió con su mano izquierda parte de su saco a la altura de la cintura para mostrar su placa, hizo la señal de que guardara silencio y siguiera a su habitación. Pronto se percató que a un costado de las puertas estaba el número de la habitación y debajo en una pequeña placa había un par de iniciales que parecían pertenecer a los dueños, Adam caminó por todo el pasillo en busca de las iniciales y unos minutos después de estar caminando sin tener suerte, casi al llegar al penúltimo departamento, el número 70 tenía en la placa grabada R.R.

Adam se acercó a la puerta tratando de escuchar si había alguien dentro, pero no parecía haber ruido alguno, lo más lógico era llamar a Jessica y a Hall para que le trajeran una orden para inspeccionar el departamento legalmente pero no había tiempo, Adam quería terminar con esto de una vez por todas. Sacó unas pequeñas ganzúas del bolsillo de su saco, pero antes decidió probar con la llave que había encontrado, observaba con atención ambos lados del pasillo para evitar ser descubierto e introdujo la llave con un suave movimiento hacia la derecha en la cerradura, hasta que esta cedió y abrió escuchándose un "clic", era la llave...

Adam desenfundó su pistola nuevamente y entró con cuidado al departamento, las luces estaban apagadas y no había señal de que alguien estuviera ahí, continuó caminando, recorriendo primero una habitación llena de utensilios de limpieza que estaba a la izquierda, después a la derecha se encontraba una cocina y el pasillo terminaba en una sala con dos puertas a la izquierda.

Adam abrió la primera puerta y parecía ser la habitación del sujeto, había un tocador, una cama individual, un ropero y un closet, Adam sabía que tenía que indagar para saber quién era el sujeto pero primero decidió ir a la siguiente puerta y ver lo que había detrás. Cuando abrió la puerta, todo estaba oscuro y no se podía ver nada.

Primero, Adam comenzó a tocar la pared a su derecha hasta que dio con el interruptor que encendía la luz, cuando el cuarto se iluminó. Adam observó que la pared que se encontraba de frente a él, había un enorme pizarrón de corcho lleno de fotos de todos los casos de la mariposa, estaban las fotos del primer caso, el carro que cayó del estacionamiento, había fotos de la mujer en la peluquería, de el bar de Bob y de la tienda de Martín, era un cuarto de evidencia bien montado.

Adam pensó: «No hay duda de que es aquí. Por fin dimos con el culpable» estaba en el cuarto del asesino... pero lo más escalofriante es que en el pizarrón también había fotos de Jessica, Jimmy y del mismo Adam en las escenas, era claro que los estaba vigilando, todo comenzó a tener sentido, las sospechas de Adam eran ciertas, aquel tipo misterioso si estuvo en todos esos momentos.

También había pequeñas notas pegadas con escrituras poco legibles con signos de interrogación, en una de las mesas se encontraba una cámara con la que probablemente el sujeto tomaba las fotos, Adam tomó un pañuelo y agarró la cámara para ver su contenido, la encendió y entró al los archivos, había fotos del caso de hoy en la construcción. De pronto Adam se llevó un susto porque su celular comenzó a vibrar, era Jessica la que estaba haciendo la llamada, Adam contestó en voz baja:

– *Hola Jess.*
– *Adam, me enteré de que hubo otro caso. Hall me informó sobre el accidente y que se encontró otra mariposa en la escena, ¿Dónde estás? Jimmy me habló porque me dijo que no pudo encontrarte.*
  No me vas a creer, nuestro sospechoso estaba en el techo de enfrente y lo seguí, ahora mismo estoy en su departamento, te cuento más tarde.
– *¿Estás seguro?*
– *Completamente, la llave abrió la puerta del apartamento y tiene las iniciales R.R. Te hablo más tarde, tengo que irme. -*

Cuando Adam terminó la llamada, pudo escuchar cómo se abría la cerradura de la puerta principal, parecía que el sospechoso había regresado, Adam salió corriendo, apagó la luz del cuarto y cerró las puertas, giró hacia la sala donde había un pequeño balcón y salió por ahí para no ser visto, Adam se quedó colgado de la pequeña reja esperando para ver quien era la persona que estaba por entrar, cuando de repente entró el sospechoso con la misma chaqueta y la gorra; colgó las llaves cerca de la puerta y caminó hacia la cocina donde se quitó la gorra para después encender la luz, Adam pudo observar su rostro a todo detalle, no parecía un mal tipo, no tenía pinta de ser un asesino o un psicópata pero las pruebas estaban en el segundo cuarto de su departamento, Adam pensó rápidamente en entrar e interrogarlo duramente para poder descubrir algo sobre la verdad pero no quería armar algún escándalo o que Falco desaprobara lo sucedido. Adam decidió seguir bajando por los balcones hasta llegar hasta abajo, saliendo por el callejón, se detuvo enfrente mirando unos minutos el departamento y murmuró:

– *Ya eres nuestro…* -

Mientras tanto, en la central Jessica se encontraba con Hall en su oficina, dialogando de lo sucedido esa tarde, todo parecía haber ocurrido como un accidente normal en una construcción pero al final de cuentas la mariposa registró el quinto caso en lo que iba del mes.

– *No puedo creerlo, otra víctima más.- dijo Jessica mientras dejaba un vaso de agua sobre el escritorio.*
– *Lo sé detective, pero Adam está en el departamento del sospechoso ¿No es así?*
– *Si así es, cuando hablé con él hace media hora, estaba ahí, dijo que había fotografías de los casos en un pizarrón y fotografías nuestras, no se si pudo traer algo de*

evidencia o tomar fotos. Creo que debería llamarlo para saber si esta bien.

– *Estoy casi seguro de que está bien. Pero lo que hizo es ilegal, no puede entrar así como así a registrar un lugar, necesita una orden del juez, es propiedad privada. Pero viendo el lado positivo del asunto detective, tenemos la ubicación del departamento, ahora mismo puedo realizar la orden para registrar el lugar mañana a primera hora antes que el sospechoso decida huir.*
– *Muy bien, suena excelente eso capitán, llamaré a Adam y después me iré a casa.*
– *Que pase buena tarde detective. - se despidió Jessica.*

Jessica salió de la oficina de Hall y mientras subía las escaleras hacía su oficina, realizó la llamada desde su celular.

– *¿Adam? ¿Dónde estás?*
– *Ya estoy llegando a la central, estoy a unas cuadras, enseguida te cuento todo. -*

Jessica colgó el teléfono y se sentó en su escritorio, no sabía qué pensar acerca de lo sucedido «*¿Qué tenía que ver el joven Jared con el asesino? o ¿Cómo se vinculaba con las otras víctimas?*» Aún no se encontraba algún patrón que seguir, pero lo que había encontrado Adam era una buena señal. Jessica sacó nuevamente su celular y le marcó a su esposo:

– *Hola Peter.*
– *Hola cariño, ¿Cómo estás?*

- *Me encuentro bien, solo que hoy tuvimos otro caso de ya sabes que, es el quinto, pero parece que Adam dio con el departamento de un sospechoso donde encontró pruebas y puede ser el asesino o estar ligado a él.*
- *Cielos, lamento escuchar eso, pero por otro lado que bien que Adam encontró eso, quizá por fin puedan cerrar el caso.*
- *Lo se amor, ojalá. ¿Cómo te fue hoy con tu entrenamiento? Ya casi es tu triatlón.*
- *Estuvo bien, un poco pesado pero ya tengo la condición necesaria para hacerlo.*
- *Me da gusto Peter, ahora hablaré con Adam para ver qué encontró y mañana iremos a registrar el departamento con el Capitán.*
- *Que bien, mucha suerte. ¿Te espero para cenar?*
- *Si claro, no tardaré mucho hoy, te veo en un rato amor, te amo.*
- *Yo también te amo. -*

Adam entró por la puerta cuando Jessica terminó su llamada. Adam sacó un cigarro y se sentó sobre el escritorio de Jessica, metió su mano en su saco y le puso un papel sobre la mesa.

- *Aquí está la dirección Jess.*
- *¿Qué encontraste?*
- *Lo que pude observar fueron fotos de todos los casos, parece que regresa a las escenas para ver cómo se desarrollan cuando estamos nosotros, es un poco cliché que*

hagan eso. Lo malo es que nos tiene bajo la mira y sabe que somos los únicos siguiendo su caso.

– *Quizá sea una prueba para nosotros ¿No lo crees? Por qué no parece interesarle llamar la atención del público, ni de nadie, deja sutilmente las pistas y las esconde, puede que nos esté poniendo a prueba o sea un reto.*

– *Puede que tengas razón Jess, quizá nos esté poniendo a prueba.*

– *Hall está tramitando la orden para mañana entrar al departamento y registrarlo. ¿Nadie te vio o si?*

– *No no, él no sabe que estuve ahí. No habrá manera que escape. Y ¿Qué pasó con las mariposas?*

– *Jimmy las tenía guardadas en su laboratorio, Falco recibe reportes cada tres días de lo que está almacenado en evidencia, así que Jimmy las ocultó.*

– *Rayos, ya son cinco casos, no es posible. Pero al menos tenemos una ubicación, mañana resolveremos algo. -*

XIII

A la mañana siguiente, Hall subió hasta la oficina de los detectives con la orden en la mano, tocó la puerta y entró.

– *Buenos días detectives. ¿Todo listo?* -

Adam y Jessica estaban listos para salir, estaban arreglando pequeños detalles cuando Jimmy se unió a la fiesta también.

– *Buenos días amigos, ¿Se disponían a salir hacía el departamento?*
– *Así es Jimmy ¿Sucede algo? - Preguntó Adam desconcertado.*
– *Eso tendrá que esperar, Falco quiere verlos en su oficina.* -

Jessica y Adam se miraron con la incertidumbre de lo que podría querer Falco.

– *Bueno, estaré abajo en mi oficina detectives, cuando estén listos me avisan. - Dijo Hall.*

Hall salió de la oficina de los detectives y bajó por las escaleras, mientras Adam y Jessica salieron al pasillo para llegar a la oficina de Falco.

– *¿Sabes de qué se trata Jimmy? - preguntó Jessica.*
– *Estamos en problemas amigos.*
– *¿Es sobre el caso? - Preguntó Adam*
– *Así es, pero solo quiere hablar con ustedes dos, a mí no me ha involucrado.*
– *Muy bien, regresa al laboratorio, nosotros nos encargamos Jimmy. - dijo Adam tomando las riendas del asunto.*

Los detectives llegaron a la oficina de Falco y Jimmy se retiró. Adam entró primero y saludó a Falco, este estaba de espaldas fumando uno de sus puros mientras veía la ventana. No hubo respuesta. Ambos entraron y Falco dijo:

– *Tomen asiento detectives. -*

Adam y Jessica se sentaron un tanto nerviosos sin saber qué les esperaba. Falco se levantó de su silla y dando media vuelta arrojó el periódico sobre el escritorio. El New York Times impactó con fuerza la madera del escritorio produciendo un gran sonido que rebotó dentro de la oficina y el titular encabezaba "Quinta víctima de la mariposa, el asesino anda suelto y el departamento de policías no da respuestas." Jessica y Adam se quedaron perplejos al leer lo que decían las letras más grandes de la portada. Falco molesto exclamó:

– *Alguno de ustedes dos ¿Me puede explicar esto? -*

Ambos se quedaron callados y no sabían qué responder.

– *"Quinto caso de la mariposa y el asesino anda suelto." ¿Quién habló con la maldita prensa? y ¿Cuál fue el cuarto y el quinto caso? ¡Quiero respuestas ahora!-*

Adam tomó la palabra:

– *Jefe, nosotros no seguimos tal caso, seguimos sus indicaciones, el supuesto cuarto caso fue el fallecimiento de Martín por problemas pulmonares y el otro sucedió ayer, un chico menor de edad que trabajaba en una construcción cayó del décimo piso, le avisaron al capitán Hall.*
– *y, ¿Qué tiene que ver esto con las mariposas? - preguntó Falco molesto.*
– *Encontramos una mariposa en cada escena Jefe. - Respondió Jessica.*
– *Dios santísimo y ¿Cómo se ha enterado la prensa?*
– *No tenemos idea Jefe, ninguno de nosotros hemos hablado con nadie. - Dijo Adam*
– *¿Quién más sabía que había cinco mariposas hasta el momento?*
– *Jessica, Jimmy, Hall y yo.*
– *¿Ashley Hall también está involucrado?*
– *A él le informaron lo de la construcción, solo estuvo presente.*

– *Diablos, entonces parece que de verdad tenemos un caso entre manos y ya es público.*
– *¿Cómo vamos a proseguir Jefe? - Preguntó Jessica.*
– *¿Qué es lo que tenemos para trabajar? - Contraataco Falco.*

Adam se quedó pensando si era buena idea o no comentarle lo que había sucedido con el sospechoso y había encontrado el departamento, pero al final decidió omitirlo:

– *Tenemos 5 mariposas y 6 víctimas sin relación alguna.*
– *¿Es todo? Maldita sea. - Respondió Falco disgustado.*
– *Voy a necesitar un momento para pensar en cómo vamos a seguir, les hablaré en un rato, traten de investigar algo. -*

Jessica y Adam salieron de la oficina de Falco, al entrar en su propio despacho, Jessica le preguntó a Adam:

– *¿Por qué no le dijiste a Falco lo del sospechoso y el departamento?*
– *Porque aún no estamos seguros de quién es y que tenga que ver con el caso.*
– *Y ¿El cuarto que encontraste?*
– *Hoy lo vamos a registrar y veremos qué más podemos encontrar, ya que tengamos algo sólido le diremos a Falco. Probablemente tenga que salir con la prensa para resolver esto y saber cómo manejarlo sin que se arme un disturbio allá afuera. -*

Adam se sentó en su escritorio y sostuvo el periódico que había tomado de la mesa de Falco. Se quedó observando la portada, no podía creer lo que veía, el New York Times había hecho público el caso de la mariposa y lo peor era que decía que el asesino estaba suelto y era la quinta víctima, Adam se quedó un momento viendo fijamente la portada que debajo tenía un collage con las fotos de los lugares donde habían sucedido los hechos, y en la parte central había una foto de una de las mariposas, Adam miraba cuidadosamente cada detalle de las fotos, cuando en la parte inferior derecha el periódico daba los créditos al escritor del artículo y decía por: "R.R." Era un seudónimo que cuidaba el verdadero nombre del autor, pero eran las mismas iniciales del sospechoso, Adam se levantó como resorte de su asiento y dijo:

- *No puede ser...*
- *¿Qué pasa Adam?*
- *Mira quien es el autor del artículo. -*

Jessica tomó el periódico, mientras dirigía rápidamente su vista a la esquina de las fotos. Después lo soltó con una confusión de ideas dentro de su cabeza, ¿El sospechoso había escrito el artículo? O ¿No era el R.R. que estaban buscando?.

- *Tenemos que ir para allá ahora mismo. Voy por Hall para irnos enseguida, toma lo que necesites y vamos, necesitamos respuestas ahora mismo - Dijo Adam.*
- *¿Qué hay de Jimmy?*
- *No nos acompañará, quizá sea peligroso. -*

Ambos se equiparon con chalecos antibalas Kevlar, cargaron sus armas y las enfundaron. Adam salió rápidamente de su oficina y bajó lo más rápido que pudo hacia la oficina de Hall, cuando llegó tocó la puerta y la entreabrió:

– *Capitán Hall ¿Tiene la orden? Tenemos que irnos ahora mismo. -*

Hall se levantó de su asiento y tomó el papel que estaba en su escritorio.

– *Aquí está detective, ¿Qué sucede?*
– *Bien, le explico en el camino. -*

Hall tomó su sombrero y su arma para salir con los detectives, ambos salieron de la oficina cuando Jessica venía bajando las escaleras con su saco en la mano, los tres corrieron hacia la patrulla de Hall y subieron para dirigirse al departamento.

Llegaron al departamento con la sirena encendida, todos miraron la patrulla e ingresaron de prisa por la entrada principal que daba hacía el lobby; el portero y el gerente salieron sin saber que pasaba, tratando de evitar que los agentes pasaran, Hall levantó el papel a lo alto y confirmó que era una orden de allanamiento para registrar un departamento; sin más que decir los dejaron pasar y subieron por el elevador, mientras algunos huéspedes y personas se quedaron pasmadas observando la escena. Jessica preguntó dentro del elevador:

– *¿Cuál es el plan?*

- *Hall y yo entramos primero, peinamos el departamento, nos cuidarás la espalda y nadie sale por la puerta, cuando hayamos asegurado el área, te quedarás en la segunda habitación a mano izquierda, ahí encontrarás la evidencia. - Dijo Adam*
- *Entendido. -*

Hall cargaba su escopeta mientras los detectives desenfundaban sus armas. Al llegar al piso donde se encontraba el departamento, Adam se acercó a la puerta.

- *¿Listos? - Preguntó ansioso por la adrenalina.*

Soltó una patada en la chapa que hizo que se rompieran las bisagras y entró gritando:

- *¡Departamento de policías de Nueva York! ¡Que nadie se mueva! -*

Adam fue el primero en entrar, mientras Hall lo seguía, al ingresar Adam observó al sujeto en la cocina con una copa de vino tinto en la mano, no tardó en correr hacía él como perro rabioso, mientras guardaba su arma. Cuando estuvo lo suficientemente cerca del sujeto que lo había estado acosando, Adam no tenía ninguna duda en descargar toda su furia contra él, por este mes infernal que habían pasado y por las víctimas que habían perdido la vida, lo tomó con la mano derecha por la camisa y con su antebrazo izquierdo sobre el cuello dejándolo inmóvil, con el impulso que Adam llevaba lo arrojó hasta chocar con el refrigerador, dejando al sujeto totalmente indefenso que soltó la copa de vino estrellándose en el blanco piso de la cocina. Adam gritó:

– *Agente especial Adam Cross ¡No te muevas! ¡Hall, registra el resto del apartamento! ¡Jessica, ve al segundo cuarto!* -

El sujeto sumamente asustado no sabía qué estaba sucediendo y lo intimidaba la gran agresividad de Adam que lo dejaba inmóvil. De pronto, llegó Hall y los separó diciendo:

– *Tranquilo Adam, esta no es la forma.* -

Adam, siendo empujado hacia atrás por Hall respondió:

– *¡Es culpable! Está involucrado y las pruebas están en la habitación.* -

El sujeto respondió:

– *¿Culpable de qué? ¿De qué diablos estás hablando? No tienen derecho de entrar así y menos de registrar mi departamento.* -

Hall, levantó la orden que tenía en su mano y le respondió:

– *Claro que podemos, ahora va a responder lo que se le pregunte ¿Entendido?* -

Adam, acercó una silla y le dijo:

– *Toma asiento y solo hablarás cuando yo te lo diga.* -

El sospechoso sin decir más se sentó en la silla esperando el interrogatorio mientras Hall estaba detrás de él por si trataba de hacer algún movimiento y Jessica registraba aquel cuarto lleno de fotos. Adam comenzó:

– *¿Es usted el sujeto que me ha estado siguiendo? ¿En la conferencia, afuera de la tienda, en aquel callejón y en el tejado?*
– *Así es, fui yo.*
– *¿Quién te envía? ¿Para quién trabajas?*
– *Nadie me envió, yo estoy trabajando solo en este caso y trabajo para el New York Times.*
– *¿Tú eres R.R.?*
– *Sí, soy Román Rhodes, periodista del New York Times. Tengo un tiempo siguiendo el caso de la mariposa, todos tienen derecho a saber la verdad, hay un asesino suelto allá afuera y ya son cinco casos y aún no han hecho nada al respecto.* –

Adam y Hall quedaron sorprendidos porque el sujeto que seguían no era el asesino.

– *Y ¿Todas las fotos de los casos en su cuarto? ¿Las fotos nuestras? – preguntó Adam confundido.*
– *Son parte de la investigación, tenía que saber si alguien estaba haciendo algo y parece que ustedes si estaban investi-*

gando ya que Ian Falco negó la existencia del caso y todos merecen saber la verdad y estar cuidándose de ese psicópata. -

Hall se acercó con Román y le ofreció una disculpa.

- *Lamento mucho el mal entendido señor Román, entiendo que solo está haciendo su trabajo y los detectives lo vieron un par de veces cerca de las escenas, era lógico que creyeran que estaba vinculado con los casos.*
- *Lo sé, solo estaba haciendo mi trabajo y se los riesgos que tiene, igual que el suyo oficial.*
- *Capitán, Capitán Ashley Hall.*
- *Está bien Capitán. -*

Adam se acercó, y le entregó el llavero que había perdido Román en aquel encuentro que tuvieron.

- *Creo que esto le pertenece señor Román, soy el detective Adam Cross y lamento la manera en la que entramos.*
- *Gracias detective, pero tendrán que pagar por los daños de la puerta. -*

Jessica entró a la cocina y observó con una mirada muy seria a Adam diciendo:

- *Claro que la pagaremos señor Román. Le pedimos una disculpa.*
- *No se preocupe detective...*

– *Jessica Sanders. – agrego Jessica.*
– *Gracias, entonces ustedes ¿Sí han seguido el caso?*
– *Así es, Falco no creyó que alguien estuviera detrás de esto. -*

Adam interrumpe:

– *Pero ahora señor Román usted nos hizo ya el favor de hacerlo público y era lo que queríamos evitar para que no corriera el pánico en la ciudad.*
– *Ellos merecen saber…*
– *SÍ, sí ya lo dijo, ahora necesitamos que nos diga que es lo que sabe del tema.*
– *Solo sé que hay un maníaco matando inocentes allá afuera, no creo que los mate al azar pero no hay alguna característica que une a las víctimas, todas varían en edad, género y ocupación. Y en la escena deja una mariposa como firma. -*

Adam volteó a ver a Jessica y le dijo:

– *Esto no tiene caso, estamos en las mismas. -*

Jessica miró a Román y le dijo:

– *Bueno señor Román, le dejaré nuestro número para estar en contacto y si descubre algo más no lo tendrá que notificar. Y un favor más, antes de que vaya a publicar algo más, necesito que nos comente lo que pondrá para evitar desastres en la sociedad. -*

Adam salió molesto del departamento y Jessica lo siguió.

– *Lo lamento nuevamente señor Román, tiene nuestros contactos en dado caso que vea o sepa algo, no dude en llamarnos ¿Entendido? - Hall le dijo a Román antes de salir.*

Mientras tanto, en el pasillo Jessica reprendió a su compañero:

– *¿Qué fue todo eso?*
– *¿De qué hablas?*
– *No te hagas el que no sabes Adam, casi golpeas a Román, la manera en la que lo sometiste... Mira, ya sé que parecía culpable y actuaba muy sospechoso estando cerca de las escenas pero no tenías que ponerte de esa manera ¿Sabes?*
– *Lo sé, solo es la desesperación Jess, el no tener alguna pista firme la cual seguir. Ahora este payaso decidió publicar su historia y dar a conocer lo que habíamos mantenido en secreto.*
– *Solo tenemos que saber cómo manejarlo y buscaremos más pistas. -*

Hall salió del departamento y les dijo:

– *¿Todo bien detectives? Esto pudo haber salido de diferente manera, será mejor que regresemos a la central a reagruparnos y planificar nuestros siguientes movimientos. -*

Comenzaron a bajar por elevador para dirigirse a la patrulla y regresar a la comisaría. De regreso, el camino fue bastante tenso.

- *Increíble. - dijo Adam mientras recargaba la cabeza en el cristal del copiloto.*
- *¿Qué es increíble? - pregunto Jessica.*
- *Seguimos con las manos vacías, entonces, ¿estuvimos siguiendo al tipo equivocado todo este tiempo?*
- *Ni tenemos pistas. - agregó Jessica.*
- *Pero, qué extraño ¿No? No hay huellas en ningún lado, ni siquiera en las mariposas. - se incorporó Hall.*
- *Eso no sería novedad, hemos tenido casos donde los asesinos utilizan guantes o simplemente se cortan las huellas o las queman para no poder ser identificados. - respondió Adam con actitud apática.*
- *Ya pensaremos en algo, no se desanimen. - cerro Jessica la conversación.*

El resto del viaje fue silencio, por más que la situación seguía transcurriendo, había muchas muertes en tan poco tiempo y aún los especialistas no tenían un hilo por el cual tirar. La pregunta que más volaba en el entorno era ¿Quién será el siguiente?

XIV

Cuando llegaron a la central observaron que había patrullas por todos lados, noticieros y vehículos blindados rodeando el edificio, cubriendo las puertas formando anillos de seguridad, las calles que conducían a la comisaría estaban cerradas con vallas y cintas, incluso había un helicóptero que volaba sobre las calles. Hall se detuvo una cuadra antes por el reten. Los tres se encontraban inmóviles observando desde la patrulla todo el movimiento que había alrededor, cuando por fin bajaron del auto, enseñaron sus placas y los dejaron pasar, los noticieros y periodistas lanzaban preguntas como si de explosiones se tratasen, eran ruidosos y hablaban todos al mismo tiempo por lo cual no se entendía lo que decían. Al cruzar la calle les dieron autorización de entrar al edificio.

Al minuto de ingresar, se dieron cuenta de que no había nadie en la central, las oficinas estaban vacías y el silencio reinaba en aquel lugar. Los detectives pronto se percataron de que algo malo podía estar pasando y quizá pudo haber otro caso dentro de la central, para pronto notaron la presencia de Jimmy que se encontraba de pie al final de las escaleras.

- *Compañeros, Falco me pidió que los llamara para tratar un asunto en su oficina. -*

Adam se puso la mano en la cara y respondió:

- *Otra vez, no.*
- *Será mejor que vayan rápido, es urgente y no es necesario que el Capitán Hall asista a la reunión. – agregó Jimmy nervioso.*
- *Entendido, los veo más tarde. - Respondió Hall.*

Bajó las escaleras y Adam se dirigió con Jessica a la oficina de Falco, cuando entraron observaron que Falco no estaba solo, había alguien más con él sentado enfrente de su escritorio y estaban platicando algo serio aparentemente, Falco se levantó de su asiento cuando vio a los detectives entrar y dijo:

- *Adam, Jessica, que bueno que vinieron, quiero presentarles a... -*

La figura se levantó del asiento que estaba frente a Falco y giró lentamente, era un tipo alto, rubio y de buena apariencia, con un traje aparentemente costoso. Falco continuó:

- *Les presento al Alcalde Eric Warner. Alcalde Warner, le presentó a los agentes especiales Jessica Sanders y Adam Cross, ellos son los encargados que llevarán "El Caso Ascalapha". -*

El alcalde se acercó con los detectives y extendió la mano para saludarlos cordialmente, los detectives le respondieron de igual manera. «*Acaso Falco había dicho: ¿Los encargados del Caso Ascalapha?*» Pensaron los detectives. Falco se veía tranquilo pero lo más probable es que actuaba así por estar delante del alcalde. Falco les ofreció tomar asiento para comenzar la plática:

- *Muy bien chicos, estaba platicando con el alcalde acerca del tema, por el momento tenemos cinco víctimas y claramente esta situación perjudica su campaña de reelección, la peor parte es la mala publicidad de el New York Times que no ayuda en lo absoluto. Entonces necesito que se comprometan para resolver este caso lo más rápido posible. -*

Adam se disgustó con el comentario de Falco y respondió de una manera irreverente:

- *Con todo respeto Jefe, no lo hemos resuelto porque no queramos hacerlo, no tenemos las suficientes pistas y el tipo es muy bueno, creo que yo pensaría primero en las víctimas antes que en la campaña del presente alcalde con todo respeto señor. -*

El alcalde no pareció inmutarse por el comentario de Adam, Jessica volteó a ver a Adam sorprendida por la respuesta de su compañero. Falco se molestó, o eso aparentó con su rostro, pero por otro lado, era muy cierto lo que había dicho

Adam, primero estaban las vidas de los civiles antes que se manchara la campaña del alcalde.

– *Ya hablamos con Román Rhodes detectives, también sé que hoy lo visitaron por la mañana, hablaremos después de eso... pero lo importante es acerca del artículo que decidió publicar sin un consentimiento del Departamento de Policía, lógicamente nos perjudica y ahora que el caso es del conocimiento público, tenemos que hacer un plan de contingencia para evitar consecuencias secundarias como manchar su trabajo, que el miedo se propague por las calles y la campaña de el alcalde Warner. -*

Jessica y Adam se voltearon a ver y no sabían cómo reaccionar, el caso se había salido de las manos y ya no era más un caso privado, las personas tendrían miedo de salir a la calle, porque les pudiera hacer daño. Jessica se levantó de su silla y comentó:

– *Nosotros nos encargaremos de ello Jefe, por el momento nos retiramos para realizar un plan y ver cómo vamos a proseguir. Es un placer conocerlo Alcalde. -*

Jessica estrechó la mano de Warner y dirigió una mirada a su compañero de que ya era hora de partir, Adam de igual manera se levantó y dijo:

– *Con su permiso caballeros. –*
– *Una cosa más... - interrumpió su salida el alcalde.*

- *Ya lo platique con el señor Falco, tenemos unas semanas para encontrar al responsable.*
- *¿Disculpe? - respondió Jessica confundida.*
- *Si, detective Sanders, sabe como es esto de la política, no puedo manchar mi imagen porque en mi turno no podemos atrapar a este demente. - dijo el alcalde con una actitud prepotente y burlona.*
- *Es como comprar un producto en mal estado, la siguiente vez que vayas a comprar, por tu mala experiencia anterior puedes no volver a comprar la misma marca o buscar alguna otra.*
- *Creo que no lo entiendo señor, ¿A que se refiere? - Dijo Adam.*
- *Lo que quiero decir detectives, es que tenemos el tiempo en contra, yo tengo el tiempo en contra para preparar mi siguiente campaña, por lo que si no pueden encontrar al asesino en unas semanas, nosotros les daremos al asesino. - respondió el alcalde.*
- *Sigo sin entenderlo señor, ¿Cómo les daremos al asesino, si no lo encontramos? -*

Falco se levantó de su asiento y tomando aire trató de disipar las dudas en un tono avergonzado:

- *Miren, lo que el alcalde Warner quiere decir es que, si no lo podemos atrapar, les daremos al público un "placebo", entregaremos a un criminal diciendo que él es el asesino de la mariposa negra. Esa es una de las opciones que se maneja, si no, daremos alguna otra noticia para distraer a las personas y que olviden el tema.*

- *¿Cómo? ¿Usted está de acuerdo con esto? – respondió Adam alterado.*
- *Tranquilo Cross. Son cosas que se tienen que hacer por un bien mayor.*
- *¿Bien mayor? Esos son intereses políticos, un bien mayor sería pensar en las vidas inocentes.*
- *¡SUFICIENTE! No vas a cuestionar mis decisiones y hablar así delante mío y del alcalde, seguirás mis malditas órdenes paso a paso o estas fuera. ¿Entendido? – grito Falco levantando todo lo que tenía a su alrededor explotando en furia.*
- *¿Este es el detective en el que debo confiar para resolver el caso Jefe? - dijo Warner mientras miraba con repudio al detective.*
- *Si, descuide señor Alcalde, sé que hará lo correcto. - respondió Falco con seriedad.*

Adam se quedó callado y asintió con la cabeza. Jessica dio un paso al frente y dijo:

- *Entendido Jefe, seguiremos las órdenes como se nos pidan y nos disculpamos por el malentendido . -*

Warner no le quitaba la vista a Adam con una mirada de cuidado. Ambos agentes salieron de la oficina de Falco y bajaron las escaleras donde Jimmy y Hall los estaban esperando. Jimmy pregunta:

- *¿Todo está en orden? ¿Qué fue lo que sucedió?*
- *Oficialmente estamos a cargo del caso compañeros, de ahora en adelante nosotros cuatro formaremos el equipo para resolver el caso de la mariposa y atrapar a ese malnacido, la mala noticia es que tenemos tiempo limitado, si no el alcalde habló con Falco y dijo que si no lo podíamos resolver en unas semanas entregaría a un asesino falso para no perjudicar su campaña. – dijo Adam.*
- *¿Estás de acuerdo con eso Jess? – preguntó Adam.*
- *Por supuesto que no, pero a veces debes aprender a guardar silencio o controlar lo que dices y cómo lo haces. –*

Los cuatro se miraron con seguridad y convicción de que darían lo mejor de sí mismos para atrapar al asesino.

- *¿Cuál es el plan detectives? - Preguntó Hall*
- *Creo que será mejor que vigilemos a Román Rhodes, podría correr riesgo como Martín, quizá le hizo un favor al asesino al dar a conocer su trabajo.- Dijo Jessica.*
- *Entendido, yo me ocuparé de eso, pondré un par de oficiales para que hagan guardias en el edificio. -*

Adam estaba molesto y estresado por no avanzar a ningún lado y comentó:

- *Será mejor que nos separemos un momento, aclararemos nuestras mentes y veremos qué hacer, en estos momentos no tengo idea y no sé cómo podemos proseguir. Falco pedirá una respuesta lo más rápido que se pueda, estoy seguro.*

– *Entendido, estamos en contacto amigos. – cerró Jimmy.*

Hall entró a su oficina para asignar a los respectivos agentes para cuidar a Román, mientras Jimmy regresó al laboratorio de Ciencias Forenses para seguir con unos estudios. Adam miró a Jessica y le dijo:

– *¿Qué te parece si vamos a un café y platicamos un poco? Creo que nos hace falta un pequeño descanso después de tantas emociones.*
– *Estoy de acuerdo, por lo que parece, yo soy la que tiene un poco más de cabeza en este momento pero no estaría mal tomar un pequeño break. -*

Adam y Jessica salieron de la central y al abrir las puertas fueron atacados por los flashes de las cámaras de los periodistas y de la prensa, todos parecían estar en un éxtasis por saber del tema y que los detectives les dieran respuestas, todos gritaban sus preguntas al aire:

– *¿Qué nos pueden decir del asesino? ¿Tienen algún sospechoso? ¿Si son los mejores detectives, por qué aún no resuelven el caso? ¿Qué opina el alcalde Warner de esto? ¿Falco tomará cartas en el asunto? -*

Todos gritaban sin parar. Mientras ,Adam ya había tenido suficiente durante el día, no podía seguir soportando este circo al igual que Jessica; ella estaba disgustada por la forma en la que los reporteros se expresaban de el caso y de ellos, Adam comenzó a abrirse paso entre la prensa diciendo que no había comentarios y tratando de mantener la calma para no realizar una locura la cual le podía costaría el trabajo. Jessica lo seguía rápidamente por el pequeño espacio que dejaba Adam al caminar.

Cuando por fin lograron atravesar aquella horda, la cereza del pastel fue que al final del camino se encontraba un sujeto que tenía la pinta de ser un indigente, su apariencia era inmunda y olía mal, tenía la barba hasta la altura del pecho y el pelo hecho nudos como un nido de aves, Adam se detuvo rápidamente y se quedó intrigado al ver a este hombre ahí. El Indigente comenzó a susurrar:

– *Adam Cross, tu vida corre riesgo, no sabes a lo que te enfrentas, son cosas que van más allá de tu comprensión. Déjalo ir o te arrepentirás… no puedes vencerlo.*
– *¿Disculpa? - respondió Adam que comenzaba a sentir mareo.*
– *Todo en esta vida pasa por algo, y todo cae sobre su propio peso…el final es el final. Todos seremos juzgados detectives, ¡Todos moriremos! La pregunta aquí es: ¿Cómo? –*

XV

Adam entró en un ajetreo casi desvaneciéndose, todo era borroso, no podía aclarar su cabeza, no sabía si era real o no aquel hombre que le hablaba, no tenía ni la menor idea de lo que podía significar lo que estaba diciendo aquel vago.

Acaso ¿Las víctimas estaban siendo cazadas por algo que habían hecho? entonces ¿El asesino en cierto punto era alguna clase de vengador? pero, ¿Cómo sabía él indigente esta información?

– *Necesito que si sabe algo me lo diga ahora mismo. - Dijo Adam con la vista nublada.*

La prensa al darse cuenta de qué estaban hablando del tema, corrieron atraídos como las abejas al polen, Jessica tomó del brazo a Adam y lo sacó de ahí, Adam parecía estar perdido y sin saber lo que había sucedido. Jessica seguía estrujando del brazo a Adam para caminar más rápido y salir de ahí cuanto antes pero Adam se rehusaba por que aquel hombre lo había dejado con algo en que pensar y sobre todo, la duda era: él, ¿Cómo sabía eso?

– *Espera Jess, aquel hombre sabe algo. Me dijo que las personas están muriendo por una razón y que están siendo juzgadas… -*

Jessica se detuvo en seco y empujó a Adam a un poste que estaba fuera de un edificio.

– *¿De qué estás hablando? ¿Acaso perdiste la razón? Escuche una parte de lo que te dijo el vagabundo, pero usualmente esas personas no están cuerdas de la cabeza y tú lo sabes Adam.*
– *Sí pero… tiene sentido lo que dijo.*
– *¿Lo tiene? ¿Todos están siendo juzgados y es justicia divina?*
– *No, no es justicia divina, es el asesino. Quizá esa sea la conexión que aún no podemos encontrar, debieron hacer algo en común por lo cual el asesino los está castigando ¿No lo crees?*
– *Tal vez, no lo podríamos descartar, pero la fuente de tu teoría es una persona que vive en las calles y pide dinero para gastarlo en sustancias adictivas ¿Qué tan fiable es la fuente?*
– *Yo sé que no es nada fiable, pero quizá nos abrió el panorama ¿No lo crees?*
– *Algo los tiene que unir, yo tampoco me la creo que sean asesinatos al azar. -- lo dijo Jessica meditando la situación.*
– *Jess, no tenemos nada y lo sabes, tenemos que aferrarnos a las pocas cosas que descubramos y tratar de darles sentido.*
-

Jessica se quedó pensativa por las palabras de su compañero, quizá no era de lo más inteligente confiar en la "profecía" de un indigente pero Adam tenía razón, no tenían nada para seguir, mientras el tiempo corría más vidas peligraban y los detectives no podrían evitarlo. Adam y Jessica continuaron caminando hasta llegar a un café donde entraron y ordenaron sus bebidas, Jessica eligió un chocolate caliente y Adam un café negro para poder despertar y estar más activo, tomaron asiento y Jessica dijo:

– *La siguiente semana será el triatlón de Peter, se ha preparado arduamente para esto, si llega a quedar entre los tres primeros lugar, podrá representar a la ciudad en las nacionales.*
– *Es increíble Jess, por mi no hay problema que te tomes el día libre cuando sea la competencia, sé que es importante para su matrimonio y apoyar a tu esposo, dependiendo como avance el caso, Jimmy, Hall y yo nos podremos hacer cargo ese día.*
– *Muchas gracias Adam, significa mucho para mí.*
– *Descuida no es nada, lo más probable es que Falco no se tenga que enterar, pero tenemos que avanzar rápido en el caso, nos estará presionando sin duda alguna y más porque el alcalde Warner también estará detrás de él.*
– *Así es, entonces regresando al tema ¿Qué crees que una a las víctimas? ¿Qué fue lo que hicieron para ser castigados?*
– *Hace rato mencionaste la justicia divina Jess ¿Crees que están siendo castigados por alguien porque pertenecen a alguna religión? o ¿Alguna secta?*

- *Puede ser Adam. ¿Cuál es el verdadero significado de la mariposa?*
- *No lo sé, depende de en qué sentido estemos hablando, el significado que le da el asesino o lo que realmente significa la mariposa, creo que sería una buena idea hablarle a Jimmy para que investigue un poco acerca de eso ¿No lo crees?*
- *Si ,le mandaré un mensaje para ver si puede ayudarnos.*

Jessica tomó su celular y le envío un mensaje de texto para que buscara información acerca de la mariposa. Jimmy se encontraba en el laboratorio forense cuando recibió el mensaje de Jessica, pronto se acercó a su pequeño cubículo donde tenía su escritorio y comenzó a buscar información.

"Las mariposas negras son lepidópteros nocturnos temidos por el hombre desde los tiempos prehispánicos debido a diversas supersticiones o creencias que mencionan la llegada del mal. Las creencias o supersticiones varían de un país a otro y de cultura en cultura, llegando a ser en ocasiones bastantes extremas. El origen de su nombre científico Ascalapha Odorata proviene del personaje de la mitología griega Ascálafo quien permaneció bajo los servicios de Hades en el inframundo. En inglés se le conoce como black witch, lo que se traduce como bruja negra. En la lengua náhuatl también se le han adjudicado un sinfín de nombres, entre los que se encuentran: micpapalotl (mariposa de la muerte), mictlanpapalotl (mariposa del país de los muertos), miquipapalotl (mariposa de mala suerte) o tetzahupapalotl (mariposa del espanto). Lo cierto, es que estas mariposas han cargado injustamente con la maldición de su nombre en estas culturas, ya que pueden llegar a ser ejemplares muy hermosos. "

XVI

Al día siguiente, Adam llegó a la central en la mañana con un café en la mano, era un día tranquilo, Ashley Hall salió de su oficina y se acercó al detective mientras lo vio ingresar.

– *Buenos días detective ¿Cómo se encuentra?*
– *Bien, aún no bajamos la guardia Capitán. ¿Alguna noticia?*
– *No, aun no tenemos nada, tuvimos un asalto ayer por la noche pero nada acerca de nuestro caso. - Respondió Hall*
– *¿Ya llegó Jessica?*
– *No, aún no, detective ¿Todo bien?*
– *Si, si, no es nada, necesito que le diga a Jimmy que suba a mi oficina y que lleve los expedientes de las víctimas, creo que podríamos encontrar una conexión.*
– *Por supuesto, enseguida lo llamaré. Aún tengo que salir a mi patrullaje de rutina.*
– *No te preocupes Hall, con Jimmy será suficiente.*
– *Entendido. -*

Hall se despidió mientras se dirigía a informarle a Jimmy la orden que Adam le había dado. Adam subió a su oficina para comenzar a buscar la conexión que había mencionado aquel indigente.

Jessica se levantó como resorte de su cama y viendo la hora en su despertador se dio cuenta de que eran las 10:30 a.m. y se le había hecho tarde para salir a la comisaría, se comenzó a vestir lo más rápido que pudo y cuando corrió por el pasillo vio a Peter en la cocina desayunando, Peter le dijo:

- *Buenos dias cariño, no quise despertarte porque ayer lucías muy cansada y pensé que dejarte dormir era lo más apropiado, después de todo pasaste toda la noche leyendo el reporte que les dio Jimmy acerca de la mariposa.*
- *Qué lindo amor, pero tengo que trabajar en el caso, sabes que Falco y Warner están detrás de nosotros y tenemos que encontrar algo.*
- *Esta bien, lo entiendo. Al menos ¿Desayunarás algo?*
- *Comeré en el camino, no puedo dejar a Adam solo.* -

Jessica se acercó a Peter dándole un beso, tomó sus llaves de la mesa y salió por la puerta para dirigirse a la central. Jessica se había pasado toda la noche despierta estudiando acerca de las leyendas de las mariposas, de dónde venían sus temidos significados y lo que simbolizaba su presencia. Jessica salió de su casa y subió al Challenger lo más rápido que pudo, acomodó su bolso en el asiento de copiloto y pisó el acelerador a fondo; cuando comenzó a cruzar un par de cuadras pasó cerca de una iglesia, Jessica se detuvo y comenzó a pensar, si el asesino era alguna especie de vengador tendría que tener algo en qué basarse para juzgar ¿La religión podría ayudar? Jessica no estaba segura pero al final algo era mejor que no tener nada.

Jessica se estacionó enfrente de la iglesia y caminó hacía la entrada. Al ingresar, había un pequeño grupo de personas escuchando las palabras del padre que se encontraba en el altar dialogando acerca de la unidad y de la hermandad que los seres humanos deberíamos tener siendo todos hijos de Dios. Jessica continuó caminando por el costado derecho de las bancas hasta llegar al frente y tomar asiento. La charla del padre continuó una media hora más. Cuando finalizó el grupo de personas comenzó a retirarse de la iglesia, Jessica se levantó y se recargo sobre un pilar esperando a que el padre terminara de guardar sus objetos.

El padre se percató de la presencia de Jessica y dejando de hacer sus cosas miró detenidamente a la detective, Jessica sonrió y con su mano movió ligeramente su saco dejando ver su placa, el sacerdote se levantó y bajó del estrado hacia donde se encontraba Jessica.

- *¿En qué le puedo ayudar? ¿Detective?*
- *Así es padre, buenos días. Agente especial Jessica Sanders.*
- *¿Estoy en problemas?* -

El padre soltó una pequeña carcajada

- *No padre, vengo por un poco de orientación ¿Tiene tiempo?*

- *Claro que sí detective ¿Necesita que vayamos a un lugar más privado?*
- *Creo que sería lo más apropiado Padre…*
- *Mac Hilbert.*
- *Un placer padre Hilbert.*
- *Sígame a los confesionarios ¿Está bien?*
- *Si, no veo por qué no.*

Jessica siguió al padre hasta la serie de confesionarios estrechos en la parte de atrás, Hilbert abrió una puerta y alzó su mano haciendo señal a Jessica que entrara, Jessica entró y Hilbert cerró la puerta. El padre abrió otra a un costado y entró, una pequeña malla negra dividía las sillas entre dejando ver la silueta de las personas.

- *¿En qué le puedo ayudar? detective, dígame.*
- *Mire, estamos siguiendo a alguien, creíamos que sus intenciones eran homicidas pero ahora tenemos una teoría de que está haciendo "justicia" a su manera, aun no sabemos nada de él, ni tampoco encontramos relación alguna entre las víctimas.*
- *Entonces ¿Eso creen detective? Que el sujeto que están siguiendo, es un justiciero.*
- *No lo sé Padre, solo es una teoría y no tenemos nada.*
- *Pero la pregunta es ¿Cómo yo o nuestro señor te podemos ayudar en este caso?*
- *El sujeto está dejando una mariposa negra en cada escena, estuvimos investigando acerca de estos insectos y su significado que son señales de mala suerte o muerte.*

¿Por qué cree que las esté utilizando?

- *Mmm entiendo. Es claro que su individuo está relacionado con la muerte y que su presencia anuncia eso. Me parece que es lógico que esté utilizándose como símbolo de muerte.*
- *Si, eso está claro ahora, pero aún no hay relación entre las víctimas. ¿Qué significa eso?*
- *Me imagino que está castigando y no se toca el corazón para hacerlo, no solo está tomando el papel de jurado, también es el verdugo. Leí un poco acerca de ello en el New York Times...*
- *Román Rhodes... - Dijo Jessica molesta.*

Mientras tanto, del otro lado de la ciudad Román acababa de llegar a su apartamento, entró y dejó las llaves sobre la mesa que estaba aun lado de la puerta. Entró a la cocina y se sirvió un vaso con agua, el departamento se encontraba en silencio cuando de repente se escuchó que la puerta de su cuarto de evidencia se cerró dando un portazo. Román dejó el vaso y tomó lentamente un cuchillo que había en el fregadero, comenzó a caminar con cautela hacia la habitación, esperando lo peor, como periodista estaba acostumbrado a recibir amenazas de enemigos por los artículos que escribía. Por fin llegó a la puerta que se había cerrado, y dejando caer unas gotas de sudor sobre su frente tomó las fuerzas para abrir la puerta, Román la abrió de manera cuidadosa y comenzó a registrar su habitación en búsqueda de intrusos, el cuarto parecía estar vacío y la ventana estaba abierta, Román comenzó a pensar si él la había dejado así o alguien se había metido por ahí.

Después inspeccionó su habitación fijándose debajo de la cama y dentro del armario para asegurarse de que no hubiera nadie. De pronto, un ruido proveniente de la escalera de incendios llamó la atención de Román, empuñó con más fuerza el cuchillo y miró fuera de la ventana para checar las escaleras, pero no había nadie, quizá había escapado por arriba. Román salió por la ventana hacia las plataforma de metal dispuesto a escalar para averiguar si alguien se había metido en su departamento, puso el primer pie en la escalera y al momento de impulsarse para subir, la escalera no tenía los seguros puestos lo que ocasionó que la escalera se deslizara hacia abajo con Román apoyándose en ella, la velocidad y la fuerza de la gravedad hicieron lo suyo, no tuvo oportunidad de aferrarse a la escalera provocando su caída al vacío.

Cuando el cuerpo golpeó con tal velocidad el concreto del piso, los órganos internos explotaron del impacto causando una terrible muerte, Román agonizó unos instantes en el piso, su respiración era muy fuerte y con dificultades, sus pulmones se llenaban de sangre y su vista se volvía borrosa poco a poco. Solo podía ver los autos pasar al final del callejón y un frío viento atravesó la calle moviendo basura que había en el piso, una sombra cayó enfrente de la cara de Román, su respiración era sumamente escasa, casi extinta y su vista llegando a compararse con la de un topo, pero al final antes de dar su último aliento pudo distinguir que la sombra del objeto que cayó frente a él, no era parte de la basura que había volado, era una mariposa.

XVII

Eran las 8:00 p.m. cuando Adam recibió el aviso en su oficina, estaba exhausto de trabajar en el caso y no aparecía ninguna conexión entre las víctimas nuevamente, Jimmy se encontraba dentro del despacho cuando Adam tomó su celular.

– *Detective Adam Cross. Aja, entiendo. Voy para allá.*

Adam colgó y se levantó de su silla de inmediato. Jimmy dijo:

– *¿Qué sucede Adam?*
– *Volvió a atacar... - respondió con odio arrojando los papeles sobre la mesa.*
– *No te creo, ¿Dónde?*
– *La víctima es Román Rhodes. Hall va en camino hacia el departamento.*
– *No es posible... ¿Qué le diremos a Falco?*
– *Regresando haremos el reporte, ahora tenemos que irnos. -*

Adam y Jimmy tomaron una patrulla y partieron rumbo al departamento de Rhodes. Cuando llegaron bajaron de la patrulla y su sorpresa fue ver a Jessica llegar del otro lado en el Challenger que también había recibido la noticia. Jessica se bajó dejando la sirena encendida y corrió hacia dónde se encontraban sus compañeros.

– *¿Qué fue lo que pasó? - Preguntó Jessica.*
– *No lo sé, acabamos de llegar, será mejor que busquemos a Hall, él ya tiene un tiempo aquí. Jimmy va a investigar el cuerpo. – Dijo Adam.*

Jimmy se reunió con su equipo de ciencias forenses y se dirigió a donde se encontraba el ahora cuerpo sin vida del periodista. El callejón estaba acordonado lleno de forenses y oficiales. Adam le preguntó a Jessica:

– *¿Dónde has estado? Al parecer a nuestro amigo tampoco le gustó el artículo de Rhodes.*
– *Estuve leyendo el reporte de Jimmy de la mariposa y llegué a una iglesia para hablar con un padre para ver si podía darnos una pista acerca del motivo por el cual está asesinando.*
– *¿Y?*
– *Nada, solo nos dio la razón. Utiliza la mariposa con símbolo de muerte pero tampoco sabe porqué lo hace.*
– *Bueno, veamos que paso con Román. -*

Jessica y Adam se acercaron a donde se encontraba Hall hablando con el oficial que estaba a cargo. Hall decía:

- *¿Entonces no vieron nada?*
- *No Capitán, todos estábamos en nuestras posiciones y el único que entró al departamento fue el Sr. Rhodes y nadie más.*
- *¿Están seguros de eso?*
- *Sí señor, checamos las cámaras dos veces y no había nadie, nadie ingresó al apartamento del señor Rhodes, el pasillo estaba vacío.*
- *Entendido, regrese a su posición, los detectives llegaron ya. -*

El oficial se retiró y Hall giró para hablar con Jessica y Adam.

- *¿Qué diablos pasó aquí? ¿No se supone que sus hombres lo estaban cuidando capitán? -*

Preguntó Adam molesto.

- *Así es detective, el Sr. Rhodes estaba solo y nadie vio nada ni a nadie.*
- *Bueno, eso no importa ya ¿Qué fue lo que pasó? - Preguntó Jessica.*
- *El reporte de los oficiales que se hizo con lo que recabaron las cámaras dictaminan que Rhodes salió por la venta para subir por las escaleras de emergencia las cuales estaban saboteadas causando que se cayera. -*

Adam caminó hacia donde se encontraba el cuerpo de Román y Jimmy trabajando en él. Adam se acercó y vio que uno de los forenses había dibujado con tiza el contorno de la mariposa y aun lado había un pequeño cono amarillo con un número indicando que era una de las pistas de la escena.

– *¿Entonces fue él? - Preguntó Adam.*
– *No hay mucho que te pueda decir Adam, lo que tenemos enfrente está más claro que el cristal*
– *Bueno, es el sexto caso y ahora fue un periodista del New York Times, parece que no le importa quien sea, si te interpones en su camino terminas así o como Martín Budd o Bob...*
– *Así es, pero esto está llegando demasiado lejos ya. ¿Quién sigue? ¿Uno de nosotros? ¿Falco? ¿El alcalde Warner? Tenemos que contraatacar ya Adam. - Dijo Jimmy con un los ojos brillosos y con miedo.*
– *Lo sé Jimmy, lo se. -*

Más tarde en la oficina de Falco, Jessica y Adam entregaban el reporte del caso de Román. Falco bajó la carpeta con el expediente que le cubría la cara y dijo:

– *¿Y? ¿Aún nada? Ya es la sexta víctima y aún no tenemos nada... ¿Saben que el alcalde Warner está detrás mío no? Si pierde las elecciones, yo pierdo mi puesto por no encontrar a este loco y si yo pierdo mi trabajo ustedes también por qué son los encargados del caso. Si entienden la gravedad del asunto ¿No es así? Todos perdemos, es como empujar una ficha de dominó. -*

Adam y Jessica permanecen en silencio, era verdad, desde el inicio del caso, desde la primera víctima, aún no habían sabido nada del asesino, quizá por fin habían encontrado a alguien de su talla o alguien mucho mejor el cual no podían competir contra él. Adam decidió hablar:

– *Creo que lo mal entiendo Jefe, por un lado dice que estamos juntos en esto, que si no atrapamos al hombre detrás de la mariposa nos irá mal a todos, pero yo no veo que usted haga algo, con todo respeto. Usted decidió desde el segundo caso que no había ningún asesino, a pesar de la muerte de Bob continuó pensando que no había un culpable, vea a su alrededor y vea las personas que murieron ¿Qué espera? ¿A que sea Jimmy, Jessica o yo para tomar cartas en el asunto?* -

El silencio reinó en la oficina, el ambiente estaba tenso y Jessica sorprendida de cómo Adam le hacía frente a Falco decidió no intervenir, todo lo que decía Adam era más que la verdad. Falco permaneció en silencio unos segundos, analizaba las palabras y sabía que tenía razón, uno de los más grandes detectives de todos los tiempos no hacía nada para detener al asesino. Falco suspiró:

– *Tienes razón chico, lo lamento. Será mejor que pongamos manos a la obra, es difícil estar en mi posición, claro que hay otros intereses de por medio, pero todos pendemos de un hilo y no quiero que alguno de ustedes salga herido.*-

Jimmy tocó a la puerta y entró con una carpeta en la mano.

- *Compañeros, puede que haya encontrado algo que nos ayude.*
- *¿Qué es Jimmy? - Jessica le respondió.*
- *¿Recuerdan al asesino Randy Woods? Pues él también operaba de la misma manera, dejaba pistas en las escenas, quizá podríamos hablar con él y que nos dé su punto de vista.*
- *No tenemos nada que perder. - Dijo Adam*

Falco se quedó pensativo.

- *Bueno, está en prisión, será mejor que le hagan una visita a Randy. -*

Adam y Jessica se dirigieron a la prisión donde tenían preso a Randy Woods. Randy solía asesinar a sus víctimas y las mutilaba, con las partes cercenadas de las personas en las escenas formaba sus iniciales, dejando mensajes que al final de cuentas sirvieron para atraparlo.

Jessica y Adam entraron a la prisión acompañados de el guardia que los dirigía por los pasillos llenos de prisioneros que les gritaban y los insultaban. Ingresaron al cuarto donde se encontraba preso Randy Woods, este nunca fue un tipo agraciado, parecía un bandolero del viejo oeste lleno de cicatrices, dientes faltantes y con cara de malhumorado, estaba rapado y en general su aspecto era de maldad pura. El guardia le puso dos sillas a los detectives enfrente de los barrotes, ya que entrar a su celda era demasiado peligroso, Jessica tomó asiento y Adam se acercó recargándose en la celda.

– *Randy Woods, soy el agente especial Adam Cross, vengo a hacerle unas preguntas y espero que las responda.* -

Randy estaba acostado en su cama con la mirada hacia el techo, tan solo giró sus ojos ligeramente para observar de reojo a los detectives, segundos después se levantó quedándose sentado al filo de su cama y miró fijamente a Adam. El detective sintió el frío de su mirada penetrante como dos puñales, aquel hombre no parecía tener alma o sentimiento alguno. Randy rascándose la barbilla le respondió:

– *Ya les dije... yo no me comí la oreja...* -

Jessica y Adam se quedaron en silencio por escuchar la atrocidad que salía de su boca.

– *No venimos para hablar de tu caso, Randy... estamos buscando a un hombre... está matando inocentes y está dejando mariposas negras en las escenas ¿Qué crees que significa? o ¿Por qué lo está haciendo?*
– *Si leí el periódico detective, pero acaso ¿Son inocentes?*
– *¿A qué te refieres? – respondió Adam intrigado.*
– *¿Cómo sabe que las víctimas son inocentes?*
– *Porque no tienen expedientes penales, ni registros. Entonces ¿Por qué crees que los está matando? y ¿Por qué deja la mariposa?*

– *Todo en esta vida se trata de perspectivas detective. Él debe tener sus razones, quizá sean conocidos de él y las mariposas… no lo sé es un toque elegante diría yo. -*

Jessica se levantó de la silla y le susurró al oído a su compañero.

Adam, no creo que esto funcione, es claro que entre basuras se idolatran y no sabe nada. Es una pérdida de tiempo. -

Adam se quedó meditando y le dijo a Randy:

– *Gracias por su tiempo. -*

Randy le responde:

– *No creo que lo atrapen detectives.*
– *¿Por qué lo dices? - Respondió Jessica.*
– *Lógicamente si están recurriendo a mí a preguntarme eso significa que no tienen nada y ya van ¿Cuántos? ¿Cinco o seis muertos? Está fuera de sus ligas, sabe lo que hace, siempre está un paso adelante -*

Adam se regresó molesto y aventó la silla contra la celda.

– *¿QUIERES APOSTAR DESGRACIADO?*
– *Es una batalla que no pueden ganar.*

Jessica se acercó a Adam y le dijo:

– *Adam, entiende que no nos va a ayudar, dejémoslo ya.* -

Adam trató de entrar en razón pero había caído en el juego de Randy. El guardia abrió la puerta de la sala para que los detectives salieran y una vez estando afuera Adam le preguntó a Jessica.

– *De verdad ¿Crees que no podamos atraparlo?* -

XVIII

Al día siguiente Jessica se levantó temprano para asistir a la iglesia, en cierta manera la religión le estaba dando paz en medio de esta batalla de emociones en búsqueda del asesino de la mariposa.

Jessica le pidió a Peter si la acompañaba mientras Leonel y Elena se quedaban dormidos en cama y después de que la misa terminara Jessica se dirigiría a la central para continuar con el trabajo. Peter accedió y fueron juntos a la iglesia la cual no quedaba muy lejos de su casa, al llegar el padre Mac Hilbert ya había comenzado con la celebración. Jessica y Peter tomaron asiento para escuchar las palabras de Hilbert, la iglesia estaba un poco llena porque era la primera misa que se oficiaba en el día, muchas personas asistían antes de ir a trabajar por la mañana.

El tiempo pasó y casi al finalizar la eucaristía, Hilbert levantó el cáliz para dar el último trago del vino, lo acercó a su boca y en cuanto iba a dar el primer trago, la cadena del crucifijo que colgaba arriba de él, cayó sobre su cabeza dejándolo inconsciente y tirando el cáliz con el vino que quedaba, todas las personas comenzaron a gritar y a moverse sin saber que hacer, el caos se había apoderado de la iglesia y aquel parecía un mercado. Jessica y Peter corrieron hacia el estrado donde el padre yacía acostado en un mar de sangre que salía de su cabeza, Peter lo levantó tratando de que reaccionara y asegurarse que estuviera consciente. Hilbert no parecía responder a las acciones de Peter mientras Jessica se dirigió con un señor que estaba en la primera fila.

– *¡Necesito que llame a una ambulancia de inmediato!* –

El señor sacó su celular y marcó rápidamente al 911 en busca de ayuda. Jessica recogió el cáliz y se percató que solo una de las cadenas se había roto, se acercó para checar pero fue inútil, la cadena estaba colgando por parte del crucifijo y se había zafado del techo. Jessica miró a Peter y le dijo:

– *Quédate con el padre, subiré para ver qué fue lo que pasó, la ambulancia debe venir en camino.* –

Jessica subió por unas escaleras de madera que había en la parte de atrás del estrado y al acercarse al soporte donde estaba agarrada la cadena, pronto se dio cuenta de que había una mariposa a un costado del soporte estaba roto. Jessica corrió para ver más de cerca lo que era imposible de creer, el asesino había roto el soporte causando el accidente que lastimó a el padre en plena eucaristía. Jessica sintió un escalofrío que recorrió todo su cuerpo y bajó como rayo hasta donde se encontraba Peter y le dijo:

- *¡Fue él!*
- *¿Quién Jess? - preguntó Peter angustiado.*
- *¡El asesino Peter, el asesino, hay una mariposa arriba y el soporte está roto! ¡Ve por Elena y Leonel a la casa! ¡DATE PRISA!*
- *¡Maldición! Quédate con el padre, ya está reaccionando.*

Peter recargó al padre Hilbert sobre la mesa y salió corriendo hacía su casa, Peter nunca había sentido tanto miedo de solo pensar que el asesino estaba en la misma iglesia viéndolos y planeando cómo hacerles daño, pero era más aterradora la idea de saber que sus hijos estaban solos en casa y el asesino pudiera estar cerca. Peter corrió lo más rápido que pudo hasta que por fin llegó a su casa, sacó las llaves y no podía insertar la llave a la primera de lo nervioso que estaba, cuando por fin logró abrir la puerta, entró disparado sin inspeccionar la casa esperando lo peor y antes de poder girar para entrar al cuarto de sus hijos, Elena salió toda modorra frotándose la cara y le dijo a Peter:

- *Papá, tengo hambre. -*

Peter se agachó y levantó a Elena entre sus brazos y le preguntó:

- *¿Dónde está tu hermano corazón?*
- *Está en el baño. -*

Peter corrió con Elena hacía el baño y tocó la puerta:

– *Leo, hijo ¿Todo bien?*

Leonel enfadado respondió desde el interior del baño:

– *Si papá, ya puedo hacerlo solo… -*

Peter sintió una gran tranquilidad, sacó su celular y le marcó a Jessica:

– *Si amor, los niños están bien, me quedaré con ellos y les haré de desayunar, avísame de vez en cuando que estas bien ¿Ok? Mucha suerte, te amo. –*

Jessica colgó su celular y con las manos llenas de sangre cubría la herida en la cabeza de Hilbert que parecía estar consciente otra vez. La sirena de la ambulancia sonó con fuerza fuera de la iglesia y los paramédicos entraron corriendo con su equipo de primeros auxilios y una camilla, uno de los médicos le dijo a Jessica.

– *Nosotros nos encargamos señorita, muchas gracias. –*

Jessica se levantó y limpió sus manos mientras atendían a Hilbert. Cuando de repente sonó su celular, lo sacó de su bolsillo y contestó:

– *Detective Jessica Sanders.*
– *Jess, soy yo Adam. El asesino atacó nuevamente.*
– *Si lo sé, ya llegaron los paramédicos y están atendiendo al padre Hilbert.*

- *¿Qué? ¿el padre Hilbert? ¿Quién es el padre Hilbert? La víctima es una joven de 24 años, se llama Cindy, voy para allá con Jimmy.*
- *¿Cindy? ¿Otro asesinato? ¿Atacó dos lugares al mismo tiempo?*
- *Eso es imposible, llama a Falco que llegué contigo. Jimmy y yo nos encargamos de esta escena, estamos en contacto.*

Por otra parte Adam y Jimmy llegaron a la casa donde habían recibido una llamada de auxilio en unos suburbios fuera de la ciudad, era la residencia de la familia Jules, los padres encontraron a su hija Cindy en su habitación con una jeringa en el suelo y la boca llena de espuma, también alegan que afuera de la ventana había encontrado una mariposa negra. Adam ordenó que nadie tocara nada, de lo contrario podría juzgarse como culpables o sospechosos. Ambos bajaron de la patrulla, Adam se acercó a la puerta para tocar el timbre y esperó unos segundos, el padre de Cindy fue quien abrió la puerta.

- *Gracias a dios que están aquí, soy Jack Jules y esta es mi esposa Julia.-*

Ambos parecían una pareja típica americana, con una edad aproximada de entre 45 y 48 años. Los dos estaban cubiertos de lágrimas y con los ojos rojos. Adam respondió.

- *Soy el agente especial Adam Cross y mi compañero es el jefe de ciencias forenses Jimmy Williamson ¿Podemos pasar?*

- *Por supuesto, se encuentra subiendo las escaleras. Es el primer cuarto a la izquierda.*
- *Entendido, creo que será mejor que nos permitan trabajar y tomen un poco de aire si les parece, miraremos la escena y mientras Jimmy comienza a trabajar yo bajaré para hacerles unas preguntas ¿Esta bien?*
- *Sí, eso está bien. – dijo Jack.*

Adam y Jimmy siguieron las indicaciones para subir al cuarto de Cindy, entraron y cerraron la puerta, el cuarto era color amarillo claro, lleno de peluches y espejos, nada fuera de lo común. Adam se quedó observando el cuerpo de Cindy que estaba recargada al pie de la cama sobre un tapete gris, utilizaba un vestido corto de color azul sin mangas con un cinturón negro en la cintura. Jimmy dejó su maletín en el piso y se puso sus guantes para comenzar a investigar, Adam caminó hacía la ventana donde efectivamente en la parte de afuera se encontraba la temible mariposa, Adam giró y dijo:

- *Entonces es cierto, el asesino atacó dos veces…*
- *¿Cómo es eso posible? – respondió Jimmy.*
- *No tengo idea, lo único que se me viene a la mente es que no está solo.*
- *¿O sea que hay más de uno? – preguntó Jimmy con miedo.*
- *Aún no lo sabemos, tendremos que esperar a que veamos a Falco y Jessica para su confirmación, o quizá tenemos imitadores, era uno de los riesgos de que se hiciera público.*

– *Maldición.* -

Jimmy levantó la jeringa y observándola dijo:

– *Es heroína...*
– *¿Qué? ¿El asesino la mató con heroína?*
– *A simple vista eso parece Adam, tiene una marca de piquete en el brazo izquierdo y sequedad en la boca. Y si lo pensamos bien tiene sentido, es la manera en la que opera ¿No? Hacerlo parecer que no fue él, quiere hacernos creer que Cindy murió por sobredosis.*
– *Pero no tiene sentido Jimmy, se ve que los Jules son una buena familia y aunque no conozco a Cindy, parece que tenía valores y no tenía la necesidad de abusar de esta sustancia.*
– *Eso no lo sabemos a ciencia cierta ¿Cómo se lo vas a manejar a los padres?*
– *Aún no lo sé, primero tenemos que checar bien la escena. Lo más lógico es que haya sido culpable el de la mariposa. Después el arma o instrumento, la inyección de heroína y al final lo más importante ¿Por qué?* -

Jimmy siguió inspeccionando el cuerpo de Cindy y comentó:

– *No parece haber señales de lucha Adam, puede ser que Cindy sí lo haya hecho.*
– *y ¿La mariposa?*
– *No lo sé Adam.*

– *Sigue buscando, bajaré con los Jules para hacerles preguntas.*
– *Entendido.* -

De regreso en la iglesia Falco llegó y entró hasta donde se encontraba Jessica.

– *¿Qué pasó aquí?* – *preguntó Falco.*
– *El asesino rompió la cadena en la parte de arriba del crucifijo y cayó sobre la cabeza del padre Hilbert dejándolo inconsciente. La mariposa está allá arriba cerca del soporte.*
– *Maldición, Adam también me notificó que hubo otro caso de una joven que se llama Cindy. Me es difícil de pensar qué pudo haber atacado en dos lugares diferentes, aún no sabemos las circunstancias del otro caso pero es posible que tenga un cómplice o ya tenía todo listo el otro crimen.*
– *Y ¿Qué haremos si son dos Jefe?*
– *En mi experiencia eso nos facilita el trabajo porque tendrán que estar en un buen canal de comunicación, si no, uno de los dos puede cometer algún error y ahí es cuando nosotros lo aprovechamos. Será mejor que dejemos a los paramédicos llevarse al padre Hilbert y regresar a la central para hablar con Adam y con Jimmy.* -

En la casa de los Jules, Adam decía:

– *Entonces ¿Cindy no tenía problemas con nadie en la escuela ni en algún otro lado?*

- *No no, Cindy nunca tuvo problemas con nadie y siempre mantuvo un excelente promedio… - dijo Jack*
- *Si lo entiendo señor Jules, es la impresión que me dio Cindy, mi compañero mencionó que no hay señales de lucha o violencia, por lo que es un poco prematuro llegar a una conclusión decir que… -*

Julia Jules interrumpió de una manera exaltada y molesta:

- *¡Insinúa que mi Cindy era una adicta!*
- *No no señora Jules, no estoy diciendo eso. Por lo que observamos en la escena Cindy no fue forzada, pero la mariposa está ahí, entonces no podemos descartar que fue él.*
- *¡Sin duda fue él! Mi Cindy nunca haría eso… -*

Jack abrazó con fuerza a Julia que pronto soltó el llanto, es impensable como se puede sentir perder a un hijo y más a tan corta edad. Adam dejó que el momento se calmara un poco y continuó:

- *Perdón señor Jules, pero Cindy ¿Tenía alguna mejor amiga o alguien muy cercano a ella? Necesitamos saber un poco más de la vida privada de Cindy, puede ser que tuviera alguna conexión con el asesino.*
- *¡No puedo más! - Julia se levantó del sillón y entró a la cocina corriendo.*
- *Lo lamento Señor Jules, solo que no tenemos alguna pista en concreto acerca del asesino y esto podría darnos un avance si descubrimos algo.*

- *No se preocupe detective, yo entiendo que Cindy no nos platique cosas de su vida personal, tiene una mejor amiga llamada Lizzy, le hablaré para que venga y pueda ayudar, detective.*
- *Me parece bien, gracias. -*

Jack se levantó del sillón y tomó el teléfono de una pequeña mesa redonda de madera. Adam al igual se levantó y subió al cuarto de Cindy para hablar con Jimmy, entró por la puerta mientras este tomaba apuntes en una libreta.

- *¿Qué encontraste Adam? - preguntó Jimmy mientras escribía*
- *Aún nada, los Jules aseguran que Cindy no tenía problemas como para abusar de sustancias.*
- *Es complicado compañero, solo tenemos dos opciones, o Cindy murió de sobredosis o el asesino fue el que inyectó a Cindy y quiere hacer que parezca que fue ella misma.*
- *Ambas tienen sentido, pero ¿Por qué Cindy fue un blanco? ¿Qué conexión tiene con las otras víctimas?*
- *No lo sé, aún tenemos que ver el caso en el que trabaja Jessica.*
- *El señor Jules me dijo que contactara a Lizzy, la mejor amiga de Cindy. Puede que ella nos comente si tenía contacto con el asesino o si lo conocía.*
- *Si te refieres a que el asesino de la mariposa venda droga y las víctimas sean clientes suyos o compradores de la competencia, lo dudo mucho. Por qué los análisis y*

estudios que le hemos hecho a las víctimas no mostraron sustancias en sus cuerpos.

– *No era una teoría tan loca pero ahora queda descartada. - concluyo Adam.*

De pronto el señor Jack subió al cuarto de Cindy; Jimmy le dijo a Adam:

– *Será mejor que saquemos el cuerpo de una vez, no es fácil para los Jules tenerla aquí, la ambulancia está en camino, me iré con ellos y haré más análisis en el laboratorio. -*

Jack tocó la puerta del cuarto y comentó:

– *Detectives, la amiga de Cindy está aquí.*
– *Muy bien señor Jules, enseguida bajamos, dígale que pase a la cocina por favor y si puede mantener a su esposa también estaría bien, la ambulancia vendrá por Cindy. - respondió Adam.*
– *Okay. -*

Adam bajó por las escaleras para dirigirse a la cocina e interrogar a Lizzy. La ambulancia llegó unos minutos después y Jimmy abrió la puerta para que los paramédicos pudieran bajar el cuerpo de Cindy en la camilla cubierta por una sábana blanca. Adam entró a la cocina con Jack, y Lizzy se encontraba llorando con Julia, Jack abrazó a Julia y ambos salieron al patio por la puerta trasera, Adam movió la silla de la cocina y le dijo a Lizzy:

- *Por favor toma asiento, soy el agente especial Adam Cross. necesito tu ayuda y necesitamos saber qué le sucedió a Cindy y por qué. Aún tenemos un par de teorías pero me gustaría hacerte unas preguntas para poder aterrizar las ideas en algo más concreto, si pudieras contestarlas lo mas honesta que puedas me ayudarías mucho.*
- *Esta bien lo intentaré detective.*
- *¿Cuál es tu nombre?*
- *Me llamo Lizzy ¿Tengo que decir mi apellido también?*
- *No, no es necesario Lizzy ¿Hace cuánto conoces a Cindy? y ¿Qué relación tenían?*
- *La conozco desde hace 8 años y éramos mejores amigas, éramos compañeras en el mismo salón en la escuela.*
- *Muy bien, ¿Sabes si Cindy tenía problemas en la escuela o con alguien?*
- *No detective, Cindy nunca se metió en problemas con nadie.*
- *Y ¿Acerca del tema de las adicciones? ¿Cindy consumió alguna sustancia?*
- *No que yo sepa.*
- *Entiendo, ¿Alguna vez notaste a Cindy actuar raro?*
- *¿Raro en qué sentido? Detective*
- *No lo sé, quizá tenía alguna actitud que no era la de siempre*
- *mmm... no, Cindy siempre fue muy dedicada en la escuela, en ocasiones estaba muy estresada y tenía caída de cabello.*
- *Okay, entiendo. Entonces ¿Crees que es posible que Cindy haya tratado de utilizar alguna sustancia cómo escapato-*

- *ria a su estrés y sin tener conocimiento de esta se haya excedido?*
- *No tengo idea...* -

Lizzy comenzó a llorar con fuerza y Adam se acercó a consolarla. Jack estaba en la misma situación en la parte de afuera con su esposa. Los paramédicos bajaron la camilla con el cuerpo de Cindy y la sacaron para subirla en la ambulancia. Jimmy bajó y se detuvo en la puerta de la cocina:

- *Adam, voy a ir al laboratorio, cualquier cosa estamos en contacto. De camino hablaré con Falco para darle un resumen del caso.*
- *Entendido Jimmy, yo haré el reporte en la central. Gracias.* -

Jimmy salió y cerró la puerta, Adam comentó:

- *Muchas gracias por tu ayuda Lizzy, realmente aprecio mucho tu tiempo.* -

Jack entró con Julia a la cocina y Adam se puso de pie.

- *Gracias por ayudarme y lamento mucho su pérdida. Iré a la oficina para seguir investigando, mi compañero Jimmy se llevó partes de la evidencia que estaremos analizando, cualquier cosa que descubramos los mantendremos informados.*

Jack se acercó y le dio un apretón de manos a Adam.

Nuevamente en la iglesia, ya se encontraba clausurada y varias patrullas rodeaban el lugar en busca del asesino mientras Jessica y Falco buscaban pistas cerca del altar. Uno de los forenses se acercó y preguntó si había que llevarse evidencia para analizar. Jessica afirmó e hizo que el forense la siguiera hasta la parte superior donde se había roto la cadena, cuando subieron Jessica se quedó de pie porque no veía la mariposa en su sitio.

- *¿Detective? – preguntó el forense.*
- *No es posible, aquí estaba... – respondió Jessica confundida.*
- *¿Qué busca detective?*
- *La mariposa por su puesto, ya no está... –*

Jessica bajo para infórmale a Falco que la mariposa había desaparecido de la escena.

Horas más tarde en la central Falco estaba en su oficina con Jessica cuando entró Adam con una carpeta.

- *¿Qué tal compañeros? - dijo Adam.*
- *Toma asiento Cross, esto está empeorando rápidamente. - Dijo Falco.*

Adam se sentó junto a Jessica y le entregó la carpeta a Falco donde se encontraba el reporte de Cindy, los estudios que realizó Jimmy en el laboratorio decían que efectivamente la joven había fallecido por sobredosis. Jessica tenía la mano recargada sobre su frente porque sufría de una ligera jaqueca porque la situación se tornaba más difícil y seguían en el mismo punto.

- *Entonces el asesino atacó a dos víctimas al mismo tiempo. El Padre Mac Hilbert y la joven Cindy Jules... - dijo Falco.*
- *¿Cómo está el padre Jess? – preguntó Adam*
- *Lo lograron estabilizar pero sigue en el hospital, perdió mucha sangre. – respondió Jessica*
- *Fuimos a checar la escena, pero la mariposa ya no estaba ahí desapareció, pero la cadena rota estaba oxidada, estuvimos analizando y no tiene señales de corte con pinzas. - Dijo Falco.*
- *¿Qué está diciendo Jefe? ¿Qué la cadena solo se rompió porque estaba oxidada? Pero por más que estuviera oxidada no se rompió de la nada, ¿Y la mariposa? - respondió Adam.*
- *Aún no sabemos qué pasó, solo desapareció, no la pudimos encontrar por ningún lado. Pero regresando al caso, lo mismo pasó con Cindy ¿No es así? Los estudios dicen que fue una sobredosis y las huellas digitales que se encuentran en la jeringa pertenecen a Cindy. Entonces, ¿Cómo es posible que el asesino esté logrando los asesinatos sin tocar nada. – dijo Falco.*
- *No lo sé, pero creo que primero tenemos que saber cómo es que atacó dos lugares al mismo tiempo. – se unió Jessica a la conversación.*
- *¿Las noticias saben algo? – preguntó Adam.*

– *El caso del padre se hizo público, alguien dentro de la iglesia debió grabarlo, el de Cindy aún no, lo manejamos discreto y espero que siga así.- concluyó Falco.*

Jessica y Adam salieron de la oficina para seguir trabajando en una teoría. Cabía la posibilidad de que el asesino tuviera un cómplice, pero ¿Cuál era la razón por la cual Hilbert y Cindy fueran un blanco? ¿Qué conexión podrían tener con las otras víctimas, un sacerdote de 70 años y una chica de 24? Adam se sentó en su escritorio y giró su silla hacia el pizarrón que se encontraba en el centro de su oficina, donde tenían las fotos de las víctimas, se tomó la barbilla con la mano y suspiró profundamente.

– *¿Qué es lo que quieres? ¿Qué han hecho estas personas para merecer esto? – susurro Adam.*

Jessica se recargo en el escritorio de Adam y le respondió:

– *Tenemos que hacer algo Adam, esto se está saliendo de control, tenemos ocho víctimas y aún no tenemos alguna pista además de las mariposas.*
– *Lo sé, no hemos encontrado huellas en ninguna de las escenas y el asesino está siendo muy efectivo con sus operaciones. Pero como le comenté a Jimmy, puede que alguno de los casos, ya sea el de Hilbert o el de Cindy fuera algún imitador ¿No crees?*
– *No lo sabemos, podría ser una teoría pero en caso dado de ser un imitador ¿De dónde sacaría las mariposas?*

XIX

Pasó una semana y el caso parecía quedar en pausa, no hubo ningún avance, no se había dado ninguna víctima nueva o alguna pista, el caso se había enfriado, Adam y Jessica no lograron encontrar algo en el fallecimiento de Cindy ni en la desaparición de la mariposa en el caso de Hilbert.

El día era bastante soleado y una gran multitud se había dado cita para el triatlón que se llevaría a cabo en Central Park de la ciudad de Nueva York en el cual Peter, el esposo de Jessica se había preparado para participar. Jessica se encontraba en la línea de salida donde estaban los atletas debajo de un arco lleno de patrocinadores, Peter, realizaba sus últimos movimientos de calentamiento mientras Jessica tenía entre sus brazos a Elena. Adam llegó por detrás con el pequeño Leonel, el niño se soltó de la mano de Adam y corrió con su madre, Jessica se agachó y le preguntó:

- *¿Todo bien hijo?*
- *Sí mamá, el tío Adam me compró un helado de chocolate.*

- *¿eso hizo? Y ¿quién le dio permiso jovencito?*
- *El tío Adam me lo regaló. -*

Adam se acercó y levantó las manos diciendo:

- *Me declaro culpable detective Sanders. – dijo bromista Adam.*

Jessica comenzó a reírse y le dijo que no había problema alguno. El triatlón estaba a punto de comenzar y Peter ya se encontraba en posición con los otros competidores, Adam levantó a Leonel para que pudiera ver a su padre competir, todas las personas estaban emocionadas por el gran evento, después de todo el ganador iría a competir al "Rocket City Marathon" en Alabama a nivel nacional; En unos instantes el disparo dio inicio y los atletas salieron corriendo a toda velocidad. Adam sintió una vibración en el bolsillo de su pantalón y bajó al pequeño Leonel para poder atender la llamada.

- *Detective Adam Cross.*
- *Detective, soy Jack, el padre de Cindy Jules.*
- *Señor Jules, me da gusto escucharlo ¿En qué puedo ayudarle?*
- *Tengo algo que decirle, quiero hacer una confesión detective...*
- *Lo escucho. – respondió Adam pensativo.*
- *No quise decirlo por miedo a que escuchara mi esposa o alguien pero no me animaba a decir la verdad.*

- *¿Qué es señor Jules? – Adam se preparaba para lo peor, su mente comenzaba a imaginar cosas muy locas, como si Jack fuera el asesino o conocía al asesino.*
- *Mi Cindy... mi Cindy, si era adicta a la heroína detective, comenzó hace unas semanas, primero descubrí que consumía marihuana y yo pensé que solo era una etapa y después encontré las jeringas escondidas en la basura...- Se le comenzaba a romper la voz a Jack por lo que tuvo que guardar unos segundos en silencio.*
- *Descuide Señor Jules, no le diremos nada a nadie, solo lo pondremos en el informe, es información confidencial. Entonces, sí Cindy lo hizo por su propia cuenta ¿Usted puso la mariposa para despistar a su esposa?*
- *No no, acerca de la mariposa no tengo nada que ver, realmente fue una coincidencia pero...*
- *Señor Jules, ¿Sabe el problema que se puede meter? Esta información es muy importante para la investigación y usted la sabía...-*

Jessica observaba desde donde se encontraba con sus dos hijos como Adam lucía alterado en aquella llamada y se preguntaba «¿Qué era lo que podía h*aber pasado?*»

Adam colgó su teléfono y regresó con Jessica, se agachó y levantó a Leonel, nuevamente, Jessica lógicamente sentía curiosidad sobre la llamada.

- *¿Pasó algo Adam?*
- *No sé cómo decirlo Jess, me habló el señor Jules y me acaba de confirmar que Cindy sí utilizaba sustancias,*

lo cual confirman los estudios de Jimmy que murió por sobredosis.

– *¿Y la mariposa?*
– *Dijo que fue una coincidencia... que esa ya estaba fuera de la ventana cuando encontró a su hija. – respondió Adam.*

Jessica se encontraba muy intrigada por lo que acababa de escuchar. Leonel le dijo a Adam:

– *Mira a papá, allá va.*
– *Ya lo vi, es muy rápido ¿No es así? ¿Cómo van en las posiciones, campeón?*
– *Papá va en segundo.*
– *Asombroso, yo creo que será mejor que nos cambiemos de posición para poder ver mejor la siguiente fase. ¿No lo crees Jess? –*

Jessica estaba distraída y pensaba en el caso nuevamente.

– *¿Jess? Deja eso por el momento y apoya a Pete. - Le pidió Adam amablemente.*
– *Sí, sí tienes razón Adam, después veremos qué sucedió.*

Jessica y Adam tomaron a los niños y se movieron hacia la siguiente etapa de la competencia donde los competidores subieron a las bicicletas. Cuando llegaron, se acercaron lo más que pudieron entre el montón de personas que disfrutaban el espectáculo, los atletas llegaban velozmente y al montarse sobre la bicicleta se preparaban poniéndose un casco de seguridad y continuaban su camino.

Peter que se encontraba en segundo lugar, corrió y se subió a su bicicleta, cuando se ponía su casco sintió algo extraño en la bicicleta pero no le importó, no quería perder la ventaja sobre los otros competidores así que continuó. Su familia lo miraba con mucha admiración y lo apoyaban con fuerza desde la multitud. Peter se sentía ilusionado y motivado por lo cual comenzó a incrementar su velocidad para alcanzar a el primer lugar, Peter pedaleaba a una velocidad considerable cuando comenzó a sentir como el manubrio empezaba a tener juego, se movía ligeramente de un lado a otro y se percibía flojo pero eso no le impidió seguir con su misma velocidad, hasta que logró alcanzar al primer lugar y después logró pasarlo con facilidad.

Después de unos metros de distancia, Peter volvió a sentir el desequilibrio sobre la parte frontal de la bicicleta lo cual ocasionó que la llanta se zafara por completo y por ley de la gravedad el manubrio cayó al piso haciendo un efecto de anclaje ocasionando que Peter saliera disparado hacia el frente por la velocidad que llevaba, fue un suceso en segundos, no tuvo tiempo de meter las manos, así que aterrizó con la cara sobre el piso fracturándose los pómulos, rompiéndose la nariz y destrozándose la piel por la fricción contra el suelo. Todos los espectadores quedaron pasmados y en silencio, mientras otros, horrorizados solo giraban su cabeza para no ver aquel brutal accidente, era impresionante ver el camino de sangre que había dejado Peter. Jessica le tapó los ojos rápidamente a Elena mientras Leonel gritaba y lloraba al ver a su padre en el piso. Adam le dijo a Jessica.

– *¡Déjame a Elena y ve rápido!* –

Jessica pasó a Elena en los brazos de Adam mientras brincaba la cerca de seguridad, corría mucho más rápido de lo normal por la adrenalina y el miedo que sentía, con las lágrimas en los ojos llena de pavor. Peter no se movía desde que había caído al suelo, probablemente había quedado noqueado del impacto que tuvo. Al acercarse al lugar del accidente le era más complicado pasar por la cantidad de personas que se encontraban ya en esa sección, algunos competidores se detuvieron para auxiliar y otros para ver, mientras, el personal del evento también se acercaba, afortunadamente no hubo algún otro choque, Jessica comenzó a gritar:

– *¡Policía de Nueva York! ¡Agente Jessica Sanders! ¡A un lado!* –

Las personas comenzaron a abrirle paso para que Jessica pudiera acceder y cuando pudo acercarse a Peter se puso de rodillas y lo abrazó hacia su pecho tratando de hacer que reaccionara. Giró cuidadosamente su cabeza… al ver la cara hecha pedazos de su esposo comenzó a llorar, Peter no reaccionaba y se escuchaba como respiraba con mucho trabajo.

– *Peter, Peter, amor soy Jessica, contéstame por favor.* –

Peter lograba escuchar la voz de su esposa a lo lejos y movía ligeramente su cara a donde podía seguir el sonido de su voz, hizo el esfuerzo de hablar pero no sentía su mandíbula y se había quebrado un par de dientes. Entonces lo que hizo para tratar de comunicarse con Jessica fue levantar su pulgar con la mano derecha para indicarle que estaba consciente.

De pronto se escucharon unas sirenas acercándose a Central Park, Jessica no dejaba de llorar y giró para ver a Adam a lo lejos con sus hijos, que estaba expectante por el estado de Peter, Jessica asentó con la cabeza para indicar que por ahora Peter estaba fuera de peligro. Por el otro lado de la pista llegó Jimmy con los paramédicos y una camilla.

- *Yo me encargo Jessica, todo va a estar bien.*
- *No Jimmy, yo iré contigo, ¡No puedo dejarlo!*
- *¿Qué hay de tus hijos? – preguntó Jimmy.*

Jessica volteó a ver a Adam y sabía que su compañero podría hacerse cargo perfectamente de ellos, pero también sabía que sus hijos necesitan de su madre después de ver aquel terrible accidente. Jessica miró a Jimmy y le dijo:

Esta bien, quiero que me mantengas informada y en qué habitación dentro del hospital estarán para poder ir.

Entendido. Peter estará bien, lo prometo. -

XX

Jessica levantó a Leonel y a Elena para abrazarlos diciéndoles que todo iba a estar bien, los niños estaban impactados por presenciar el accidente tan aparatoso que le había sucedido a su padre en la competencia. Pasaron unos minutos y llego una patrulla donde se bajó el Capitán Hall, se acercó a ellos y les dijo:

- *¿Todos se encuentran bien? Jimmy nos llamó mientras estaba en la ambulancia, lo siento mucho Jessica.*
- *Muchas gracias capitán, realmente fue muy duro de ver y los niños no dejan de llorar.*
- *¿Les gustaría que los lleve al hospital? Creo que es lo menos que puedo hacer.*
- *Me parece bien, muchas gracias.* –

Adam se quedó pensativo donde se encontraba de pie y respondió:

- *Yo los alcanzaré en seguida, quiero saber exactamente qué pasó.*

- *¿De qué estás hablando Adam? – respondió Jessica.*
- *Hall, ¿Puedes llevarte a los niños al coche por favor?*
- *Sí claro, los espero en la patrulla . – respondió Hall.*

Jessica miraba como Hall se subía al auto con sus dos hijos, para después dirigir su mirada hacia Adam y con los ojos llorosos le dijo:

- *Ahora sí, ¿De qué estás hablando?*
- *Quiero saber qué pasó realmente, en estos eventos no puede haber una falla mecánica por seguridad a los atletas, no es algo común.*
- *No te entiendo Adam, realmente no te entiendo. Mira, si no me quieres apoyar en esto, no tengo ningún problema. Me hablas cuando te desocupes...*
- *Jess... no es eso... yo... -*

Jessica se marchaba molesta hacía la patrulla para ir al hospital con Peter mientras Adam tenía la ligera sospecha que no había sido una coincidencia más. Adam regreso a la pista y le pregunto a un miembro del Staff:

- *Disculpe caballero, soy el agente especial Adam Cross. Necesito saber dónde se arreglan o se les da mantenimiento a las bicicletas que utilizan en la competencia.*
- *Si claro detective, regrese un poco por la pista y a su mano derecha se encuentra el taller.*
- *Qué amable y ¿Sabe si puedo hablar con alguien en el taller?*

- *Sí, tiene que ser el jefe de reparaciones.*
- *Gracias por su tiempo. –*

Adam siguió las indicaciones que le habían proporcionado y a unos cuantos metros llegó al taller, era un pequeño cubo de cuatro metros por cuatro. Adam entró y había un par de bicicletas colgadas y varias cajas de herramientas sobre un mueble lleno de cajones. Ahí estaba el encargado, limpiaba un desarmador con una vieja tela, Adam se acercó y le dijo:

- *Buenas tardes, soy el detective Adam Cross. ¿Usted es el encargado de las bicicletas?*
- *Así es detective ¿En que le puedo servir?*
- *¿Cuál es su nombre?*
- *Me llamo Andrew Ortega.*
- *Muy bien señor Ortega ¿Qué fue lo que le pasó a la bicicleta del participante número 22?*
- *Lo que pude ver fue que se le salió la tuerca*
- *Y ¿Nadie checo que no hubiera tuercas flojas o en mal estado? Ese hombre está muy grave en urgencias y tiene una familia muy preocupada por él, así que necesito que me comience a dar más respuestas señor Ortega.*
- *Si, si, entiendo detective, pero yo solo superviso a mis ayudantes, ellos son los que se encargan de revisarlas.*
- *Muy bien, en ese caso voy a necesitar una lista de todos sus ayudantes y necesito que se presenten inmediatamente.*
- *Está bien detective, lo intentaré. –*

Andrew sacó una carpeta de un cajón, donde le entregó una hoja de nóminas con la información de sus ayudantes. Adam sacó su celular y marcó un número.

- *Hall soy yo Adam. ¿Cómo va todo por allá?*
- *Hola Adam, estamos en la sala de espera, Jessica se encuentra preocupada y molesta contigo.*
- *Eso lo entiendo, mas tarde les explicaré. ¿Cómo está Peter?*
- *El doctor dijo que está estable, la cirugía de reconstrucción facial comenzará en 10 minutos aproximadamente.*
- *Bien, bueno mira este es el asunto, necesito que vengas de inmediato, estoy en el taller de las bicicletas, dudo mucho que fuera un accidente muy al azar, necesito que me apoyes ¿Sí? Pero no le digas nada a Jessica.*
- *Muy bien Adam, voy para allá. –*

Adam colgó la llamada y los jóvenes comenzaron a llegar al lugar, al final era un pequeño grupo de 5 adolescentes. Adam le dio la orden a Andrew de cerrar la puerta para que no se hiciera más público. Todos apretados en el diminuto cuarto, los jóvenes lucían asustados y sabían que podrían estar en problemas.

- *Buenas tardes, me presento para quien no me conozca, soy el agente especial Adam Cross del Departamento de Policía. – Presentándose mientras levantaba su placa;*
- *Creo que saben lo que acaba de pasar ¿No es así? Tengo un hombre en el hospital gravemente herido esperando*

a que le reconstruyan la cara. Así que necesito que hablen con la verdad y los podré ayudar, lo prometo. Aquí su jefe, el señor Andrew Ortega me está diciendo que ustedes son los responsables de las bicicletas. -

Los cinco jóvenes asintieron con la cabeza pero sin decir una sola palabra.

- *Muy bien quiero saber quién era el encargado de la bicicleta del accidente, supongo que llevan un control ¿No es así?*

Andrew se acercó al detective y le dijo:

- *Cada Joven se encarga de checar una fila completa.*
- *Entiendo. - respondió Adam.*

Los chicos lucían temerosos e indefensos ante los ojos de Adam, pero él sabía que la vida de Peter estaba en riesgo y necesitaba confirmar que realmente había sido algún accidente y no provocado intencionalmente. Adam preguntó:

- *¿Quién es el encargado de la primera fila?* -

Nadie respondía y todo era silencio, hasta que un chico levantó la mano temblorosamente.

- *¿Cuál es tu nombre hijo?*
- *Lui, Lui Castle.*

– *Entonces Lui… -*

Adam es interrumpido por un sonido en la puerta, alguien tocaba desde afuera y Andrew se acercó para abrir, pero primero preguntó en voz alta para saber de quién se trataba.

– *¿Quién es?*
– *Capitán Ashley Hall de NYPD. –*

Abrió la puerta y Hall entró lo cual asustó más a los jóvenes y al mismo Andrew. Adam comentó:

– *Yo le hablé señor Ortega, es mi compañero.*
– *¿Todo en orden Adam? – preguntó Hall.*
– *Necesito que saques al resto de los chicos y los mantengas fuera, excepto a este, al igual que usted señor Ortega acompañe al Capitán a fuera. –*

Hall escoltó a los jóvenes y a Andrew a fuera del taller, mientras Adam se quedaba para interrogar a Lui.

– *Muy bien Lui, ahora solo somos tú y yo. Necesito que me hables con la verdad ¿Entendido?*
– *Sí señor – respondió Lui con la voz quebrada.*
– *Bueno, ¿Tuviste algo que ver con la llanta que se salió?*
– *No señor, yo no haría algo así, lo juro…*
– *Entonces ¿No la saboteaste?*
– *No señor.*
– *Y ¿Qué fue lo que pasó Lui? Por que la tuerca estaba*

floja ¿No hiciste bien tu trabajo?

- *Me... Me fui a fumar detrás de unos árboles y no chequé toda la fila, siempre están bien y nunca ha pasado nada.*
- *Bueno, mi amigo está en el hospital porque preferiste ir por tu cigarro Lui.*
- *¡Lo siento señor! ¡No fue mi intención! No sabía que podía pasar esto... -*

Lui entró en lágrimas y agachaba su cabeza mientras se la cubría con sus manos, el joven lucía realmente afectado y todo el peso de la culpa caía sobre su espalda.

- *Mira, mi amigo está estable y no pasó a mayores afortunadamente, está muy herido y su familia está muy triste por el ¿Me comprendes? -*

Adam comenzó a caminar observando las cajas de herramientas que se encontraban sobre la mesa. El chico no levantaba la vista y le costaba respirar por su llanto. Adam le preguntó.

- *¿Cuáles son tus herramientas Lui?*

El joven levantó la cabeza y apuntó a la tercera caja. Adam siguió caminando hasta que llegó y abrió la caja. Comenzó a observar y veía un puñado de tornillos, tuercas y otras cosas diminutas de mecánica, pero Adam buscaba la llave con la cual se aprietan y aflojan las tuercas de las llantas, levantó la tapa para ver el contenido en el segundo nivel que se encontraba al interior de la caja, cuando lo primero que observó fue una mariposa negra sobre las herramientas. Adam sabía que no era coincidencia, tenía una corazonada que podría llegar a paranoia, pero no le pasó por la cabeza que el asesino estuviera detrás del accidente de Peter.

Adam giró con Lui y le preguntó:

– *¿Qué es esto?* –

Lui se acercó a la caja y al asomarse vio la tenebrosa figura, su primera reacción fue echarse para atrás como si hubiera visto un fantasma y soltó el llanto más fuerte.

– *¡Yo no fui! ¡Yo no soy el asesino de la mariposa! ¡Lo juro!*

Adam envuelto en un mar de confusiones veía a través de los ojos del chico que no era el asesino.

– *¿Alguien más agarro tus herramientas? ¿Viste a alguien mientras checaba las bicicletas en la fila que te correspondía?*
– *No no, cuando fui a fumar traía mi caja de herramientas y estuvo todo el tiempo conmigo. ¡Lo juro!*
– *Está bien, tranquilo. Quédate aquí un segundo.* –

Adam salió del taller y dijo:

– *Capitán Hall, señor Ortega necesito que entren por favor.*

- *Y ¿Qué hay de los muchachos? – preguntó Hall*
- *Que se queden ahí, enseguida los vamos a necesitar. – respondió Adam con la mano izquierda en la cintura y apuntando con su dedo índice derecho.*

Hall y Andrew entraron al taller donde vieron al chico llorando bajo la lámpara.

- *¡Santo cielo! ¿Qué le hizo al pobre muchacho detective? – preguntó Andrew.*
- *Mire el interior de la caja de Lui, señor Ortega y dígamelo usted. –*

Andrew y Hall se acercaron a la caja y vieron la mariposa sobre las herramientas.

- *No, no. El chico no es el asesino detective.*
- *Eso lo sé, pero ¿Qué hay de usted señor Andrew? Sé que Lui es inocente y no inspeccionó la fila que le tocaba pero aun así la bicicleta fue saboteada y la mariposa está dentro de su caja. ¿Tiene alguna explicación?*
- *¡Tampoco soy yo detective! Está demente. – respondió Andrew defensivo.*
- *¿Cómo me llamó? ¿Sabe el asunto en el que se acaba de meter? En estos momentos usted es el principal sospechoso de este caso, ahora ¿Dónde estaba usted cuando los chicos hacían su trabajo?*
- *Estaba aquí mismo, no salí del taller y cada niño se llevó su caja, no hay manera de que yo pude haber metido*

la mariposa y le puede preguntar a ellos si me vieron cerca de las bicicletas... -

Adam se quedó pensativo y le dijo a Hall:

– *Capitán, cuide al señor Andrew aquí, iré a confirmar la información con los muchachos.* –

Adam salió y caminó hasta donde estaban los cuatro jóvenes reunidos hablando entre murmullos.

– *Muy bien jóvenes, lo que parecía ser un accidente ahora se volvió una escena de crimen oficialmente y si no responden con la verdad serán tratados como posibles sospechosos y quizá hasta culpables.* –

A pesar de que a Adam no le gustaba, trataba de intimidar a los jóvenes para que hablaran honestamente, era muy claro que ninguno de ellos era el asesino pero cabía la posibilidad de que alguno de ellos fuera amenazado para ayudar o al menos que hubiera visto algo. Los chicos permanecieron en silencio y sus miradas cambiaron mientras veían a Adam.

– *¿Dónde estaba el señor Ortega cuando ustedes checaron las bicicletas?* –

Uno de los jóvenes respondió que se había quedado dentro del taller viendo unas listas.

– *¿Dónde estaba Lui al igual?* -

Otro de los jóvenes apenado le respondió que se había ido a fumar y él era el único que sabía dónde estaba.

– *Entonces ¿Nadie checó la primera fila? ¿No había nadie que ustedes no conocieran cerca de las bicicletas?*
– *No señor, solo estábamos nosotros. Solo podíamos estar dentro de la pista el personal del staff ¿Lui está en problemas? - preguntó uno de los jóvenes.*
– *No hijo, no está en problemas, enseguida regresará con ustedes. –*

Adam regresó al taller y dijo:

– *Pues nada, por ahora no hay testigos y aún no hay culpables. Es obvio que los chicos no fueron y usted no sabe nada señor Ortega. –*

Andrew encogió los hombros y se quedó callado. Adam se acercó a Lui y le dijo.

– *Tranquilo ¿Sí? Yo sé que eres inocente, pero alguien trató de culparte y quiso hacerle daño a mi amigo y por ahora el único sospechoso es el señor Ortega aunque no tengamos pruebas, puedes regresar con tus amigos, cualquier cosa que notes extraña o que veas a alguien sospechoso, llama al 911 y quiero que reportes lo que sepas ¿Entendido?*

- *Si señor. – respondió Lui.*
- *Gracias por su tiempo señor Ortega y nos estaremos viendo. Capitán tomé el DNI del señor Ortega y con una tela tome la caja para analizarla en la central y ver si encontramos huellas digitales.*
- *Si detective. - Dijo Hall mientras agarraba la caja con una de las telas y Andrew le entregaba su DNI.*

Adam y Hall se dirigieron a la patrulla.

- *Entonces ¿Fue él? ¿Trató de matar al esposo de Jessica?*
- *No lo se Hall, pero tenemos la mariposa ¿Qué otra cosa podría ser?*
- *¿Crees que Ortega tenga algo que ver? Después de todo Peter pudo haber agarrado cualquier bicicleta, como supo el asesino cual tomaría en la primera fila.*
- *Tampoco lo sé, puede que sí o puede que no, le daremos la caja a Jimmy para que la exprima y ponga la mariposa con las otras.*
- *Y ¿Qué hay de Jessica? ¿Cómo le dirás que el asesino es el culpable?*
- *No lo sé Hall, no lo sé… -*

XXI

El capitán Ashley Hall llegó al hospital donde se encontraba Peter y su familia, Adam bajó de la patrulla y antes de cerrar la puerta preguntó:

- *Entonces ¿Tú te encargas de hacerle llegar a Jimmy la caja para que la vea?*
- *Si Adam, no te preocupes. Mucha suerte con Jessica.*
- *Gracias Capitán, estamos en contacto. –*

Adam cerró la puerta y entró al hospital, caminó hasta la recepción para preguntar por Peter, cuando de repente se percató que por el pasillo derecho caminaba Falco con un café en la mano. Adam evitó a la enfermera que se disponía a darle los informes y corrió hasta Falco.

- *Jefe, ¿Qué hace aquí?*
- *Supe de la noticia y vine a ver cómo está Peter.*
- *Y ¿Cómo se encuentra? –*

Falco le dio un sorbo a su café mientras caminaban hacía la habitación donde se encontraba Peter mientras preparaban la sala en la cual sería operado, Falco respondió:

– *Parece que está bien, aún está consciente pero tiene la cara desbaratada, estuvo unos minutos en observación cuando llegó, pero ya lo van a operar.* -

Ambos llegaron a la habitación donde estaba Peter con un vendaje en la cara con manchas rojas ocasionadas por las heridas en su rostro y Jessica se encontraba a un costado sentada sosteniendo fuertemente la mano de su esposo, tenía la cara llena de lágrimas y no le quitaba la vista a Peter, mientras Adam y Falco observaban la desgarradora escena desde a fuera a través de la ventana. Adam pasó saliva.

– *Jefe, tiene que saber algo.* -

Falco bajó el café y ni siquiera miró a él detective.

– *¿Fue él?*
– *Me temo que si, investigamos en el taller donde se revisan las bicicletas y conocimos a un tipo llamado Andrew Ortega, es el encargado, supuestamente él no sabe nada de lo que sucedió, pero en una de las cajas de herramientas encontramos la mariposa, aún no sabemos si Ortega está involucrado directamente o si el asesino se coló en el taller e hizo lo suyo.*
– *¿Tú que crees Cross?*

- *No sé, Ortega me parecía sospechoso pero no creo que él sea el asesino.*
- *En este trabajo hijo, nunca puedes descartar a nadie, créeme que cuando te digo a nadie es realmente a nadie. Déjalo en la lista de sospechosos, hasta no comprobar lo contrario.*
- *Aún no sé como se lo diré a Jessica... no creo que lo tome nada bien.* –

Falco no dijo nada y siguió bebiendo su café. Los enfermeros entraron a la habitación y se llevaron a Peter a cirugía, Jessica salió del cuarto limpiándose las lágrimas con un pañuelo y abrazó a Adam con una fuerza tremenda que incluso al propio Adam le sorprendió, pero era lo más lógico al estar pasando por ese huracán de emociones, el miedo de perder a alguien especial en tu vida, que la vida de alguien que amas tanto cuelgue de un hilo, la incertidumbre de cuál será el futuro o cómo cambian las cosas y sobre todo la impresión que pudo haber quedado grabada en sus pequeños hijos. Adam igualmente le regresó el abrazo a Jessica y con todo el dolor del mundo le dijo:

- *Jess, tengo que decirte algo. Pero necesito que te calmes.* –

Jessica paró de llorar y con sus hermosos ojos verdes brillosos por las lágrimas, miró fijamente a su compañero, Adam pudo notar que sus ojos eran realmente la ventana hacía el alma y podía ver el sufrimiento interior de Jessica. Adam no tuvo alternativa y se armó de valor mientras la sostenía de los hombros.

– *Cuando me quedé en Central Park, comencé a investigar más del accidente... Terminé en el taller donde le dan mantenimiento a las bicicletas y encontré una mariposa dentro de la caja de las herramientas, interrogue al encargado y no sabe nada. –*

Cuando Adam mencionó a la mariposa, Jessica sintió un fuerte dolor en el pecho como si de una bala se tratara, era lo último en lo cual podía pensar, era doloroso saber que había sido un accidente, pero que Adam le confirmara que el asesino había sido el culpable de aquella horrible escena era impensable, rápidamente Jessica sintió su cuerpo helado, como los escalofríos le recorrían por completo y el miedo se apoderaba de ella. Adam sentía como su cuerpo comenzó a temblar de una manera fuera de lo normal. Jessica no movía un solo músculo de su cuerpo, Adam la abrazó para poder tratar de calmarla pero no había ninguna reacción.

– *¿Jess? ¿Qué sucede? – preguntó Adam.*

Falco le puso la mano en el hombro a Adam y dijo:

– *Iré a ver cómo están los niños. –*

Falco siguió caminando hasta que dio vuelta en un pasillo. Jessica levantó la mirada y la clavó sobre Adam y le preguntó:

– *¿Por qué Adam? ¿Por qué a Peter? -*

Adam no sabía qué decirle a su compañera. Jessica se sentó en el sillón de la habitación y soltó su llanto a más no poder, mientras Adam decidió darle un momento para procesar la noticia, usualmente quedarse con las emociones guardadas es lo peor que se puede hacer, termina haciendo daño a futuro.

El detective se sentó fuera de la habitación en una pequeña sala de espera, donde había una mesa con revistas y periódicos, Adam tomó uno donde en la portada estaba Albert Einstein, la abrió al azar para ojear y en la página donde decidió detenerse había un artículo sobre su filosofía de vida, pero lo que llamó la atención de Adam al instante fue el encabezado de la página, una frase que había dicho el famoso científico: "Tenemos el destino que nos hayamos merecido."

XXII

La evolución de Peter después de la operación era favorable, desde aquel día Peter permaneció con vendajes especiales sobre su rostro y reposando en cama siendo estudiado por los médicos.

Adam se encontraba fuera del hospital fumando uno de sus cigarrillos, había pasado una semana y nuevamente no había noticias del asesino o algún caso nuevo. Jimmy llegó en una patrulla y caminó hasta donde se encontraba Adam.

– *Buenos días Adam. – saludó Jimmy.*
– *Buenos días compañero. –*

Adam estaba de pie, con la barba rojiza un poco más tupida porque no se había rasurado durante ese tiempo y con ojeras por no poder descansar bien, el detective guardaba cierto misterio, no era el mismo de antes, se quedaba con frecuencia sus opiniones o sus teorías, habían sido días muy difíciles, Jessica no participaba en lo absoluto en el caso por estar al pendiente de Peter.

Adam montaba guardia con unos oficiales por si el asesino trataba de regresar y terminar el trabajo, pero en la manera en la que este operaba para asesinar era difícil que pudiera regresar, no era su manera de hacer las cosas. Adam miraba atentamente las calles mientras el ligero viento le movía el cabello y su saco, Jimmy le preguntó:

– *¿Qué es lo que sigue?*
– *No sé qué suceda con Jessica, en estos momentos no es de mucha ayuda y entiendo que no quiera saber nada del caso. No hemos tenido ninguna pista desde lo de Peter...*
– *Así es, la caja de herramientas no tiene huellas digitales ni tampoco la mariposa. ¿Por qué crees que Peter fue la víctima?*
– *Lo primero que se me viene a la mente es que fue una advertencia para dejar de investigar. ¿Recuerdas a Román o a Martín? pero esto fue demasiado lejos, atentó con la familia de Jessica.*
– *¿Qué dijo Falco al respecto?*
– *Lo dijo fríamente, que tan solo eran cosas que sucedían en este oficio, que es el pan de cada día para los detectives. El viejo se volvió muy frío, no es lo que era, ni está cerca de serlo, yo creo que ya no está en facultades de dirigir esto, está cansado y agotado. No le veo el "ojo de tigre". Creo que su tiempo ya pasó...*
– *Es del Jefe de quien estás hablando Adam, pero creo que tienes razón. Y ¿Qué sugieres?*
– *Nada, no sugiero nada Jimmy, solo digo lo evidente. Me siento solo amigo, Falco no toma cartas en el asunto, pa-*

rece que Warner está tranquilo en estos momento, Jessica está en su situación y Hall tiene otras preocupaciones, siento que solo quedamos tú y yo en esto... - dijo Adam desanimado mientras terminaba su cigarro.

– *Si, bueno respecto a eso... -*

Jimmy fue interrumpido por una caravana de patrullas que cruzaron la calle a toda velocidad, una patrulla se detuvo de golpe en la entrada del hospital y el oficial bajó el cristal de la ventana para poder tener comunicación con ellos, se acercó al asiento de copiloto gritando:

– *¡Detective! ¡encontraron al asesino de la mariposa negra! -*

Adam tiró el cigarro y corrió hacia la patrulla para acudir al lugar donde se sabía que estaba el presunto asesino. Adam y Jimmy subieron al auto y se dirigieron al lugar. Las sirenas sonaban por las calles, Adam no sabía que pensar en lo absoluto, no había pistas y de pronto ¿Solo apareció? Era muy difícil de creer.

Cuando llegaron a la escena las calles estaban cerradas dos cuadras a la redonda, los noticieros estaban listos para transmitir la captura del asesino e incluso el alcalde Warner se encontraba en uno de los edificios observando el operativo, era claro que se quería llevar el crédito por haberlo atrapado.

Adam y Jimmy bajaron de la patrulla y se acercaron al área acordonada donde el equipo SWAT se encontraba cubriendo todas las salidas listas para entrar al edificio, Adam desenfundo su Walther p22, cruzó el cordón y preguntó:

- *¿Tenemos rehenes o explosivos?*
- *No, está solo. - Respondió un agente de la SWAT.*
- *Entonces ¿Qué esperan?*
- *Tratamos de hacerlo salir pacíficamente, sabemos que es sumamente peligroso y está armado.*
- *Al diablo con esto. -*

Adam se acercó y pateó la puerta de la entrada, en su mano izquierda tenía una linterna, mientras en la derecha empuñaba su arma. Al detective le asustaba lo que pudiera encontrar ahí dentro, no sabía el aspecto del asesino y eso le aterraba aún más, pero el sentido de la justicia estaba apoderado de él y quería terminar de una vez por todas con este asunto. Adam seguía recorriendo los pasillos oscuros con la incertidumbre, aquel lugar era una tienda abandonada, o mas bien tenia la función de bodega, estaba en ruinas, llena de muebles viejos y empolvados, todo estaba callado dentro del lugar, Adam no pudo más y gritó:

- *Salga con las manos arriba, soy el detective A...*
- *Adam, Adam Cross. Me preguntaba cuándo llegaría... -*

La misteriosa voz interrumpió al detective, pero por más que trataba de localizar de dónde venía el sonido, Adam no podía encontrarlo, apuntaba a todos lados con la linterna pero no encontraba rastro del asesino. De pronto unas cajas de cartón cayeron detrás de Adam y giró lo más rápido que pudo para ver qué era lo que había sucedido. Las pulsaciones de Adam se incrementaron segundo a segundo mientras se acercaba a el último cuarto de la tienda, donde entraba ligeramente la luz del día a través de unos tablones que cubrían las ventanas, un rayo intenso cruzaba el cuarto dejando ver las partículas de polvo que se movían libremente a través del aire, Adam se acercó y de pronto una detonación de arma sonó en la habitación, mientras el detective no supo qué sucedió, sintió un dolor caliente en su hombro derecho, la bala había entrado y salido con limpieza, Adam corrió para ponerse a cubierto mientras sentía que su hombro sangraba.

- *Solo te voy a dar una oportunidad para que salgas y tengas el privilegio de ser juzgado en la corte, igualmente ¡Para mí, eres un sucio y desquiciado que merece morir! Así que piénsalo bien, tira el arma y camina hacia el centro donde te pueda ver. - gritó Adam desesperado y molesto.*
- *¿Acaso le tienes miedo a lo desconocido detective? Se lo advirtieron y no hizo caso, los castigados tienen que ser castigados.*
- *¿De qué hablas inmundo animal? tú no eres nadie para cobrar vidas, no eres juez ni verdugo. -*
- *Acaso ¿No es lo que hace usted detective? Me está juzgando y yo tengo motivos y razones, pero ahora quiere tomar el papel de verdugo conmigo. - respondía la voz dentro de las sombras.*
- *Lastimaste gente importante y mataste inocentes. ¿Qué pasó con Bob y con Peter? Ellos no estaban involucrados en el caso.*

- *Y, ¿eran inocentes?*
- *¿Quién rayos crees que eres? Da la cara de una vez y terminemos con esto maldita sea.*
- *¿Dónde quedó el calmado y bromista detective Adam?*
- *¡Basta! –*

Adam comenzó a disparar su arma por donde intuía que se encontraba el asesino, las balas comenzaron a impactar en los sillones y en los roperos, causando que pedazos de madera salieran volando, causando más dificultad para observar, el fuego terminó y el detective regresó a su posición de cubierto. Una vez más la voz sonó en el silencio.

- *No está viendo el panorama completo detective, ¿Qué va a lograr con matarme?*
- *¡Justicia! Para todas las personas que lastimaste.*
- *Creo que el término que está buscando es "venganza" detective Cross. Quiere vengar a sus seres caídos. ¿Lo ve? No somos tan diferentes como cree.*
- *Tu y yo no tenemos nada en común, solo estoy haciendo mi trabajo y vas a caer. –*

El silencio dominó la habitación una vez más y una figura salió de entre las sombras, Adam veía lo que parecía imposible de creer ¿Se estaba rindiendo? El sujeto tiró el arma, levantó las manos y se puso de rodillas en el centro, Adam salió y sin dejar de apuntarle, le preguntó:

- *¿Es todo?*

– *Estoy impresionado detective, quería poner a prueba su reputación, pero no logró encontrar nada, tire su teatro de los mejores detectives de la ciudad, pero al final no se dio por vencido, eso es algo digno de admirar. -*

Adam realmente confundido no sabía lo que estaba sucediendo, sacó las esposas de sus cinturón y con su brazo herido arrestó al asesino, lo levantó de la camisa y lo llevó hasta la salida. Había un mundo de personas reunidas viendo el acontecimiento, las cámaras no dejaban de grabar al héroe Adam Cross. La multitud abrió paso a Falco y al alcalde Warner que se dirigían a felicitar al detective, los tres posaron para la foto mientras Adam sostenía al asesino, todos aplaudían, mientras insultaban al sujeto, le tiraban basura y otros objetos, Falco dio la señal y Hall llegó con una escolta.

– *Capitán Hall llévalo a la central, vamos a interrogarlo antes del juicio. - dijo Falco.*

Hall tomó a el asesino y lo subió a la camioneta de la SWAT para llevarlo a la central, mientras Warner se acercó a Adam y le dio un apretón de manos diciéndole:

– *¿Qué se siente ser el gran héroe de la ciudad chico? Lo lograste.*
– *Solo me alegra que esto terminara alcalde.*
– *Disfruta el momento joven, la gloria es tuya detective, ahora ve a que te curen el hombro. -*

Mientras las cámaras y los noticieros grababan los hechos. De regreso en la central Hall ponía al asesino en la cámara de Gesell preparando la interrogación antes del juicio. Adam llegó con el jefe Falco a la central, entraron por la puerta principal y de pronto Adam notó que Jessica salió de la oficina de Falco en la parte superior, Jessica se veía distinta a como Adam la conocía, estaba muy afectada por lo que le sucedió a Peter, después del accidente de la competencia, algo había cambiado en ella, Adam subió las escaleras y abriendo los brazos le dijo:

– *Jess ¡Lo atrapamos! Se terminó todo, el asesino está abajo listo para la interrogación.*
– *Estoy fuera Adam. – Jessica le respondió seriamente.*
– *¿Qué? ¿Cómo que estás fuera? El caso terminó, lo atrapamos.*
– *Me da gusto, pero acabo de dejar mi renuncia. El papeleo está en la oficina de Falco.*
– *Pero Jess… ¿Por qué?*
– *No quiero seguir poniendo en riesgo a mi familia Adam. Los niños no han visto a Peter, tienen miedo y yo también.*
– *Lo lamento tanto de verdad, pero ya terminó todo.*
– *No lo entiendes ¿Verdad Adam? No entiendes la gravedad del asunto, pude haber sido viuda, mis hijos pudieron haber perdido a su padre. Quizá este caso ya terminó, pero siempre habrá otro, siempre habrá otro monstruo.*
– *Pero esto es lo que hacemos Jess, para esto nos preparamos.*

- *Ahora lo veo muy distinto Adam, tengo otra perspectiva, me gusta mucho lo que hacemos pero creo que mi tiempo ha llegado, en ocasiones el destino está escrito sin más, pero ¿Por qué adelantarlo?.*
- *No será lo mismo sin ti Jess. – respondió Adam desanimado.*
- *Por eso mismo lo digo ¿Quién cuidará tu espalda?*
- *No lo sé, pero no puedes irte.*
- *Lo lamento Adam, sabes que siempre podrás contar conmigo.*

Jessica abrazó a Adam y le dio un beso en la mejilla despidiéndose de su compañero. Jessica bajó las escaleras y le dio un abrazo a Falco para salir de la central por última vez. Adam no pudo contener el dolor que sentía por la salida de su ahora ex compañera, bajó la escalera y se acercó a Falco.

- *¿Tú sabías de esto? – le preguntó encarando a su jefe.*
- *Así es…*
- *Y ¿Por qué no hiciste nada al respecto? Sabes lo que significa para mí, para el equipo, para la fuerza.*
- *Solo respeté su decisión Cross, y creo que deberías pensar dos veces a quién le estás hablando.*
- *¿Sabes algo? Siempre te he admirado Falco, desde pequeño me hacía mucha ilusión ser como tú y ahora parece que la edad te venció, perdiste el hambre por la justicia, ya nada parece importarle, primero fijándose en los intereses políticos de los demás y ahora no tienes emociones.*

- *Aún eres joven Cross, todavía no entiendes muchas cosas y su porqué.*
- *No me vengas con eso Falco ¿Qué te pasó? Lo de Jessica todavía lo entiendo, casi pierde a su esposo pero ¿Tú? Solo creo que tu llama se extinguió. Ahora si me disculpas iré al interrogatorio. -*

Adam evitó a Falco y bajo al subnivel donde se encontraba el asesino esposado dentro del cuarto esperando a Adam, Hall cuidaba al otro lado del cristal con un par de policías. Adam entró al cuarto y le preguntó a Hall:

- *¿Quién es?*
- *No sabemos nada aún, no tiene identificaciones y en su bolsillo solo tenía un puño de munición de su arma. No habla desde que llegó.*
- *Maldito... -*

Respondió Adam molesto, entró por la puerta y se sentó en la silla delante del asesino. El individuo no parecía inmutarse por la presencia del detective. Falco también bajó y se quedó de pie junto a Hall para ver cómo se desarrollaba el momento. Adam trataba de controlar sus emociones, tenía su cabeza mezclada con la salida de Jessica y el conflicto que tuvo con Falco, así que no tenía bien formulado lo que le preguntaría, lo único que sabía era qué quería respuestas.

- *¿Cuál es tu nombre? - Preguntó Adam.*
- *Marion Kyle. - Respondió el asesino a secas.*

- *Quiero saber ¿Por qué lo hiciste? ¿Cuáles son tus motivaciones?*
- *¿Motivaciones? Simplemente cada quien tiene lo que merece detective. Por cierto ¿Cómo sigue su hombro?* –

Adam miró lentamente el vendaje que tenía en su hombro donde la bala le había atravesado, una ligera mancha de sangre lograba salir a la vista. Adam regresó la mirada a Marion y le respondió.

- *De verdad no me hagas perder el tiempo, todo el mundo está al pendiente del caso, serás "juzgado" pero todos sabemos que será cadena perpetua, aunque a mi gusto yo escogería colgarte como en los viejos tiempos y escuchar como truena tu cuello.*
- *De verdad se perdió a sí mismo detective, así como perdió a Jessica…* -

Adam aventó la silla hacía atrás y le dio un puñetazo en el pómulo a Marion, la furia de Adam parecía implacable, en ese instante Hall entró corriendo para separarlo y el asesino cubriéndose la cara le dijo a Adam:

- *¿Lo ve detective? No somos tan diferentes…*
- *¡Dame las malditas respuestas! ¿Por qué mataste a Bob?* –

Hall tenía agarrado a Adam de los brazos mientras éste luchaba por liberarse y seguir golpeando a Marion. Adam forzó a Hall para poder quitárselo de encima y cuando lo logró, desenfundó su arma y le apuntó directo a la cabeza, Hall mantuvo su distancia y le dijo a Adam:

- *Adam baja el arma, no vas a solucionar nada de esa manera, así no es cómo hacemos las cosas.*
- *Pienso terminar con este infierno Hall, esto se acaba ahora. -*

Adam sabía que no podía matarlo y a pesar de que lo hacía para presionarlo psicológicamente su sed de sangre se había apoderado de él. Caminó lentamente hacia Marion y sin dejar de apuntar le puso el cañón en la frente, el asesino no parecía sentir nada, no había expresiones ni movimientos.

- *Quiero que me mires a los ojos cuando te vuele la cabeza… - Dijo Adam.*
- *No tiene lo que se requiere detective, usted no es así pero de todos modos, vamos a intentarlo… - dijo Marion retándolo.*
- *¡NO! No lo hagas Adam, no le hagas caso. - Dijo Hall desde el otro extremo del cuarto.*

Adam miró a Hall y en ese momento de descuido, Marion tomó el arma arrebatándola de la mano del detective y metiéndose la pistola en la boca jaló el gatillo…

XXIII

Las semanas comenzaron a pasar, después de la muerte de Marion, el caso Ascalapha se había cerrado oficialmente y Adam no encontraba las respuestas necesarias para poder cerrar su propio ciclo que había vivido. Con el cabello más largo recogido por detrás de las orejas y una barba frondosa de leñador color cobre, el detective vagaba por horas en su despacho de esquina sin parar como león enjaulado, era obvio que Marion había elegido la salida fácil, no quería enfrentar al juez ni al tribunal después de aquella muertes que había causado, pero la incertidumbre de no saber las motivaciones de aquel desquiciado lo estaban matando lentamente.

Un llamado a la puerta de su oficina interrumpió la tormenta de Adam, este se dirigió a la entrada y abrió la puerta donde se encontraría al capitán Hall de pie.

– *Buenas tardes Adam, espero no interrumpir nada, pero hay alguien a quien te tengo que presentar. – Dijo Hall.*

Una mujer de baja estatura y de una edad aproximada de 60 años que no parecía aparentar su edad, caminó por detrás del capitán y entró a la oficina, caminaba con las manos por detrás mientras observaba detenidamente el lugar, aquella mujer transpiraba seguridad y tenía un porte británico que imponía autoridad también. Tenía el pelo corto y plateado por las canas, con un poco de arrugas en la cara, vestida con traje sastre color tinto.

- *Buenas tardes detective Adam, permítame presentarme. Mi nombre es Katherine Branden y soy la nueva Jefa del Departamento de Policías de la ciudad de Nueva York. -*

Adam creyó que aquel argumento era una broma, le costaba trabajo digerirlo y a pesar de que la señora lucía seria como para estar bromeando Adam no lo creía, pero lo primero que le llegó a la mente fue: «*¿Dónde está Falco?*»

- *Mucho gusto Madame, pero me gustaría preguntar ¿Dónde está Ian Falco? Con todo respeto. -*

Katherine se quedó en silencio y suspiró, Hall agacho la cabeza y se retiró mientras Katherine dio unos pasos hasta la puerta donde la cerró.

- *Detective, creo que yo soy la menos indicada para darle la noticia pero Ian Falco está muy enfermo y no le quedan muchos días. -*

Adam se quedó completamente helado, seguía sin creer las palabras de aquella mujer que acababa de conocer pero no había duda de que no estaba mintiendo. ¿Qué tanto había pasado en el mundo exterior? Mientras estuvo encerrado en su oficina meditando. Comenzaron a sonar mil campanas dentro de la cabeza de Adam seguidos de un silencio con un ligero zumbido que atravesó sus orejas. Poco a poco se fue haciendo para atrás hasta que terminó recargándose en su escritorio, se llevó la mano a la frente y respondió:

– *¿Por qué no sabía nada? ¿Desde cuándo está en mal estado? y nadie me lo dijo*
– *No lo sé detective, me hablaron desde Washington para relevarlo y aquí estoy. Creo que le daré el día para que pueda visitarlo y estar con el señor Falco. Me habló mucho de usted y de su ex compañera, les tiene mucho afecto. –*

Las lágrimas comenzaron a salir de los ojos de Adam que no tardó en limpiar, Katherine le dijo:

– *Cualquier cosa que necesite detective, sabe donde encontrarme y lo lamento mucho de verdad. Falco está internado en el New York Presbyterian.*
– *5141 calle Broadway, gracias Jefa. - completo Adam.*

Katherine abrió la puerta y se retiró, mientras Adam decaído se sentía en la lona derrotado, primero Jessica y ahora Falco, poco a poco el equipo se desmantelaba, la noticia de

Falco le había atravesado por completo, era una piedra más al costal que seguía cargando. Falco en cierta manera había sido como un padre para Adam, una figura paterna que lo acogió en otro país que no era el suyo y había sido su mentor. Se levantó del escritorio, tomó su saco y apagó la lámpara para cerrar su oficina.

Adam subió al Challenger y se dirigió a ver a su amigo lo más rápido posible. Falco llevaba cuatro días internado. Las calles se hacían eternas y el sentido de culpa lo consumía, Adam no tenía ni la menor idea por la cual Falco estaba internado.

Cuando llegó al Hospital, después de estacionarse, entró lo más rápido que pudo y caminó hacia la recepción, sacó su placa de detective y se la mostró a la señorita que estaba detrás de la barra.

- *Qué tal, disculpa, soy el detective Adam Cross y estoy buscando al jefe de policía Ian Falco, me enteré de que tiene unos días aquí.*
- *Si claro, sígame por favor.* –

La señorita se levantó de la silla y le indicó la dirección a Adam mientras la seguía hasta el fondo del pasillo, después subieron por la escalera al siguiente piso, cruzaron un par de habitaciones donde la recepcionista le indicó la puerta de la habitación. Adam tragó saliva y abrió la puerta para ver a su viejo amigo. Falco lucía en muy mal estado, estaba casi calvo y sus cejas habían desaparecido por completo, su bigote estaba mal tratado y fuera de lugar, su cara lucía pálida y su piel pegada hasta los huesos. Para Adam fue complicado mirarlo a los ojos, era una imagen muy desgarradora para él, la mirada de Falco mostraba vulnerabilidad y agonía, tenía los ojos como un basset hound, caídos y sin energía.

Adam ingresó y cerró la puerta.

- *¿Cómo está jefe? Lamento no haber venido antes, me acabo de enterar y vine lo más rápido posible.*
- *Me he encontrado mejor chico, pero me temo que no soy más tu jefe, solo soy un viejo postrado a punto de morir. Aprecio mucho que vinieran Jessica estuvo aquí con sus hijos ayer. Veo que ya conociste a Branden ¿No es así? Es una vieja colega mía, estoy mas que seguro que está calificada para el trabajo Adam, creo que te caerá bien.* -

Adam caminó hasta la cama y tomó del brazo a Falco.

- *Lo lamento mucho Falco. No me esperaba esto…*
- *Llámame Ian por favor Adam y me gustaría pedirte un favor.*
- *Lo que sea señor.*
- *Mira ya no me queda mucho tiempo y decidí suspender el tratamiento, el cáncer está muy avanzado y no quiero ser egoísta ni causar lastima, pero no tengo con quien pasar mis últimos días Adam. Y yo te veo como mi propio hijo muchacho, mi esposa me dejó tiempo atrás y no sé nada de mi primogénito. Si decides no quedarte lo voy a respetar, se que tienes cosas que hacer y una vida…* -

Adam lo interrumpe.

– *También es como un padre para mi Ian, usted me enseñó todo lo que sé, me protegió y me acogió cuando llegue a este país, usted creyó en mi cuando nadie más lo hizo y le debo todo a usted. Será todo un honor y un gusto quedarme con usted hasta el final señor. –*

Falco sonrió con esfuerzo y una lágrima que salió de su lagrimal recorriendo su huesuda mejilla hasta caer. Adam le regresó la sonrisa y le dijo:

– *Iré por un café y a lavarme la cara, también aprovecharé para hablar con Katherine para avisarle que no estaré en servicio un rato.*
– *Adelante muchacho. –*

Adam salió del cuarto y se llevó las manos a la cabeza, con los ojos llenos de lágrimas y un nudo en su garganta. Cruzó el pasillo viendo a través del cristal que se iluminaba y daba a la entrada del hospital. Lógicamente no quiso preguntar desde cuándo el cáncer lo había comenzado a atacar, sentía que no tenía el valor para comenzar a indagar sobre el tema y solo decidió quedarse con él hasta el último día.

Se aguantó las lágrimas y se dirigió hasta la cafetería, algunas personas que se encontraban dentro parecían optimistas, pero ¿Cómo lograban hacerlo? Quizá sus allegados aun tenían esperanza o no habían perdido la batalla contra sus enfermedades, pero Adam admiraba mucho el valor de esas personas, de sonreír en los momentos más difíciles y no dejarse vencer. Adam llegó a la barra de la cafetería y ordenó un café del día bien cargado, probablemente necesitaría recargar pilas para estar ahí al pendiente de Falco. Se sentó en un banco y recargó los codos en la barra, una nueva duda le había entrado al detective, ¿Por qué Jessica sabía sobre Falco y no le había dicho nada? ¿Desde cuándo sabía?

Pero eligió no darle importancia, Adam estaba decidido a aceptar que Jessica no estaría en su vida de la misma manera. Metió su mano al pantalón y sacó el celular para llamar a la central. El teléfono sonó:

- *Katherine Branden, Jefatura de la Policía de Nueva York.*
- *Jefa Braden, habla el detective Adam Cross, hablo desde el New York Presbyterian, estoy con Falco señora y me pidió de favor que si podía permanecer con él sus últimos días, decidió suspender el tratamiento.*
- *De acuerdo detective, lo entiendo y gracias por avisarme. Pondré en tu lugar a tu nuevo compañero, él te cubrirá durante este tiempo.*
- *¿Nuevo compañero? – preguntó Adam.*
- *Si, se te asignó un nuevo compañero detective, lamento no poder presentarlo aún, creo que los tiempos no han podido cuadrarse.*
- *Tengo una pregunta señora, usted sabía, el capitán Hall sabía y parece que mi ex compañera sabía también, ¿Por qué yo era el único sin saber sobre la situación de Falco?*

– *Falco lo pidió así detective, no dudó en decirle a los demás, no le importó, pero contigo… contigo titubeó y no quería que lo supieras aún, todos respetamos su decisión y me parece que debería hacer lo mismo detective.*
– *Creo que por algo lo hizo, no le diré nada señora, gracias.* –

Adam colgó la llamada y dejó su celular en la barra para tomar un trago de su café. Al saber la verdad Adam pensó que se molestaría con Falco pero no fue así, él entendió su motivo, era tanto el cariño que le tenia que no pudo decirle sobre la enfermedad y ahora que le había pedido aquel favor, que no le pidió a nadie más, ni a su propia familia, entendió que era especial para el. Tomó su celular y se dirigió de regreso al cuarto, mientras caminaba por el pasillo observó a un doctor que salía de la habitación con una carpeta en la mano. Adam se apresuró y lo detuvo.

– *Disculpe doctor, soy Adam Cross, soy sobrino… del señor Falco. ¿Usted atiende a mi tío?*
– *Mucho gusto señor Cross, soy el doctor Nicolás y bueno técnicamente estoy de guardia con su tío.*
– *¿Y usted tiene el diagnóstico de mi tío? Perdoné no sé nada de medicina y quisiera que me explicara un poco acerca de lo que tiene.*
– *Bueno, mire su tío tiene cáncer de pulmón, es uno de los cánceres más comunes en el mundo. El fumar tabaco causa la mayoría de estas enfermedades. A mayor cantidad de cigarrillos diarios que fume y cuanto más joven*

se comienza a fumar, mayor será el riesgo de desarrollar un cáncer de pulmón. La exposición a altos niveles de contaminación, radiación y asbesto también puede aumentar el riesgo. Los síntomas comunes del cáncer de pulmón incluyen: Una tos que no desaparece y empeora con el tiempo, dolor constante en el pecho, tos con expectoración con sangre, falta de aire, silbidos al respirar, entre otros. Existen muchos tipos de cáncer de pulmón. Cada uno de ellos crece y se disemina de un modo distinto y se trata de una forma diferente. El tratamiento también depende del estado o de qué tan avanzado se encuentre. En el caso de su tío está sumamente avanzado y fue a causa del tabaquismo, por lo que nos contó el paciente comenzó a fumar desde muy joven y más por la carrera que ejerció llena de estrés.

– *Entonces... en resumen mi tío tiene cáncer de pulmón gracias a que fuma mucho y ¿Cuántos días le quedan doctor?*

– *Así es, tu tío tiene lo que se llama cáncer de pulmón de células pequeñas, suele comenzar en los conductos de respiración y se expande rápidamente, lo que crea tumores de gran tamaño que se extienden y se le llama metástasis por todo el cuerpo. El cálculo es muy incierto no podemos saber cuántos días le quedan pero podría al ver los resultados me atrevería a decir que aproximadamente una semana. -*

XXIV

Pasaron unos días y Adam estaba ahí para Falco, en los momentos cuando las cosas se ponen difíciles, la verdadera fuerza del detective se ponía a prueba.

Era un Sábado se acercaba el atardecer y eran alrededor de las 7:00 p.m. Adam decidió salir por unas gelatinas para él y para Falco, la cafetería no estaba muy lejos y tardaría alrededor de 5 minutos en ir por los alimentos, Adam estaba un poco más tranquilo, parecía que había podido encontrar la paz y dársela al mismo tiempo a Falco antes de irse, llegó a la cafetería y saco las gelatinas del refrigerador, miró al joven despachador que se encontraba en la caja y le pidió de favor que lo agregara a la cuenta que tenían abierta. Adam caminaba de regreso por el pasillo, cuando vio que la puerta de Falco se cerraba despacio, pero ¿Qué tenía de malo? Quizá solo era el doctor Nicolás checando a Falco o cualquier otra cosa. Adam abrió la puerta y entró al cuarto, la luz estaba apagada y Falco tenía los ojos cerrados, su cara recostada sobre el lado derecho, Adam caminó hacia él y dejó las gelatinas en la mesa que se encontraba a su izquierda.

– *Ian, lo siento, no había gelatina de manzana pero te traje de fresa ¿Está despierto?* – *preguntó Adam.*

Pero no había ninguna reacción de Falco, Adam se acercó y le puso la mano en el pecho, lo trató de agitar un poco para comprobar que estuviera dormido pero Falco seguía sin respuesta.

– *Ian, despierte, Ian…* -

Lo mismo daba que Adam lo moviera o le gritara, Falco se había ido. Adam se rehusaba a creerlo pero sabía que eventualmente el momento llegaría. Corrió hacia el pasillo y gritó con todas sus fuerzas:

– *¡AYUDA! ¡UN DOCTOR POR FAVOR! ¡DOCTOR NICOLAS!.* -

Un par de enfermeras aparecieron caminando de prisa y entraron a la habitación para ver lo que había sucedido, de pronto el sonido desapareció para Adam, podía ver cómo las enfermeras hablaban entre sí mientras checaban el pulso de Falco, el doctor Nicolás pronto apareció lo más rápido que pudo, Adam solo podía ver los labios del doctor moverse pero no escuchaba ninguna de sus palabras, estaba en shock. El doctor entró a la habitación y se unió a las enfermeras para checar el cuerpo de Falco, Adam se sentó en el piso del pasillo y rompió en llanto por su amigo, sacó el celular de su bolsillo y le marcó a Jessica.

- *Diga. – respondió Jessica.*
- *Hola Jess, soy Adam.*
- *Adam ¿Cómo estás?*
- *Me gustaría decirte que bien, pero te hablo para darte las malas noticias. Falco… acaba de fallecer.*
- *No me digas, dejaré a los niños en la escuela e iré al hospital cuanto antes ¿va?*
- *Si, aquí nos vemos. Adiós. –*

Adam se sentía solo, incluso al escuchar a Jessica no lo calmaba como cuando trabajan juntos, su equipo ya no existía. El doctor Nicolás y las enfermeras salieron del cuarto, Adam los miró a los ojos y no tuvieron que decirle nada para confirmar lo obvio, el doctor se acercó y poniéndole la mano sobre el hombro le dijo:

- *Lo lamento mucho. –*

Adam se puso de pie para entrar a la habitación para despedirse de su amigo, se paró al lado de la cama y dijo:

- *Te fuiste campeón, gracias por enseñarme tanto, gracias por haber sido mi mentor y mi amigo, espero que te hayas podido ir tranquilo y feliz. Creo que la historia del legendario Ian Falco no merecía terminar con esta horrible enfermedad, pero al menos no moriste tirado desangrándose en medio de algún tiroteo, espero que hayas encontrado la paz que necesitabas amigo y espero algún día continuar con tu legado y llegar a ser el jefe de policías como tu. –*

Agachó la mirada en señal de respeto y comenzó a limpiar la mesa que estaba a un lado de la cama, Adam llevaba una libreta y una pluma para escribir mientras Falco dormía. Y mientras limpiaba la mesa, empujó accidentalmente la pluma hacia el fondo entre el mueble y la pared.

– *Maldición – Dijo Adam.*

Tomó el mueble y lo recorrió hacia delante para sacar la pluma, se agachó y sin mirar en la estrecha apertura, pudo tocar algo con sus yemas que obviamente no era la pluma, se sentía algo áspero y extraño, era una sensación que ya había tocado antes, la curiosidad intrigó aún más al detective que hizo que moviera por completo la mesa. Adam dejó caer la libreta y otros objetos que tenía en la mano.

No podía creer lo que sus ojos estaban observando, había una mariposa negra junto a la pluma. Ya no podía distinguir entre la realidad y su imaginación pero la mariposa estaba ahí y de eso no había duda alguna, pero a pesar de que ya habían atrapado a Marion, Adam tenía la corazonada de que el caso aún no estaba cerrado pero ¿Quién dejó la mariposa? solo había salido 5 minutos y no había visto a nadie entrar o salir de la habitación. Adam tomó la bolsa donde había un sándwich y la utilizó como bolsa de evidencia para llevarse la mariposa a la central.

Salió de la habitación y se dirigió a la oficina donde estaba el doctor Nicolás. Era obvio que no podía decir nada acerca de la mariposa, el caso ya estaba cerrado y las personas vivían en paz sabiendo que Marion Kyle había muerto.

Adam tocó la puerta de la oficina.

- *Adelante. – dijo Nicolás.*
- *Doctor ¿Tiene unos minutos? – preguntó Adam.*
- *Si adelante, toma asiento.*
- *Doctor quiero saber aparte de usted y la enfermera de guardia, ¿Quién más estuvo dentro de la habitación? ¿Hubo visitas para mi tío?*
- *No señor, solo nosotros tres, no hubo visitas.*
- *¿Cuánto tiempo tiene conociendo a esta enfermera?*
- *Disculpe señor, me está incomodando con sus preguntas ¿Tiene un punto al cual quiera llegar? –*

Adam se levantó de su silla y puso la mano sobre el escritorio mientras sacaba su placa del bolsillo.

- *Perfecto, cortemos las formalidades Doc, soy Adam Cross agente especial del Departamento de Policías de Nueva York y usted y la enfermera están bajo sospechas de homicidio o complicidad hacia un agente.*
- *Señor, no tengo idea de lo que está hablando.*
- *Claro que no, si me pagaran por todas las veces que escucho esa frase probablemente estaría retirado en estas instancias, así que le voy a pedir que vaya por la enfermera muy discretamente y sin decir nada a nadie. Aquí mismo los voy a interrogar. ¿Le queda claro?-*

El doctor Nicolás lleno de miedo por la amenaza de Adam, no pudo procesar lo que había sucedido en aquellos minutos dentro de su oficina, solo cumplía su labor y de pronto un agente de la ley lo acusaba de homicidio o complicidad contra el ex jefe de la policía Ian Falco. Nicolás se levantó de la silla y salió de la oficina para traer a la enfermera que había sido asignada para cuidar a Falco. Cuando ambos regresaron a la oficina Adam se encontraba de espaldas viendo el atardecer por la ventana.

– *Tomen asiento por favor. – dijo Adam.*

El doctor y la enferma se sentaron y Adam cerró la puerta de la oficina, mientras caminaba por un lado de ellos les preguntó:

– *Me imagino que saben a ¿Quién estaban cuidando no es así? –*

Ninguno de los dos respondió.

– *¿QUIÉN ERA EL SEÑOR QUE ESTABA EN LA HABITACIÓN 22? - preguntó Adam.*
– *Ian Falco, Jefe de la Policía. – respondió Nicolás.*
– *Bien, bien, y quiero saber ¿De qué murió? ¿Enfermera? - Adam miró a la enfermera llena de miedo y desorientada.*
– *De cáncer pulmonar señor.*
– *¿Doctor? – preguntó Adam para confirmar.*
– *Así es detective, el señor Ian Falco murió de cáncer pulmonar.*

- *Bueno, recuerdan el caso de Marion Kyle ¿El asesino de la mariposa negra? –*

Ambos se miraban y asentaron con la cabeza.

- *Que bien, por que me acabo de encontrar esto detrás de la mesa… -*

Adam sacó de su bolsillo la mariposa dentro de la bolsa y la dejó sobre la mesa.

- *Bueno, esto indica 2 cosas. La primera es que Marion no era el asesino y el verdadero asesino se nos acaba de colar por las narices y nadie lo vio entrar o salir y la segunda es que alguno de ustedes dos lo ayudó a poner la mariposa. Así que empecemos por usted doctor Nicolás.*
- *No tengo idea de lo que pasó, yo estaba en el ala norte atendiendo a otro paciente cuando recibí la alerta y eso lo podemos comprobar con las cámaras detective. – respondió el doctor seguro de sí mismo.*
- *¿Y usted enfermera? Quiero saber su nombre, cuánto tiempo tiene trabajando aquí, antecedentes de negligencias médicas y su justificación de por qué no debo creer que usted está involucrada.*
- *Me llamo Lía Morientes, soy de España y estoy de intercambio. No tengo récords de negligencias y estaba en la cafetería con mi compañera y le pedí que viniera para auxiliarme… - Respondió la enfermera con nerviosismo.*

Adam frotó su barba con la mano y se giró hacia la ventana nuevamente, era un deja vu para el detective, regresó para tener el mismo sentimiento de no poder hacer nada por falta de pistas, el mismo infierno había regresado por él. Cuando estaba observando la calle buscando dentro de su cabeza alguna teoría que no fuera descabellada, miró una persona que estaba al otro lado de la calle, de pie y observando fijamente a Adam, acaso ¿Era él? El tipo portaba una chaqueta negra y una gorra que tapaba sus ojos. Adam giró rápidamente y les dijo:

– *No se muevan de aquí, es una orden.* -

Adam salió de la oficina y bajó las escaleras lo más rápido que pudo, desenfundo su Walther p22 y salió a gran velocidad del edificio y cuando paso las puertas de la entrada del hospital, aquel individuo seguía de pie en la acera de enfrente y Adam no quitaba la vista del sujeto mientras se acercaba rápidamente cruzando la calle sin darse cuenta, cuando de repente un taxi frenó en seco y casi arrollándolo se detuvo, Adam con reflejos felinos se echó hacia atrás para evitar el accidente. De la parte trasera del auto Jessica se bajó corriendo y se acercó a su ex compañero.

– *Adam, Adam ¿Estás bien?*
– *Si si estoy bien Jess.* -

Adam se levantó con ayuda de Jessica y se dio cuenta que el sospechoso ya no se encontraba en la banqueta.

- *Adam ¿Qué pasó? ¿Por qué saliste así del hospital?*
- *No lo sé Jess, creí que había visto algo pero no fue nada.*
- *Está bien, será mejor que entremos. –*

Cuando entraron agitados por lo que había ocurrido, Jessica llena de dudas decidió encarar a su amigo:

- *¿Qué fue lo que pasó Adam? Dime que no trataste de acabar con tu vida por lo de Falco.*
- *No no Jess, es más que eso, no me vas a creer.*
- *¿De qué estás hablando? - Preguntó Jessica.*

Adam tomó a Jessica de la mano y la llevó a un pasillo donde no había nadie.

- *Jess, voy a necesitar tu apoyo en esto, probablemente parezca que estoy loco pero cuando estaba recogiendo mis cosas de la habitación de Falco, encontré una mariposa negra detrás de la mesa... una maldita mariposa negra Jess. ¿Quieres explicarme qué significa? Tengo al doctor y a la enfermera que estaban encargados de hacer guardia con Falco, están arriba en el despacho del doctor con la mariposa negra, no tengo idea si Marion Kyle no era el asesino o si ellos tenían la tarea de terminar con el trabajo.*
- *Adam, espera un segundo. No puedo creer esto... Marion Kyle está muerto, el asesino está muerto, el caso se terminó.*
- *Y ¿Qué significa la mariposa en la habitación de Falco? ¿Crees que yo la puse ahí para seguir jugando a policías y*

ladrones? El asesino anda suelto Jess y lo voy a atrapar, ya que no tuviste el valor de continuar... -

Jessica entre lágrimas no dudó en soltar una gran bofetada a su ex compañero.

– *Mira en lo que te has convertido... y no vuelvas a poner en duda mi valor o acaso ya no recuerdas ¿Cuántas veces te salvé el cuello en las calles? No me hables de valor por querer proteger y cuidar a mi familia Adam. Y yo ya no tengo nada que ver con esto, ahora es tu problema y no me interesa saber nada de ello. Falco murió de cáncer en los pulmones y si quieres ensuciar tu placa y amordazar a cada doctor en este hospital, es tu problema. –*

Jessica se giró y no dudó en dejar el New York Presbyterian. Adam conmocionado por la discusión con su amiga, regresó dándole vueltas al asunto mientras se dirigía al despacho del doctor. «¿De verdad estoy loco? o ¿El caso seguía abierto?» Adam sin tener una idea de qué pensar entró confundido al despacho donde vio con cara de miedo tanto al doctor como a la enfermera.

– *Lamento... Lamento la forma en la que me comporté, pero la mariposa está ahí y alguien la puso. Enfermera Lía, ya se puede retirar y lamento lo que sucedió. Doctor Nicolás, necesito los videos de las cámaras de seguridad para saber quien entró a la habitación, la mariposa se pudo haber colocado días antes, desde que Falco fuera ingresado, necesito esos videos ya. –*

La enfermera salió del despacho con la mano en la cara mientras el doctor seguía las órdenes del detective para dar con la persona que había colocado la mariposa. Adam se sentó en la silla del despacho sin saber cómo era posible que esto estuviera pasando ¿Quién era el culpable? Y como el asesino iba siempre un paso al frente de él. Adam tomó la mariposa mientras la veía en contra luz de la ventana, nunca lograron sacar alguna huella de ninguno de los 8 casos registrados en ningún lugar, realmente nunca se pudo comprobar oficialmente que Marion Kyle era el asesino, nunca hubo huellas suyas en las escenas o pruebas que lo vincularon directamente con los crímenes, solo el muy desquiciado tomó crédito de aquellos homicidios y se proclamó el autor. El doctor Nicolás entró a la oficina con una memoria USB en la mano y se la dejó en el escritorio:

- *Aquí están los videos del pasillo desde que el paciente fue ingresado, si necesita algo más detective me lo puede hacer saber, tengo que checar a un paciente pero me alegraría ayudarle a solucionar esto, pero quiero pedirle que no haga pública la noticia, el prestigio y nuestro trabajo en el New York Presbyterian se iría a la basura.*
- *Usted sabe doctor que no puedo hacer eso, el caso ya fue cerrado y no podría decir que el asesino se nos coló y volvió a atacar. Esto quedará entre usted y yo. Creo que tendrá que hablar con la enfermera Lía para que de igual manera no comente nada sobre el tema.* -

Adam introdujo la memoria en el CPU del ordenador del doctor y comenzó a ver los videos uno por uno. Las horas pasaban y nada, los únicos que ingresaron eran el doctor, la enferma, Jessica, Katherine y el propio Adam. Era imposible, la mariposa no pudo haber aparecido así por así. El doctor y la enferma habían sido descartados como sospechosos, pero por otro lado Adam comenzó a dudar:

– *«¿Cómo es que el capitán Hall de la nada decidió ayudar en el caso y cómo lo supo? ¿Acaso Katherine quería el puesto de Falco y por fin lo logró? O Jessica… no, no, no, era imposible.» Adam estaba perdiendo la cabeza y estaba solo más que nunca. Sacó su celular y llamó a Jimmy el único en el cual se sentía seguro de confiar.*

– *Jimmy, amigo ¿Cómo estás?*
– *Bien, me agarras un poco atareado pero dime en que te puedo ayudar.*
– *Bueno, no se si ya te enteraste pero Falco… Falco ya no está con nosotros.*
– *Lamento mucho oír eso, no pude ir a visitarlo, Jessica me dijo en las condiciones que estaba, solo pude llamarlo por teléfono.*
– *Descuida no es por eso, no hay mucho tiempo que perder amigo, necesito que analices algo por mi, es secreto y solo tu y yo podemos saberlo.*
– *Adam, me temo que eso no será posible.*
– *¿De qué hablas?*
– *Me transfirieron a Washington y estoy empacando mis cosas.*

– *No no, no puedes irte Jimmy, escucha bien. Estaba en el cuarto de Falco y encontré una mariposa negra detrás de la mesa. El asesino sigue suelto Jimmy, esto aun no termina.* –

XXV

Adam fue a su departamento para bañarse y poder servirse un trago para digerir la situación que estaba atravesando. Horas más tarde se dirigió a la central para hablar con Jimmy acerca del caso y saber por qué se iría a Washington. En la oficina de Jimmy dentro del laboratorio de forenses. Adam entró y se percató que estaba vacío, solo había manchas de polvo donde antes había cajas o cuadros, todas las pertenencias de Jimmy se habían ido con él. Adam pensó que era demasiado tarde, salió corriendo hacia la oficina de Hall para preguntar sobre su compañero:

– *Hall, capitán Hall. - gritó Adam mientras golpeaba la puerta.*

Hall salió para atender y muy desconcertado preguntó:

– *¿Qué pasa detective?*
– *Sabes ¿Dónde está Jimmy Williamson?*

- *Lo vi hace un par de minutos recogiendo sus cosas pero creo que aun no se va, debe de estar por ahí, igual puedes preguntarle a la jefa Branden. -*

Adam no tardó ni tres minutos en subir hacia la oficina de Branden.

- *Disculpe señora Branden. ¿Puedo preguntarle algo? - preguntó Adam mientras entraba a la oficina.*

Cuando abrió la puerta vio a Jimmy sentado enfrente del escritorio de Branden.

- *Adelante detective Cross, nuestro forense Williamson estaba apunto de partir.*
- *Precisamente ese era el motivo por el que venía señora. Estaba buscando a Jimmy para hablar con él. -*

Adam se quedó de pie a un costado de Jimmy y puso la mano sobre la silla mirándolo.

- *¿Le dijiste a la Jefa sobre el partido del Celtic?*
- *¿Cuál partido Adam? - preguntó Jimmy sin tener la menor idea de lo que hablaba su compañero.*
- *Ya sabes, el que te comenté hace rato por teléfono, sería humillante que le dijeras.*
- *A cierto cierto, los aplastaron por completo, pero estoy seguro de que a ella no le importa un partido de fútbol Adam.*

- *Claro, gracias por no decirle. Esperaré a Jimmy afuera señora Branden. Lamento la interrupción. –*

Salió de la oficina y espero a que Jimmy se desocupara, media hora más tarde Jimmy salió con una caja de cartón con todas sus cosas.

- *Jimmy ¿Por qué no me habías dicho nada?*
- *Aún no era seguro Adam, corría el rumor, pero apenas hace unas horas lo confirmaron, voy a partir esta noche.*
- *Diablos y ¿Qué haremos sobre ya sabes qué? No podemos dejar esto así, se lo debemos a Falco.*
- *Adam, Falco se fue. No tuvo nada que ver el asesino en esto.*
- *Ese es el punto precisamente Jimmy, nadie entró a la habitación, cheque video por video desde que internaron a Falco y nadie entró para dejar la mariposa.*
- *¿Ya le dijiste a Jessica?*
- *Sí, no se lo tomó muy bien.*
- *Bueno pues es obvio que no le podrás decir nada a Branden.*
- *¿Decirle qué? –*

Un sujeto de traje negro y corbata roja se unió a la conversación, su complexión era muy alta llegando a pasar los 2 metros, su complexión era fornida y su cara parecía un cuadrado de lo recta que estaba, pelo rubio casi tirando a blanco y sus cejas eran tan rubias que casi no se veían.

- *Tú debes ser Adam Cross ¿No es así? – dijo aquel sujeto.*
- *Y ¿Tú eres? – preguntó Adam.*
- *Detective Matt Moller. Soy tu nuevo compañero. –*

Matt estiró la mano para saludarlo y Adam le regresó el saludo.

- *Mucho gusto detective Matt. Solo me despido de Jimmy y te veo en la oficina ¿Te parece?*
- *Si claro compañero te veo allá, doctor Williamson, suerte en su viaje. –*

Matt se fue hasta el despacho mientras Adam le susurró a Jimmy:

- *Dime que sólo soy yo o te pareció sospechoso.*
- *No lo sé Adam, no puedes dejarte llevar por las apariencias.*
- *Creo que le preguntaré cómo es que acabo aquí.*
- *Será mejor que no menciona nada del tema de la mariposa, no sabes quién es o si le dirá algo a Branden.*
- *Claro, le echaré un ojo. –*

Adam y Jimmy salieron de la central para despedirse mientras la patrulla que llevaría a Jimmy al aeropuerto estaba estacionado al terminar de bajar las escaleras. Cuando se comenzaban a despedir Matt salió de la central diciendo:

- *Lamento interrumpirlos caballeros, pero, detective Adam hay alguien que quiere verlo.*
- *¿Quién es Matt?*
- *No tengo idea, dice ser el hermano de Marion Kyle.*
- *¿De Marion Kyle? ¿Dónde está?* – pregunto sorprendido Adam.
- *Se encuentra en la sala de espera cerca de la recepción.*
- *¿Branden sabe?*
- *No.*
- *Perfecto, quiero que siga así. Enseguida voy, es más, pásalo a la oficina por favor.*
- *Entendido.* –

Matt regresó a la central, mientras Jimmy suspiró, sabía que le esperaba un verdadero infierno a su compañero y ya no contaría con su ayuda, la de Jessica ni la de Falco.

- *Adam, tengo que agradecerte infinitamente por todo lo que hiciste por mi, por nosotros, por el equipo que formamos, lo que hicimos por Nueva York, no tiene precio.*
- *Solo hacemos nuestro trabajo Jimmbo, la gente está a salvo gracias a nosotros. Lamento mucho que te tengas que ir, tengo el presentimiento que te voy a necesitar amigo.*
- *Lo sé, son órdenes de arriba, no podemos hacer nada, pero creo que no habrá problema si me mandas cierta evidencia que quieras analizar, solo que tardará un poco más.*

– *Gracias Jimmy de verdad lo aprecio mucho y sabes que aquí me tienes para lo que necesites.*
– *Gracias Adam y acerca de la mariposa… no tengo idea de que es lo que va a pasar, siento que estoy dejando el caso incompleto.*
– *No te preocupes, yo me las arreglaré.* –

Adam abrazó a Jimmy y cerró un capítulo más de su historia, no había tiempo para llorar, ya había cerrado demasiados capítulos en un lapso muy corto, pero ahora Adam solo tenía en mente al sujeto que estaba esperando arriba en su oficina. Jimmy partió rumbo al aeropuerto de La Guardia.

Adam entró a la central lo más rápido que pudo sin tratar de levantar sospechas, pero no dudaba que el asesino real estaba esperándolo con una pistola dentro de su oficina o con un chaleco de explosivos al cuerpo. Subió por las escaleras y dobló a la derecha, las manos le sudaban y su ritmo cardíaco se había disparado. Abrió la puerta y al entrar Matt estaba recargado sobre el escritorio mientras el sujeto estaba sentado dando la espalda a la entrada. Adam se llevó la mano a la sobaquera y le quitó el seguro, camino por el costado izquierdo rodeando el escritorio donde tomó su asiento. El sujeto tenía los ojos y la nariz roja, parecía que había llorado durante horas. Adam tomó la palabra:

– *Dígame señor, ¿Quién es usted? Y ¿En qué lo puedo ayudar?*
– *Mi nombre, mi nombre es Franklin Kyle detective, KYLE ¿Le suena?*

- *¿Usted es hermano de Marion Kyle? ¿Tiene alguna prueba de ser su hermano?*
- *Dice la verdad. - Afirmaba Matt mientras le daba su DNI.*
- *Dígame señor Kyle ¿En qué puedo servirle?*
- *Bueno, primero detective sería bueno empezar por saber ¿Cómo se le hará justicia a mi hermano?*
- *¿Perdón? - respondió Adam, esperando todo menos esa pregunta.*
- *Sí, mi hermano es inocente y no tienen ninguna prueba de que fuera culpable. Así que quiero que vayan a los noticieros y digan que mi hermano no es el asesino de la mariposa.*
- *Señor Kyle, su hermano confesó serlo… y por si no sabía Marion Kyle me disparó.*
- *Él no es el asesino y te lo puedo asegurar, el asesino real lo obligó… - contrarresto Franklin.*
- *¿Cómo dices? Explícate…*
- *Mi hermano y yo vivíamos juntos en El Bronx, de vez en cuando robamos autopartes o estéreos para comer, pero nunca matamos a nadie.*
- *Y a ¿Qué te refieres con que el asesino lo obligó?*
- *Un día despertó y entró corriendo a mi cuarto muy asustado, pensé que la policía nos había encontrado pero no fue así, me dijo que debajo del cartón de su cama había una mariposa negra. Tenemos las ventanas cubiertas, la puerta nunca está abierta. La mariposa no pudo haber entrado por ningún lado, alguien la tuvo que poner…*
- *Entonces estás diciendo ¿Que el asesino la puso?*

- *Eso me dijo Marion, el asesino la había puesto como señal de que él tenía que matar a alguien o confesar que él era el asesino o algo malo nos pasaría. Mi hermano fue obligado, era inocente.*
- *Tu hermano no era inocente Franklin, obviamente se fue sin contestar mis preguntas y yo no me quedaría con los brazos cruzados. Tu hermano tenía acusaciones y una demanda por qué atropelló a un pequeño niño de 10 años, lo dejó en coma, nunca quiso responder por sus actos y se desapareció. Tu hermano no es ningún inocente amigo. Así que quédate aquí sentado, en un momento veré qué hacer contigo. Detective Moller acompáñeme afuera unos minutos. –*

Adam y Matt salieron de la oficina para charlar.

- *Mira Matt sé que eres nuevo, pero ¿Sabes algo del caso de Marion Kyle y la mariposa negra?*
- *Si Adam, lo estuve siguiendo y estudiando.*
- *Bueno, pues estoy casi seguro de que Marion no era el verdadero asesino.*
- *Entonces ¿Franklin tiene razón?*
- *Marion no era ningún santo, pero tiene razón en la parte de que él no es el asesino de la mariposa. Lo que te voy a decir ahora, es sumamente confidencial y nadie lo sabe, ahora que eres mi nuevo compañero necesito alguien en quien confiar.*
- *Si claro Adam, sé que no nos conocemos pero ten por seguro que no diré nada.*

– *A nadie Matt, ni a Branden. – recalcó Adam murmurando.*
– *Entendido.*
– *Cuando estaba en el hospital cuidando a Falco, cuando falleció encontré una mariposa negra en su habitación ¿Qué crees que significa? Si Marion Kyle está muerto.*
– *Qué el asesino sigue allá afuera o en dado caso de que Kyle fuera el asesino alguien está siguiendo sus pasos.*
– *Exacto, pero ahora ¿Qué pensarías si alguien le puso una mariposa a Marion el día que se entregó?*
– *Que él no es el asesino.*
– *Jaque mate amigo, él no es el hombre al que buscamos y el caso no está cerrado.*
– *Entonces ¿Qué haremos ahora?*
– *El caso sigue abierto compañero, pero no podemos decirle nada a nadie, imagínate cómo se dispararía el miedo en la ciudad nuevamente si se enteraran de que Marion no era el asesino real.*
– *Y ¿Qué hay de Branden? ¿Qué hay de malo si le decimos?*
– *No sé cómo reaccione. Cuando todo esto empezó, Falco me tachaba de loco.*
– *Pero Branden no es Falco.*
– *Entonces ¿Tú conoces a Branden?*
– *No, no la conozco pero a mí me entrenaron para seguir órdenes.*
– *No lo sé Matt, hasta que yo decida si le diremos o no y prometiste guardar el secreto ¿No es así? –*

Adam y Matt regresaron a la oficina donde Franklin los esperaba. Adam volvió a sentarse en su escritorio y dijo:

- *Creo que está en problemas señor Kyle, tendremos que procesarlo por complicidad con su hermano sobre el caso del niño.*
- *No no, eso no tiene nada que ver, mi hermano fue asesinado injustamente.*
- *Tu hermano no fue asesinado señor Kyle, él tomó mi arma y se suicidó, tenemos testigos y está grabado en las cámaras.*
- *Espera, espera, pero yo ayudé diciendo que Marion no es el asesino, él lo obligó.*
- *¿Aún tiene la mariposa?*
- *Sí, está en el departamento.*
- *Le doy una hora para traerla, si no ya sabe lo que le pasará. -*

Franklin se levantó y salió corriendo de la oficina. Mientras Matt se quedó inconforme con lo que estaba pasando y cómo Adam había manejado la situación.

- *¿Por qué lo tratas así? Él solo vino para hablar de su hermano.*
- *Por qué son criminales Matt y se les tiene que tratar como tal.*
- *Somos humanos Adam y tenemos derechos, básicamente lo estás amenazando.*
- *¿Tienes hijos Matt?*

– *No y ¿Eso qué tiene que ver?*
– *Bueno supongamos que alguien atropelló a tu madre y la dejó en coma, en vez de hacerse cargo y pagar por el incidente decide irse ¿Cómo te sentirías? –*

Matt se quedó en silencio.

– *Exacto, entonces no son tus amigos. Lamento ser tan duro pero para este trabajo se necesita carácter, si eres blanco te van a comer Matt y si vas a ser mi compañero necesito que lo hagas bien, tenemos un asesino allá afuera y no pienso quedarme con los brazos cruzados, así que este es el momento ¿Estás conmigo o no?*
– *Si Adam, estoy contigo. ¿Qué es lo que sigue?*
– *Cuando Franklin regrese, los forenses analizarán la mariposa de Falco y la de Marion, quiero saber si hay huellas o alguna pista que nos diga hacia dónde vamos. –*

XXVI

El tiempo pasó y Franklin por fin regresó a la oficina, tocó la puerta y entró con una bolsa de plástico donde probablemente estaría la mariposa.

– *¿Está ahí dentro? - Preguntó Matt.*
– *Así es. – respondió Franklin.*
– *Dime que no la tocaste con la mano. – le dijo Adam.*
– *Bueno… sí….*
– *Muy bien, ahora ¿Sabes que tus huellas digitales están en la mariposa verdad? –*

Franklin se quedó callado y sabía que había metido la pata, ahora él podría ser culpado como el mismo asesino de la mariposa .

– *Bueno, dejémoslo así. Tendremos que tomarte las huellas para aislarlas en los estudios. Matt llévate a Franklin y también la mariposa por favor, la que encontré con Falco ya se encuentra en el laboratorio. Voy a salir, pro-*

bablemente regrese hasta mañana para ver los resultados.

– *Y ¿Qué hay de Franklin?*

– *No lo sé, lo podemos dejar abajo en las celdas o lo dejamos ir a su casa y arriesgarnos a perder a uno de los sospechosos.*

– *No, no detective, de todos modos tendrán mis huellas digitales, tienen mi nombre y les puedo dar mi dirección. Estaré aquí en la mañana a la hora que me digan. – se incorporó Franklin temeroso.*

– *Bueno, ya oíste Matt, el señor Kyle estará aquí a las 7 a.m. con nosotros para ver los resultados.*

– *Andando, sígueme. – le dijo Matt a Franklin.*

Adam no estaba nada seguro de la decisión que había tomado, era poco probable que Franklin fuera el asesino, que él hubiera amenazado a su hermano pero claro que no se podía descartar aún, seguía siendo un sospechoso.

La noche cayó y Adam regresó a su departamento, entró por la puerta y dejó las llaves colgadas en la pared a su izquierda. Mientras caminaba se quitaba el saco, la placa y el arma. Cuando llegó a la cocina abrió el refrigerador para destapar una cerveza y sentarse a meditar de los siguientes movimientos que haría en esta cerrada partida de ajedrez, Adam estaba constantemente en jaque y había perdido a su rey, a la dama y el caballo probablemente. Se sentó en su sillón y después de darle un trago a su cerveza, sacó su celular, bajó en su lista de contactos hasta que llegó al contacto de Jessica Sanders. Era claro que Adam quería mantener informada a su amiga, quería contarle de la aparición del hermano de Marion Kyle e incluso pedirle algún consejo que otro. No dudó en presionar el botón de llamar, el teléfono sonaba y sonaba, pero nadie contestó. Parecía que Jessica seguía molesta.

Adam puso boca abajo el celular y se quedó meditando la situación, tomó su cerveza y deambulaba de un lado a otro hablando consigo mismo y pensando en las posibles opciones.

– *¿Acaso Marion había vuelto de entre los muertos? No, eso es muy estúpido Adam. Bueno, por el momento tengo la opción de que Franklin podría ser el sucesor de Marion o es la copia de él o ¿Marion era el placebo del que Warner hablaba?. -*

Adam se tomó la cerveza de fondo y decidió terminar con la tormenta que no lo dejaba pensar con claridad, prefirió irse a dormir y mañana ver qué pasaría con los resultados.

En la mañana siguiente Adam llegó a la central, Matt y Franklin lo esperaban en la oficina con la carpeta en la mesa con los resultados de los análisis de las mariposas de Falco y la de Marion.

– *Buenos días. - dijo Adam secamente.*
– *Buenos días. - le respondió Matt.*

Franklin se mantenía en silencio en la silla esposado. Adam se sentó y tomó la carpeta sacando los estudios. Comenzó a leer en silencio mientras sus mirada se movía rápidamente de izquierda a derecha leyendo el papel. Después de unos minutos Adam arrojó los papeles a la mesa.

– *No hay nada, las mariposas están limpias a excepción de tus huellas Franklin Kyle, lo cual a parte de ser sospechoso se te podría juzgar de culpable. Tú mismo podrías haber obligado a tu hermano a entregarse. – declaró Adam molesto.*
– *No fui yo detective, por favor tiene que creerme, si yo fuera el asesino ¿Por qué vendría directamente con usted? Soy inocente y vengo a defender a mi hermano, él también lo es. –*

Adam se quedó en silencio unos segundos.

– *Matt, deja que se vaya. – le ordenó a su compañero.*
– *Y usted cuídese señor Kyle, seguiremos en contacto y tiene que vigilar su espalda por que si el asesino se entera de que vino con nosotros, usted puede ser una diana. – agregó Adam*

Matt escoltó a Franklin hasta la salida, mientras Adam se quedó pensando en las mariposas, era casi imposible no haber encontrado algo en las mariposas a estas alturas, eran once mariposas y ninguna tenía alguna huella o pista por seguir. Adam daba vueltas en su silla mientras pensaba y se sobaba la barba que se había dejado crecer. Matt entró a la oficina y le preguntó:

– *¿Y ahora qué hacemos?*
– *No tengo idea, no sabes por lo que hemos pasado todos estos meses, con este caso. Al principio sospechaba que*

Marion no era el asesino pero ahora que su hermano lo confirma, no sé que debemos hacer, mi compañera se fue, Falco falleció y Jimmy fue transferido... no sé que debo haber Matt ¿También debo renunciar? O simplemente dejar el caso por cerrado.

– *Esta es tu vocación Adam, no debes renunciar. Y sobre el caso ya no hubo más víctimas.*

– *¿Qué hay de Falco? ¿No fue una víctima más?*

– *A lo que sé, Falco murió por cáncer, quizá la mariposa estuvo ahí como símbolo de fin.*

– *¿A qué te refieres Matt?*

– *Pues quizá suena muy loco pero es una teoría mía, puede ser que el asesino estaba tras Falco, no lo sé, algún viejo conocido de él y todos estos casos eran para ponerlo a prueba y ahora que falleció, la última mariposa fue la del hospital. Entonces, se podría decir que fue el sello final con Falco. Piénsalo, ya no hubo más casos públicos sobre la mariposa.*

– *No lo sé Matt, quizá tengas razón. Voy a pensar bien la situación y qué es lo que haremos.*

– *¿Pensar en lo que haremos? Adam, no hay nada que hacer. Se terminó el caso, no hay pistas ni nada que seguir.*

– *No podemos dejar que siga suelto Matt, piensa en los civiles, por eso es que hacemos lo que hacemos, para protegerlos. Y ni una palabra a Branden del tema por favor. Voy a salir, estamos en contacto.*

– *De acuerdo.* –

Adam salió de la central y se subió a la patrulla y antes de poner las llaves su mirada se perdió a lo lejos mientras sostenía el volante, a los segundos regresó en sí mismo y giro la llave, cuando se decidió echarse en reversa miró el retrovisor y vio una figura sentada en la parte de atrás del copiloto, Adam sintió un frío que le recorrió el cuerpo pero la misma adrenalina lo llevó a desenfundar su arma y girarse sobre su asiento para llevarse la sorpresa de que la parte trasera del auto estaba vacía. Adam trató de calmarse y se volvió a sentar de frente pensando en que el caso, se lo estaba comiendo vivo. El detective pasó de ser cazador a ser presa del miedo. Trató de calmarse respirando profundamente y arrancó, su mente divagaba por estar pensando en el caso, pero lo que más le convenía era hablar con Jessica para tener otro punto de vista o por lo menos recibir un poco de apoyo de su amiga.

Horas más tarde Adam llegó a la casa de Peter y Jessica, bajó de la patrulla y caminó hasta la puerta principal cruzando la jardinera del patio de enfrente, Adam suspiró y se hizo el pelo hacia atrás mientras tocaba la puerta. Pasaron unos segundos y el pequeño Leonel abrió la puerta diciendo:

- *¡Tío Adam! ¿Cómo estás? - saludo el niño con entusiasmo*
- *Hola Leo. -*

Mientras Adam saludaba a Leonel, la puerta se cerró y se escuchaba por detrás de la puerta a Jessica decir:

- *Te dije que no abrieras la puerta hijo, es muy peligroso, entiende que hay gente mala ahí afuera.*

– *Pero es el Tío Adam mamá. - justificó Leonel.*

Jessica abrió la puerta y saludó a Adam.

– *¿Cómo estás?*
– *Me gustaría decir qué bien, pero han pasado muchas cosas últimamente, vine a visitar a Peter y a los niños.*
– *Está bien, adelante. - respondió Jessica fríamente.*

Adam entró, Jessica cerró la puerta y le dijo a Leonel que fuera con su hermana para poder tener tiempo a solas, Adam y Jessica caminaron por el pasillo hasta llegar al cuarto de Peter donde permanecía en reposo con las cortinas cerradas, la luz le molestaba y se sentía deprimido por lo que le había pasado en su rostro. Jessica entró primero y se sentó junto a Peter en la cama, susurrando que Adam había venido a visitarlo.

– *Hola Pete, ¿Cómo sigues?- dijo Adam entrando a la habitación.*
– *Hola Adam, me encuentro un poco mejor, poco a poco estoy retomando el movimiento, casi no puedo sentir la cara y lógicamente mis hijos aun no me ven sin el vendaje, no sé que van a pensar seguramente se asusten. - dijo Peter acostado como momia en la cama.*
– *No digas eso, después de todo eres su padre y eso no va a cambiar.*
– *Si, pero aún son niños ¿sabes?, les cuesta trabajo entender la situación como nosotros. El lado bueno es que*

atrapaste a ese loco y por lo que supe obtuvo su merecido quitándose la vida.

- *Si, ya lo creo. – dijo Adam en un tono serio y seco.*
- *Creo que iré a tomar agua y hablaré un poco con los niños, al igual que te dejaré descansar. Me dio gusto verte Pete. -*

Adam se levantó y se dirigió a la cocina para beber algo. Jessica se adelantó para servirle la bebida.

- *¿Quieres una cerveza o prefieres agua de limón?*
- *Una cerveza está bien. –*

Jessica sacó la cerveza y la destapó dejándola en la barra de la cocina. Adam la tomó y le dio dos tragos fuertes.

- *¿Tan mal están las cosas?*
- *Ni te imaginas Jess.*
- *¿Quieres desahogarte?*
- *Más bien necesito ayuda.*
- *¿Y tu nuevo compañero?*
- *¿Matt? Bueno parece que es bueno, pero aún le falta mucho, aparte ya sabes, el caso que aún no puedo resolver.*
- *Debes dejar esta locura Adam, no es bueno para ti. No estoy diciendo que dejes de ser detective pero el caso ya está cerrado, Marion está muerto Adam. – dijo Jessica desesperada.*
- *En cierto punto creí que el caso estaba cerrado Jess. Pero Marion no es el asesino, su hermano Franklin Kyle fue a*

la central y confesó que su hermano no era el culpable y que debajo de su cama estaba la mariposa, parece que el asesino inculpó a Marion y después de su muerte cuando Falco murió en el hospital encontré otra mariposa en su habitación. El asesino sigue suelto Jess, y tengo que encontrarlo si no más inocentes saldrán heridos.

– *Dios mío. No es posible Adam…*
– *Sí lo es, lo estoy manejando internamente con Matt, pero él no está empapado en el caso como nosotros obviamente y con la partida de Jimmy a Washington estoy solo ahora, no quiero hacerlo público y por supuesto no le he dicho nada a la nueva jefa Katherine Branden.*
– *Obviamente no puedes hacerlo público, y sabes que yo no puedo regresar Adam.*
– *Lo sé, lamento haber parecido un loco en el hospital pero realmente siento que el caso lleva más tiempo del que lo estamos siguiendo o apenas comienza.*
– *¿A qué te refieres?*
– *No lo sé, siento que el caso es más profundo de lo que parece y no es un asesino común y corriente como con los que hemos lidiado antes.*
– *Lo sé, pero creo que por lo mismo está fuera de nuestras manos.*
– *¿No crees que pueda atraparlo? Si no lo hago yo ¿Quién más lo hará? Matt tiene una teoría, dice que podría ser conocido de Falco y lo quería poner a prueba. La última mariposa que encontramos fue la del hospital, ya no hubo más reportes de mariposas negras, entonces él cree que Falco fue su víctima final.*

- *Pero Falco murió de cáncer, lógicamente el asesino no pudo provocarlo.*
- *Lo sé, pero simbólicamente esa mariposa podría ser su insignia de victoria sobre Falco o sobre el Departamento de Policía.*
- *Entonces quieres decir que, ¿El caso está cerrado? ¿El asesino no atacará de nuevo?*
- *No puedo afirmarlo, solo es la teoría de Matt, pero ya no hay más casos por el momento.*
- *Entonces ¿Por qué no lo dejas así?*
- *Por que no quiero quedarme con los brazos cruzados esperando a que ataque de nuevo Jess. –*

Adam y Jessica fueron interrumpidos por Leonel y Elena que entraban del jardín.

- *Mamá, mamá ¿El Tío Adam puede jugar con nosotros? – preguntaron los niños.*
- *No corazones, de hecho el Tío Adam ya se va, despídanse de él. –*

Los niños se acercaron a Adam y lo abrazaron. Sentían un gran afecto por él y claro que después de tantos años Adam era parte de la familia. Jessica acompañó a Adam hasta la puerta principal donde le dijo:

- *Estaremos en contacto Adam, no sabes cómo me angustia verte así, siento que has perdido la cabeza y el caso te está volviendo loco. Sabes que puedes hablar conmigo cuando sea, pero tienes que empezar a dejar ir esto. Si no hay salida, ni pistas, no te hundas en ese barco.*

- *Voy a intentarlo Jess, se lo debo a Bob, a Falco, a Peter, a Martín y a todos los demás que perdieron la vida, se los debo a ellos, Jess.*
- *Prométeme que no te dejarás llevar por el tema.*
- *Lo intentaré, lo intentaré...*
- *Oye, el funeral de Falco será en una semana, en el cementerio de Greenwood.*
- *Gracias por avisarme, ahí nos vemos, cuídate Jess. -*

Adam se despidió y se subió a la patrulla para regresar a su departamento, en cierto punto haber hablado con Jessica le dio tranquilidad y paz momentáneamente. El saber que aun no estaba solo del todo y su vieja compañera lo escucharía cada vez que lo necesitara.

XXVII

Pasaron tres días y Jessica se encontraba en su casa, preparando un té en la cocina para Peter y los niños estaban en la sala viendo un programa de televisión, la mañana era muy tranquila. La colonia donde vivía Jessica, eran unos suburbios fuera de la ciudad muy lindos, llenos de casas coloridas y muchas áreas verdes.

De regreso en la casa, el timbre sonó, llamando la atención de la ex detective, preguntándose ¿Quién podría ser?

Dejó la taza en la barra de la cocina y caminó con precaución hacia la puerta. El timbre volvió a sonar. Jessica miró a través de la mirilla de la puerta para observar quien estaba del otro lado y lo único que pudo observar fue una figura, aparentemente masculina de complexión delgada con un rompe vientos negro y una boina que le hacía juego. Jessica en momentos de tensión abrió la puerta unos milímetros sin quitar el seguro interno para preguntar:

– *¿Quién es? –*
– *Hilbert, Mac Hilbert. - Respondió el padre.*

Jessica quitó el pasador y abrió la puerta para observar al sacerdote que había ido a visitarla.

- *Que sorpresa padre, ¿Qué hace aquí?*
- *Las mejores sorpresas son las que menos te lo esperas, ¿No es así?*
- *Adelante pase por favor. – Dijo Jessica mientras se hacía a un costado para que Hilbert pudiera entrar a la casa.*

Hilbert se quitó su boina, dejando ver el vendaje donde tenía su herida en la frente, caminó y saludó a los niños que lo observaban en la sala.

- *Tome asiento, por favor, ¿Qué le puedo ofrecer? ¿Agua, té, café?*
- *Un café negro, estaría bien por favor.*
- *Y ¿A qué debo su visita padre? ¿Cómo se encuentra? Imaginé que estaría reposando.*
- *Me enteré lo que sucedió en el triatlón, vine a visitarlos para saber cómo estabas tú y tu esposo.*
- *Si, desafortunadamente sucedió. Peter se encuentra bien y con salud, salió con éxito de la cirugía de reconstrucción facial y ahora está recuperándose, gracias a Dios el plan del asesino falló y por eso deje mi trabajo.*
- *Estás en lo correcto, gracias a Dios, pero el asesino no fue el culpable, aún no era momento de tu esposo.*
- *¿A que se refiere padre? – preguntó Jessica desconcertada.*
- *No era su destino en ese momento, al igual que el mío.*

– *Pero, encontraron a la mariposa...*
– *Al igual que en el templo Jessica, sin embargo aquí estamos los dos hoy, vivos en tu hogar. – interrumpió Hilbert.*
– *Sigo sin entenderlo padre.*
– *A veces aquello que no podemos entender, comienza a tener sentido con el paso del tiempo. – concluyó Hilbert.*

Los días pasaron y por fin llegó el funeral del legendario detective Ian Falco, la gente se había dado cita en el cementerio de Greenwood, era un día bastante nublado y los autos en color negros no dejaban de llegar, todos tomaban su lugar para darle el último adiós a uno de los detectives más famosos que tuvo la ciudad de Nueva York en los últimos años y probablemente de toda su historia.

Miles de hombres de traje oscuro y mujeres con vestidos negros habían acudido para la gran ceremonia, todos mantenían su posición alrededor del ataúd de Falco y en la cabecera, el sacerdote terminaba sus oraciones. Minutos después de un silencio en señal de respeto, el sacerdote mencionó que se podía decir una palabras para el difunto detective, pero de las miles de personas nadie parecía tener la iniciativa de pasar al frente para despedirse. Adam salió de entre la multitud para llegar hasta donde se encontraba el padre y se acercó donde recibió el micrófono,

Adam se quedó de frente mirando el ataúd con la bandera estadounidense plegada junto a el puño de medallas que había ganado a lo largo de su carrera, después de unos segundos de silencio, se decidió a comenzar:

– *Les quiero agradecer profundamente a todos ustedes que hoy se dieron la tarea de venir a despedir a nuestro viejo amigo Ian Falco, creo que todos lo conocen y saben lo que él representaba para la ciudad y la justicia. Él era como un padre para mí, yo no nací aquí pero cuando llegué, me uní a la fuerza y Falco me acogió como su aprendiz, vio cosas en mí que en nadie más pudo ver y cada vez que caía en mi formación el me daba la mano para levantarme y me hacía aprender la lección. Él se convirtió en un héroe para mí, no solamente en una figura que me cuidaba sino que también veía por toda la ciudad y sus habitantes, los problemas de los demás los hacía sus problemas, era algo digno de admirar. Quizá no viene de otro planeta o no tiene alguna habilidad sobrehumana pero nadie pondrá nunca en duda su amor por la humanidad y por el prójimo, él me enseñó que tenemos que vivir cada día como si fuera el último, nunca sabes... nunca sabes cuando será tu último día o cuando tu momento ha llegado...* -

La voz de Adam lo traicionó impidiendo que pudiera seguir hablando más, Katherine se acercó y abrazó al detective, lo más curioso de esto, era que Falco nunca le había dicho nada acerca de vivir cada día como el último o de que a cada quien le llega su momento, pero eso le había llegado de golpe a su cabeza, lo cual el mismo no comprendía el motivo por el cual lo había dicho.

Katherine dio las gracias y Adam regresó al público donde se encontraba Jessica y Peter con el rostro cubierto con un sombrero negro, gafas de sol y una bufanda que lo disfrazaba hasta la nariz. Mientras Adam caminaba con el nudo en la garganta observó a Matt Moller aun lado de un árbol apartado de la ceremonia, claro que no tuvo contacto con Falco como para sentir afecto por el momento, pero por respeto y profesionalismo debía estar más cerca o junto a él o Branden, el instinto de Adam no fallaba y sabía que algo andaba mal con Matt. Adam siguió caminando y se paró a un costado de Jessica.

- *Oye Jess. – dijo Adam.*
- *¿Qué pasa Adam?*
- *Hay algo en Matt que no me huele bien.*
- *¿A qué te refieres?*
- *No lo sé, es una corazonada. Suena muy bobo pero se ve muy sospechoso allá junto al árbol. ¿Qué razón tendría para estar tan aislado?*
- *Quizá desde ahí tiene una mejor visión por si ve alguien sospechoso relacionado con ya sabes qué.*
- *No me convence la teoría, aparte en ocasiones me doy cuenta en la oficina o en otro lugar que me mira fijamente, no es normal, siento que me estudia.*
- *¿Tiene raíces alemanas no? Creo que es normal su vista fija y fría.*
- *No, escucha de verdad siento que hay algo más con Matt, quiere estar fuera del cuadro. –*

La ceremonia terminó y de repente la lluvia sincronizadamente comenzó a caer sin cesar, las personas empezaron a subir a sus carros o a refugiarse bajo los árboles lo que Adam tomó como oportunidad para ir a interrogar a Matt.

Jessica y Peter partieron a su carro para regresar a casa y Adam comenzó a caminar bajo la lluvia entre las lápidas para alcanzar a Matt que parecía estatua en aquella posición. Adam llegó hasta aquel punto y seriamente le dijo:

- *Matt, necesitamos hablar.*
- *Que curioso que lo digas detective Cross.*
- *¿Perdón? ¿Por qué tanta formalidad de repente?* –

De pronto un rayo impactó un árbol cerca del camino y una rama en llamas cayó sobre un auto, las personas comenzaron a huir y otras se acercaron al carro para tratar de auxiliar a los que se encontraban dentro del carro, la rama había aplastado por completo el techo por lo que parecía una lata aplastada. Adam corrió hacia el auto para ayudar y le gritó a su compañero:

- *¡No te quedes ahí parado Moller, ayúdame!* –

Matt corrió detrás de Adam para llegar hasta el carro, el techo se encontraba en llamas por la rama que había caído encendida por el rayo, parecían haber gritos dentro del auto. El detective llegó y movió a todos para abrirse paso.

- *Hablen a emergencias, necesitamos bomberos, a los paramédicos y a protección civil, no sé si necesitaremos las pinzas de la vida para sacar a estas personas de aquí.*

- dio la orden a la multitud que se encontraba alrededor viendo la horrible situación.

Adam le gritó a las personas del interior que se cubrieran, su idea fue patear la ventana del copiloto para ver si podría sacar a las personas atrapadas por ahí, aunque el espacio era muy reducido, cabía la posibilidad de sacarlos, mientras Matt alejaba a las personas por la posible explosión del carro, las llamas no se apagaban a pesar de la lluvia, el pedazo de madera estaba viejo y seco, lo que permitió que se incendiara con mayor facilidad, Adam gritaba:

- *¡Hola! ¿Se encuentran heridos de gravedad? ¿Cuántos son?*
- *Soy el alcalde Eric Warner, mi esposa no reacciona y yo estoy prensado, no me puedo mover y el calor está matándonos. - respondió el alcalde como si fuera un sándwich, se encontraba atrapado entre el techo y los asientos, mientras su esposa podía salir por la ventana, pero estaba inconsciente.*
- *Muy bien tranquilo Alcalde, soy el detective Adam no se mueva ¿Tiene alguna herida?*
- *Me duele mucho la espalda y no siento las piernas -*

Adam se acercó por la ventana para poder observar, y efectivamente el alcalde estaba acostado y había tratado de salir sobre su esposa y sus piernas estaban atoradas por el techo.

- *Escuche bien alcalde, primero voy a tratar de sacar a su esposa, no tenemos mucho tiempo, si el fuego llega al tanque de gasolina estaremos perdidos y una vez sacando a su esposa posiblemente usted tenga más espacio y así podrá salir.*

– *¡No, no! Primero sácame a mí. Yo soy el alcalde ¡Ayúdame! - grito desesperado Warner.*

Claro que a Adam no le gustó lo que decía el alcalde y primero sacaría a su esposa, Matt trataba de alejar a las personas junto con el personal de seguridad del alcalde. Adam le quitó el cinturón a la esposa del alcalde y la sujetó de las axilas para tratar de sacarla, sabía que el tiempo jugaba en su contra y el fuego se esparcía rápidamente a pesar de la lluvia, Adam jalaba con todas sus fuerzas, no era fácil mover un cuerpo con peso muerto.

– *¡Matt! ¡Ayúdame! - gritó Adam.*

Matt corrió hasta el auto donde ayudó moviendo la cabeza de la señora Warner mientras la manipulaba para poder liberarla, Adam logró sacarla por la ventana y junto a Matt la pasaron al grupo de seguridad que esperaba la ambulancia. Adam sentía la presión y sabía que la vida del alcalde estaba en sus manos.

– *¿Estás loco Cross? ¡Yo soy la prioridad! ¡Yo soy el alcalde! -*

Adam se disponía a ayudar al alcalde a pesar de sus pésimos comentarios. No había otra manera, tenía que entrar por la ventana para ver cómo mover al alcalde, comenzó a meterse y cuando entró hasta la cintura comenzó a ver todos los elementos dentro del carro para ver que podía utilizar a su favor. Pronto se dio cuenta que las piernas del alcalde podrían estar fracturadas por el peso de la rama que había aplastado el techo o algo peor en la columna. Se alcanzaba a observar que escurría sangre de una de las piernas de Warner, era un corte pero no se sabía que tan profunda estaba la herida. Adam dudó en jalarlo por no lastimarlo o para evitar que se desgarrara la piel en caso de estar perforado con algo, las llamas se comenzaron a meter al interior del auto y el alcalde trataba de zafarse retorciéndose y la sangre comenzaba a escurrir con mayor frecuencia.

- *Señor, trate de no moverse por favor, se va a desangrar.*
- *¿Crees que me importa eso idiota? ¡Mira el fuego, mira el maldito fuego! - gritó Warner.*
- *Estoy tratando de hacerlo lo mejor que puedo señor, necesito algo para hacer palanca y que pueda sacar sus piernas para jalarlo. -*

Adam miró rápidamente dentro del auto con esperanza de encontrar algo que lo ayudara pero lo único que pudo encontrar a la vista fue una mariposa negra posada sobre el tablero del auto. Adam se quedó frío de ver lo que se había convertido en su mayor enemigo, las llamas comenzaron a propagarse por los asientos hasta llegar a las piernas de Warner donde comenzó a arder en gritos de dolor y desesperación, el alcalde le gritaba que se diera prisa, mientras Adam solo miraba la mariposa perdidamente y después, los ojos llenos de desesperación del alcalde.

Matt llegó por la espalda y lo jaló del traje para poder para sacarlo de ahí, Matt agarró con fuerza a Adam sacándolo de ahí y dejando al alcalde dentro mientras el auto se envolvió completamente en llamas y los gritos de Warner dejaban perplejos a todos lo que miraban aquel espectáculo del horror, Adam mojado por la lluvia miraba la bola de fuego en la que se había convertido mientras, Matt lo sostenía, este miraba con una indiferencia increíble a aquel individuo que gritaba sin parar pero de algún modo sabía que estaba recibiendo lo que merecía.

Llegaron las ambulancias y los bomberos, trataron de apagar el carro lo más rápido que pudieron pero era demasiado tarde, los gritos habían cesado y aquel hombre estaba cerca de ser carbón. Los paramédicos llegaron primero para auxiliar a la señora Warner. La buena noticia era que Lilian Warner estaba viva y solamente se había desmayado por el golpe del techo, tenía pequeños cortes por el cristal cuando Adam y Matt la sacaron. Vaya manera de terminar el entierro.

Unos días después, la noticia se había propagado por todo el país, el alcalde había muerto y estaba en todas las noticias, nuevamente Adam había sido coronado como un héroe por salvar a Lilian Warner. Adam se encontraba en su oficina analizando carpetas y papeles mientras Matt fumaba un cigarrillo estando de pie observando la ventana. El detective movía todos los papeles y estresado dijo:

– *¿Puedes creerlo? Eric Warner muere en un accidente y ahora empieza a salir información de que era corrupto, estaba involucrado en transacciones del mercado negro* *y de otros cargos. Por un lado no me sorprende, desde que lo conocí en el caso de la mariposa supe que ponía sus intereses primero.*

– *Es un poco difícil de creer Adam pero ahora que mencionas el tema, tenemos que hablar. - respondió Matt mientras apagaba su cigarrillo y ponía una silla enfrente del escritorio de Adam.*

– *¿De qué estás hablando Matt?*

– *Mira, es muy difícil para mí decirlo, pero lo haré lo más simple que pueda, yo trabajo en asuntos internos en Washington.*

– *Okay y eso, ¿A mí en qué me afecta?*

– *Mucho detective Cross, creo que debería importarle mucho. Su compañero Jimmy Williamson no fue transferido, está siendo investigado por posibles múltiples homicidios, alteración de evidencia y por ocultar información.*

– *¿De qué diablos estás hablando Moller?*

– *Jimmy Williamson es acusado de ser el asesino de la mariposa negra y tú, estás bajo sospecha por complicidad. -*

XXVIII

Adam estaba en completo shock, él sabía que Matt ocultaba algo, pero aquella acusación que hizo acerca de Jimmy nunca pasaría por su mente.

– *Entiendes la gravedad del asunto ¿Verdad? – dijo Matt.*
– *No sé qué decirte, nunca me espere que trabajaras en asuntos internos y mucho menos lo que dijiste de Jimmy, me gustaría ver las pruebas que tienen en contra de mi compañero.*
– *Me temo que eso no es posible Adam. No sabes todo lo que estoy haciendo por hacer que permanezcas dentro de la policía. Estás bajo sospecha por ser cómplice de un homicida, deberías estar arrestado o por lo menos ser mandado a Washington de igual manera.*
– *No lo entiendo.*
– *No es tan difícil Adam, Jimmy es el principal sospechoso de ser el asesino de la mariposa negra. Asuntos internos tiene un rato siguiendo el caso y fui enviado para investigar y mientras nosotros investigamos la situación, tú salis-*

te a negarlo en la conferencia de prensa que dio Ian Falco y después se hizo público cuando murió el periodista del Times, Román Rhodes. Parece que hubo un complot aquí.

– *Hay algo más que debes saber, quizá suene muy descabellado pero cuando estábamos tratando de salvar al alcalde Warner, había una mariposa negra en el tablero del auto...*
– *¿De qué hablas Cross? No vas a inventar cosas para salvarte de esta.*
– *Es real. No estoy diciendo que él fuera el asesino o por lo menos aún no tenemos pruebas, estamos descubriendo que realmente era corrupto y en todo lo que estaba involucrado, pero dudo mucho que él lo fuera.*
– *En ese caso, dices que una posibilidad es que Warner fuera el asesino y por la otra que ¿El asesino real hizo que el rayo cayera en el árbol justo arriba del auto de Warner?*
– *Si lo dices de esa manera, suena muy mal.*
– *Mira Adam, esto empeora cada vez más, el alcalde murió y la prensa te ve como un héroe eso es lo que evita que te llevemos a Washington arrestado. ¿Quién no me asegura que tú mismo evitaste que Warner pudiera salir de su auto?*
– *¡Tú fuiste el que me sacó de ahí Matt!*
– *¿Acaso eres una clase de vengador? Salvar a Lilian y matar a Warner por qué era corrupto? O si quieres terminar lo que Jimmy empezó será mejor que confieses para que te pueda ayudar.*
– *Matt, de verdad estás un poco equivocado, y estoy presente desde que todo empezó, tengo mis archivos, caso por caso y víctima por víctima, es una estupidez que seamos*

acusados. ¿Crees que yo mataría a mi amigo Bob? O ¿Le haría daño al esposo de Jessica? Quiero hablar con Jimmy.

- *Me temo que no es posible y no puedo dejar que te vayas Adam.*
- *¿No puedes dejar que me vaya? Viejo, no tienes pruebas de que yo esté involucrado o que yo sea el culpable o pensándolo bien. quizá tú eres el asesino y me estás culpando para sacarme del juego…*
- *Si tenemos las pruebas Adam, pero lógicamente no puedo compartir información con un sospechoso, tengo órdenes de llevarte a Washington pero mira, esto es lo que haremos, dame tu placa y tu arma para que puedas irte a casa pero tendremos que estar en contacto, si no realmente parecerás culpable.*
- *No lo sé Matt ¿Branden sabe que eres de asuntos?*
- *Si, ella sabe y está consciente de tu estatus. Tú fuiste el que encontró la mariposa en el hospital cuando Falco murió y ahora me dices que encontraste una mariposa en el carro de Warner. ¿En qué posición crees que te deja Adam? Toma mi oferta y vete.*
- *¿Confías en mi?*
- *No tengo pruebas de que seas inocente Adam pero hay algo que me dice que puede que tengas la razón. Dame pistas, dame algo para poder declararte inocente.*
- *Aún no tengo nada Matt, por eso nunca pudimos concluir el caso.-*

Adam se levantó, dejó su placa y su arma en el escritorio para retirarse de la oficina. Había sido una derrota bastante dolorosa para el detective que ahora estaba fuera del juego de manera oficial. Todo se había venido abajo, todas las pérdidas que hubo a lo largo del caso, el equipo desintegrado y ahora él mismo era el sospechoso y Jimmy estaba en Washington detenido.

Adam se fue a su departamento pensando a lo largo del camino que era lo que podía hacer, tenía que conseguir pruebas de que él era inocente igual que Jimmy. Pero todo este tiempo nunca hubo ninguna pista del asesino, no pudieron encontrar algo y ahora que estaba en la cuerda floja se veía más imposible que nunca.

Branden entró a la oficina de Matt y le preguntó:

- *¿Cómo lo tomó?*
- *Es complicado, no parece ser responsable. Creo que Adam habla con el corazón en la mano y la cuestión es que simplemente ha tenido mala suerte.*
- *¿Y usted qué opina con toda su experiencia en asuntos? ¿Qué opina del caso?*
- *Nunca habíamos lidiado con un fantasma.*
- *¿A qué se refiere con eso?*
- *A estas alturas del caso usualmente contamos con alguna pista y por ahora solo tenemos bajo sospecha a los detectives principales por no tener nada más, seguimos a alguien que no sabemos absolutamente nada, no sabemos el género, la edad, un patrón, huellas, nombres, no tenemos nada.*
- *Entonces no tienen pruebas contra Williamson…*
- *No, es el único que ha investigado las mariposas. Tenemos la teoría de que está cubriendo al verdadero asesino.*

- *Y ¿Cómo crees que Adam lo tome? ¿No crees que le va a molestar?*
- *No me importa cómo se sienta. ¿Sabes toda la presión que maneja asuntos internos por no tener alguna pista del asesino de la mariposa negra? El caso ya es conocido a nivel nacional y queremos evitarnos la vergüenza de que se haga a escala mundial.*
- *Y ahora nosotros nos quedamos sin nuestro mejor detective por sus acciones desesperadas agente Moller...*
- *Cross me dijo que encontró una mariposa dentro del auto de Warner cuando trató de sacarlos.*
- *¿Warner era el asesino?*
- *Aún no tenemos pruebas, Adam no pudo haberla puesto. Lo que nos quedan dos opciones, Warner era el asesino y traía una mariposa negra en su auto o el asesino lo mató. Pero no tiene ningún sentido porque el rayo cayó sobre el árbol, nadie puede controlar eso...*
- *Solo nuestro Dios agente Moller.*
- *¿Qué significa eso?*
- *No se puede luchar contra el destino, lo que tiene que ser, será...*
- *Usted también ¿Cree que en eso de la venganza y cosa vudú?*
- *No creo que el asesino que buscamos sea un vengador Matt, pero al final cada quien obtiene lo que merece. Llámalo karma, destino, causa y efecto...-*

Unas horas después, Adam estando en su departamento se sentó en la sala con una cerveza para meditar la situación y se decía en sus pensamientos:

«Bueno es cierto lo que dicen, todo tiene un fin y nada es para siempre. Por lo menos *cumplí mi sueño. Fui uno de los mejores detectives de Nueva York y conté con el mejor equipo que pude tener, lástima que este desgraciado nos ganó...»*

Se levantó de su sillón y arrojó la cerveza contra la pared, impactando de manera violenta contra una repisa donde se encontraban unas fotografías, Adam se acercó y tomó uno de los marcos limpiando la cerveza que le había salpicado. Era una foto de Bob.

– *Lo lamento viejo amigo, no tuve lo necesario para atraparlo, no fui lo suficiente bueno para hacer justicia. Espero que me puedas perdonar algún día y que descanses sabiendo que lo intenté. –*

Adam se fue a dormir porque el cansancio lo había vencido. Pasaron las horas y no podía conciliar el sueño, le daba vueltas a la cama, no se acomodaba y seguía pensando en el caso. De pronto escuchó una voz que lo llamaba desde la sala... Adam se levantó y tomó un arma que tenía escondida en su mesa de noche y caminó lentamente hacia la sala donde se encontraban todas las luces apagadas y vio una figura sentada en su sillón observándolo.

– *¿Quién es usted y qué hace aquí? Levante las manos donde las pueda ver. – gritó Adam.*

La figura estiró la mano hasta la lámpara y oprimió el botón iluminando la sala, Adam estaba sorprendido y no podía creer que la persona que estaba viendo en el sillón era el mismo Falco.

- *¿Falco? Pero usted está... muerto.* - *Dijo titubeando.*
- *Si Adam, yo ya no estoy aquí, pero tenía que hablar contigo, no puedo dejarte solo, nunca ha sido mi intención dejarte solo.*
- *Estoy muy confundido jefe. No puedo seguir con esto.*
- *Ven Adam siéntate, vamos a platicar. Te he estado observando y no puedes seguir así...*
- *¿Así cómo?*
- *No puedes cargar con el peso de todo y no me refiero al caso, me refiero a mí, a Bob, a Martín, a Román, no puedes culparte, tú estás cumpliendo con tu labor y lo haces lo mejor que puedes. Eres muy duro contigo mismo hijo, no tienes toda la responsabilidad tú, también la tiene Jessica, Jimmy, yo, todas las víctimas a su modo también tenemos la responsabilidad. Quizá fallaste en ciertas cosas como todos nosotros, somos humanos, pero hay algo de lo cual estoy seguro, tú nunca lo hiciste con mala intención, nunca quisiste lastimar a nadie, simplemente las cosas no salieron y no siempre podemos controlarlas, solamente nos queda aprender de lo que vivimos, bueno o malo y seguir adelante, siempre es así.*
- *Entiendo, pero nos quieren culpar de los crímenes, Jimmy está en Washington y a mí me sacaron de la policía Falco. No sé qué hacer.*
- *No hay nada que puedas hacer Adam, eres un buen hombre, eres puro y bondadoso. Solo te queda aprender*

del dolor que sientes ahora y dejar que ya no te haga daño.

– *Pero si el asesino sigue suelto, ¿Qué pasará con las vidas inocentes que se perderán?*

– *Tienes que dejarlo ir Adam, estas cosas tienen que pasar.*

– *¿A qué te refieres? ¿Sabes quién es el asesino?*

– *Si... se quién es el responsable de los fallecimientos de estas personas.*

– *¿Quién es? Dime ¿Quién es? Tengo que llevarlo a la justicia y recuperar mi título y la fe de los demás.*

– *No todo se trata de títulos y reconocimientos Adam, las personas saben que has hecho las cosas bien, no eres perfecto, pero has dado lo mejor de ti y tú mismo tienes que quedarte con esa satisfacción.*

– *Pero necesito saber ¿Quién es el asesino? Falco, necesito que me lo digas.*

– *Me temo que no puedo Adam, a veces tenemos que entender que las cosas pasan por algo y no siempre nos sentimos bien con ello, pero siempre vendrán cosas mejores hijo, siempre lo hacen. Este no es tu caso, no era para ti y aún así decidiste tratar de resolverlo, salieron personas heridas incluyéndote, pero ahora tienes que dejarlo ir.*

– *No puedo Falco, no puedo. Sabes como soy, lo doy todo de mí mismo para solucionar las cosas y poder concluirlo. Después de tanto tiempo, no puedo tirarlo a la basura...*

– *Necesito que entiendas que no siempre se gana Adam, yo te conozco y sé como eres, pero recuerda una de nues-*

tras reglas básicas, tienes que saber controlar tus emociones y saber cuándo soltar. Es difícil, pero si no lo dejas ir, puedes tomar un camino del que no hay retorno y te arrepentirás. -

Adam trató de agarrar a Falco pero cuando estaba a punto de tocarlo pego un brinco sobre su cama, hasta que cayó al suelo, estaba soñando... pero era tan real, Falco, su mensaje. Eran las tres de la madrugada y Adam se levantó para limpiarse el sudor de la cara para después beber un vaso de agua en la cocina mientras se decía en sus pensamientos.

– *Lo siento, lo siento tanto que las cosas tengan que terminar así, no puedo dejarlo pero tengo que intentarlo, Jessica me lo dijo, Falco me lo dijo, esto se terminó. -*

XXIX

Unas semanas después.

La metrópolis que era la gran manzana nunca descansaba. Franklin Kyle salió de una tienda en la mañana, había comprado un yogurt y un pan para desayunar, comenzó a caminar y cuando cruzó unas cuadras se dio cuenta que en un pequeño cajero una señora mayor estaba retirando dinero. Franklin hizo una pequeña pausa mientras disimulaba que admiraba la calle mientras comía pero no perdía de vista a la señora que sacó unos quinientos dólares, la señora los guardó en su bolsa y salió del cajero para continuar su camino, Franklin la comenzó a seguir a unos metros de distancia para que no se percatara de su presencia y en una de las calles donde caminaba se encontraba un pequeño corredor a su derecha o se podría decir que era un callejón donde Franklin podría huir fácilmente con la bolsa, cuando este se decidió a realizar su jugada, comenzó a caminar lo más rápido posible sin llamar la atención, se acercó por detrás a la señora arrebatándole la bolsa, Franklin le dio el jalón y corrió directamente al callejón para tratar de escapar mientras la señora gritaba:

– *¡Me acaba de robar! ¡Deténganlo!* –

Franklin corrió lo más rápido que podía, esquivando botes de basura y bolsas, era como estar compitiendo en las olimpiadas, brincando obstáculos mientras se escuchaba una sirena de fondo, la adrenalina le recorría el cuerpo como si de electricidad se tratara, seguía corriendo en los callejones hasta que por fin vio una salida la cual daba a la calle, siguió avanzando a toda velocidad cuando de pronto cruzó la calle y la misma patrulla lo arrolló impactando contra el parabrisas dejándolo inconsciente. El capitán Ashley se bajó de su patrulla con la mano en su arma verificando que el ladrón estuviera fuera de combate.

Unas horas después en la central.

Franklin despertó en una celda con un fuerte dolor de cabeza y con la mirada borrosa, tenía pocos recuerdos de lo que había sucedido. Se levantó de la banca sobre la que estaba recostado y se estiró la cara con sus manos sintiendo los moretones que tenía por el accidente. Unos segundos después Matt Moller apareció del otro lado de la celda.

– *No pudo mantenerse alejado de los problemas ¿Verdad señor Kyle? – dijo Matt sarcásticamente.*
– *¿Qué fue lo que pasó? – preguntó Franklin desorientado.*
– *Bueno, usted le robó a una señora su bolso el cual acababa de retirar dinero y en su intento de fuga fue atropellado.*

- *Y ¿Qué va a pasar?*
- *La señora está aquí, ya levantó el reporte y quiere que se haga justicia contra usted, ya lo identificó y está segura de que fue usted el que la robo. Probablemente reciba un par de años de prisión si le va bien.*
- *No no, no puedo ir a prisión... por favor. – suplico Franklin.*
- *Entonces ¿Por qué lo hizo si sabía que habría consecuencias?*
- *No lo sé, se me hizo fácil, solo lo vi y no lo pensé.*
- *Ojalá hubieran sido un par de dólares señor Kyle, pero estamos hablando de quinientos dólares los cuales la señora compraría un medicamento especial para su hijo, él depende de ello. ¿Qué crees que haría la señora sin el dinero para poder comprarle su medicamento? ¿Cargarás con la culpa de que su hijo se murió solo porque se te hizo fácil quitarle su dinero?*
- *Yo no lo sabía, sé lo juro, perdóneme.*
- *A mí no me tiene que pedir disculpas señor Kyle, yo solo estoy aquí para cumplir con la justicia. –*

Matt se retiró, y Franklin comenzó a llorar por la culpa que sentía, había sido un impulso estúpido que le pudo haber costado la vida a un joven enfermo. Franklin no era malo, solo tenía mala suerte y había tomado decisiones erróneas en su vida, de pronto levantó la mirada al foco de la celda donde se reflejó una sombra de una mariposa en su rostro.

En la parte de arriba de la central Matt dialogaba con Branden en su oficina.

- *Sí, la señora Mary ya decidió poner los cargos. - dijo Matt.*
- *Muy bien, que así sea, vamos a proseguir. Y, ¿Le comentarás algo a Cross?*
- *No, él ya no es parte de la policía. Pero no importa mucho, a pesar de que Franklin sea uno de los sospechosos del caso de la mariposa, estará en prisión y ya no hay más casos.*
- *Parece que por fin se terminó esta locura, no siempre los casos terminan bien. - dijo Branden suspirando desde su escritorio.*
- *Lo sé, en asuntos hemos tenido casos similares donde tenemos que darlos por cerrado por el hecho de que nunca encontramos suficientes pistas. - Matt fue interrumpido por el capitán Ashley.*
- *Disculpe detective pero tiene que venir enseguida. - dijo Ashley agitado.*
- *¿Qué sucedió? - preguntó Matt.*
- *Es Kyle, está muerto... -*

Matt y Ashley salieron corriendo hacia las celdas donde se encontraba Franklin. Bajaron a prisa y cuando llegaron se llevaron la sorpresa de verlo en el suelo estrangulado con la sábana de la cama amarrada al cuello, sus ojos estaban cubiertos de sangre por los derrames que habían sido causados por la presión, Matt se acercó y abrió la celda para entrar y poder ver la escena más a detalle. Se puso en cuclillas y miró de cerca de Franklin, lo más lógico fue pensar que era un suicidio, no pudo con la culpa y eligió la salida fácil. Matt dijo:

- *Capitán, traiga a un forense y que la señora Mary no se entere.*
- *Si detective. - Ashley salió de las celdas por el forense.*

Matt sacó su pluma para mover ciertos elementos del cuerpo de Franklin para ver si encontraba alguna pista, miraba detalladamente la escena para descubrir cualquier cosa pero no había nada. Ashley llegó con el forense y Matt le dijo:

- *Quiero que cheques la sabana que tiene en el cuello y me digas las huellas que tiene sobre ella.*
- *Si detective. -*

El forense se acercó con sus guantes y le desamarró la sabana del cuello para llevársela al laboratorio. Matt movió ligeramente el cuerpo de Kyle y se llevó la sorpresa de encontrarse otra mariposa negra. Era imposible, nadie había entrado a la celda, a menos que él mismo Franklin la pusiera.

- *¡Capitán! Venga rápido. - ordenó Matt.*

Ashley se acercó y de igual manera no podía creer lo que veía.

- *Necesito que revisen de inmediato las cámaras, quiero saber quién puso la mariposa.*
- *De inmediato detective. -*

Ashley subió para revisar las cámaras, todo apuntaba que Franklin sería el asesino por traer consigo mismo la mariposa.

Comenzó a checar los videos desde que lo pusieron en la celda, pero el problema era que solo había una cámara que veía todo el pasillo a lo largo y se podían apreciar las puertas de todas las celdas y el punto donde se encontraba la celda de Franklin era la primera a la izquierda lo que hacía que el ángulo de la cama era un punto ciego para la cámara. Pero nadie había ingresado a la celda más que Franklin. Ashley bajó hasta las celdas para decirle a Matt lo que había visto y Branden bajó también para ver lo que había sucedido.

- *¿Qué pasó aquí, detective Matt? – pregunto Branden después de todo el movimiento en el subnivel de la comisaría.*
- *Creo que tenemos al asesino de la mariposa negra…*
- *¿Era franklin?*
- *Todo apunta a que era él, ya checamos la cámara y encontramos una mariposa negra debajo de su cuerpo, solo él la pudo poner.*
- *Bueno, creo que deberíamos analizar la mariposa en el laboratorio.*
- *Franklin está muerto jefa, se suicidó, ya mandamos a analizar la sabana con la que se ahorcó, pero enseguida mandaremos la mariposa para checarla.*
- *Bien, yo me encargo de la señora Mary, cualquier cosa estaré en mi oficina.*
- *Entendido señora. – respondió Matt.*

Matt dejó que los forenses hicieran su trabajo cuando se llevaron el cuerpo de Franklin, entonces se dirigió al departamento de Adam para darle la noticia.

Minutos más tarde cuando llegó al departamento, tocó la puerta pero nadie parecía responder, volvió a tocar y a lo lejos se escuchaban sonidos dentro del departamento, pasaron unos segundos y Adam abrió la puerta, lucía una apariencia descuidada, su cabello pasaba de largo del hombro y tenía una barba larga y desarreglada.

- *Matt Moller, cuanto tiempo sin verte… - dijo Adam sarcásticamente mientras olía a alcohol.*
- *Adam, luces… como decirlo…*
- *Creo que eso no importa Moller, ¿Qué haces aquí?*
- *Bueno, ¿Puedo pasar? Es algo privado.*
- *Si, adelante. -*

Adam dejó pasar a Matt en su sucio departamento que estaba hecho una pocilga y desordenado, lleno de basura, cajas de pizzas, latas y botellas de cerveza; Realmente Adam había tocado fondo, hizo a un lado la ropa del sillón de la sala y se sentaron para platicar.

- *Y bueno, ¿Qué es tan importante Matt?*
- *Atrapamos al asesino Adam.*
- *¿Cómo que atraparon?*
- *Si, era Franklin Kyle.*
- *¿Tienes pruebas de eso?*
- *Hoy lo atrapamos porque robó un bolso de una señora y Ashley lo golpeó con el auto por accidente, lo llevamos a la central y lo pusimos en una celda, posteriormente se suicidó con la sábana y encontramos una*

mariposa con él, checamos los videos y nadie entró a la celda, solo el pudo dejarla ahí...

- *Bien, me alegra por ustedes. Nunca confíe en él. - dijo Adam mientras bebía una cerveza caliente.*
- *Si bueno...*
- *Y ¿Qué pasará con Jimmy? ¿Lo regresarán? - preguntó Adam con mirada perdida y amenazadora.*
- *Sí, ya hablé a Washington para informar lo sucedido, en un par de días Williamson estará aquí.*
- *Me alegra y ¿Qué va a pasar conmigo?*
- *Bueno, eres libre, ya no eres sospechoso y creo que podemos arreglar tu regreso a la fuerza.*
- *No lo sé Matt, honestamente no tengo ganas, creo que eso ya pasó para mí.*
- *No digas eso Adam, eres uno de los mejores detectives que NY ha tenido y tienes que seguir el legado de Falco.*
- *Honestamente le perdí el amor a eso Matt, tienes que entenderlo, me quede sin nada, mis compañeros, no pude resolver el caso y ahora me pides que regrese.*
- *Ni nosotros de asuntos internos pudimos resolverlo Adam. No es tu culpa.*
- *No, no lo es ciertamente, pero me hicieron sentir que yo la tuve al ser un sospechoso, me creí toda su basura Moller. No quiero regresar y será mejor que te vayas, agradezco que me notifiques que por fin terminó.*
- *Adam...*
- *No Matt, no te lo voy a pedir dos veces.*
- *Está bien. -*

Matt, sin tener otra alternativa se retiró del departamento, mientras Adam checo su reloj y se metió a bañar porque tenía un compromiso con Jessica y su familia, habían quedado de cenar.

Adam se metió a bañar y mientras el agua le caía en la nuca en la ducha se puso a meditar.

– *Qué bueno que por fin terminó todo, así que los Kyle eran los responsables, pero aún tengo tantas dudas, ¿Por qué lo hicieron? y ¿Cómo? Al menos tiene sentido, eso explica cuando atacaron al padre Hilbert y a Cindy a la vez, tenían que haber sido dos personas.* –

Matt caminaba fuera del edificio cuando recibió una llamada en su celular.

– *Agente Matt Moller.*
– *Detective, le hablamos del Departamento de Ciencias Forenses.*
– *Adelante…*
– *Ya analizamos la sabana y la mariposa. Recibimos la orden de la señora Branden que le habláramos en cuanto supiéramos los resultados.*
– *¿Y?*
– *La sabana tiene las huellas de Kyle efectivamente y las mariposas… no tiene ninguna huella digital.*
– *¿Cómo que no tiene ninguna huella? No pudo llegar sola.*
– *No tenemos nada, está completamente limpia señor.* –

Mientras, Matt estaba confundido hablando por teléfono, cruzó la calle sin fijarse cuando por nada un auto lo atropella, Matt brincó hacia atrás cuando escuchó el claxon a menos de dos metros, soltó el celular y se dio cuenta que pudo haber terminado en un fatal accidente.

Horas más tarde, Adam partió hacia la casa de Jessica donde tendrían una cena familiar. Se había peinado con un chongo todo ese cabello largo y se había arreglado un poco la barba pero la conservaba larga, se puso una camisa azul con estampado de aves y un pantalón negro con sus zapatos negros bien lustrados. Al llegar a la casa, tocó la puerta. Jessica con un hermoso vestido negro con encaje y tacones descubiertos le abrió la puerta a Adam.

- *¡Cómo estás! Pensé que no vendrías, me alegra mucho que estés aquí. - dijo Jessica felizmente.*
- *Sí, ni yo pensé que saldría. - contestó Adam mientras se reía.*
- *Pasa, pasa, Peter está en la mesa con los niños. -*

Adam entró y dejó una botella de vino tinto que traía en la mano, la colocó sobre la barra de la cocina y se sentó junto a Peter. Su rostro estaba desfigurado, lleno de cicatrices y sin cejas, tenía una dentadura postiza y un ojo más cerrado que el otro, con su nariz reconstruida pero de igual manera llena de cicatrices.

- *¿Cómo estás Pete? Luces mejor.*
- *Trato de acostumbrarme, ya comencé a prepararme físicamente, había perdido mucha condición; Y me gusta tu estilo, no es usual en ti, pero se te ve bien.*

- *Gracias Pete, pues hacemos lo que podemos ¿Sabes? Tratamos de salir adelante.*
- *Tienes toda la razón amigo. –*

Las cosas habían mejorado para todos en cierta manera, el matrimonio de Jessica y Peter había pasado por pruebas realmente duras pero su amor fue más fuerte que ellas, Peter se aceptó a sí mismo y decidió que eso no lo iba a detener en su pasión, y Adam también había salido adelante de su depresión y había recuperado su amistad con Jessica. Comenzaron a cenar, Jessica hizo una deliciosa pasta con bolas de carne y una salsa de champiñones acompañados con un filete de res jugoso con una exquisita salsa de cilantro. Las horas comenzaron a pasar y los tres llevaban una plática muy amena y cómoda. Jessica en un momento soltó el tema.

- *Me da gusto que pudieras seguir adelante Adam. De verdad.*
- *Gracias Jess, no ha sido fácil pero con pequeños pasos de bebé sigo caminando.*
- *Eso me alegra mucho ¿Verdad amor? – preguntó Jessica a Peter.*
- *Así es Adam, a cada uno nos toca escalar nuestras propias montañas y solamente nosotros somos los que podemos llegar a la cima, pero siempre hay alguien que nos puede ayudar cuando no podemos.*
- *Si, muchas gracias por toda su ayuda, ustedes han sido muy importantes para mí, tantos años conociéndonos y me han hecho parte de su familia.*

- *No es nada Adam, sabes que te queremos. - Dijo Jessica.*
- *Y ¿Qué sucedió con el caso? - preguntó Peter. Jessica lo miró como si hubiera preguntado algo indebido.*
- *Esta bien Jess, puedo hablar de ello sin ningún problema. - respondió Adam.*
- *De hecho hoy tuve la inesperada visita de Matt Moller en mi apartamento, me dijo que dieron con el responsable, Franklin Kyle. Marion y Franklin eran los responsables, al final Franklin trató de culpar a Marion pero hoy se suicidó en su celda dejando una mariposa.*
- *Cielos, con razón fue tan complicado. - respondió Jessica.*
- *Si, aún tengo muchas preguntas pero quizá será mejor que las deje atrás. -*

La cena siguió su curso, mientras tanto Matt se encontraba en la central de noche, estaba en su oficina leyendo caso por caso, informe por informe, algo no cuadraba para él y el hecho de que nunca se encontraron huellas en ninguna de las mariposas, lo hacía más extraño porque no tenían evidencia física para acusar a los Kyle.

Matt encendía un cigarro tras otro por las ansiedad que sentía. Cuando de repente, comenzó a escuchar ruidos en la parte de abajo de la central, Matt comenzaba a ponerse paranoico y bajó por las escaleras para investigar, se encontró a un par de oficiales platicando cerca de la entrada que eran los que estaban en guardia nocturna y Matt se les acercó:

- *Buenas noches oficiales.*
- *Buenas noches detective - respondieron los policías.*

– *Ustedes ¿Hicieron algunos sonidos?*
– *¿Qué sonidos detective?*
– *Parecían ser puertas cerrándose, no lo sé.*
– *Ah sí, creo que vienen del laboratorio de ciencias forenses.*
– *Gracias oficiales.* –

Matt sabía que ya no había nadie de forense a estas horas, o a menos que alguno de los doctores se quedará tarde por alguna razón. Matt entró al laboratorio con la mano sobre su arma para en cualquier momento estar listo para defenderse. Caminaba sigilosamente en aquel lugar callado y frío.

– *Buenas noches, ¿Hay alguien aquí? – preguntó Matt mientras checaba el laboratorio.*

Siguió caminando hasta que llegó al cuarto principal donde había una mesa y el cuerpo de Franklin se encontraba acostado en una cama preparado para la autopsia.

– *¿Hay alguien aquí? – volvió a preguntar Matt.*

Pero nadie le respondía. Siguió caminando hasta que se acercó al cuerpo pálido de Kyle, solo para estar seguro le puso los dedos en el cuello para checar el pulso y estaba en lo correcto. Franklin no tenía vida. Una charola con herramientas cayó detrás de Matt haciéndolo sentir un miedo increíblemente profundo que le llegó hasta los huesos, Matt giró asustado y desenfundó el arma apuntando al lugar de dónde provenía el sonido pero nuevamente, no había nadie.

Matt fijó su vista en una computadora para ver el reflejo de la puerta principal que se había cerrado despacio, corrió hacia la puerta y la atravesó a toda velocidad, comenzó a buscar por donde se había ido el sujeto y los policías ya no se encontraban en la puerta.

Matt se dirigió hasta la entrada y salió por la puerta, enfrente de la central había un callejón que conducía a la parte trasera de los dos edificios que estaban enfrente, tuvo la intuición de que ese era el camino, sintió una fuerza de que tenía que ir por ahí y no lo dudó, bajo las escaleras lo más rápido que pudo y atravesó la calle sin fijarse cuando un auto lo golpeó con una fuerza brutal que lo hizo rodar arriba del techo del auto y cayendo desmayado en el asfalto.

XXX

En la casa de Jessica, la cena seguía de lo más linda posible, todo era maravilloso y todos pasaban un gran tiempo, cuando de pronto, el celular de Adam comenzó a sonar.

– *¿Si? – respondió Adam.*
– *¿Adam Cross? Habla Katherine Branden, tuvimos un accidente.*
– *¿Qué sucedió? – respondió Adam extrañado.*
– *Matt fue atropellado afuera de la central, está gravemente herido, ya fue trasladado al hospital.*
– *Okey entiendo y con todo respeto señora ¿Por qué me llama?*
– *Los paramédicos están diciendo que Matt está susurrando la palabra "mariposa".*
– *¿Qué? Entonces..., voy para allá. –*

Adam colgó la llamada y Jessica preocupada le pregunta:

– *¿Qué pasa Adam? ¿Todo bien?*

- *No, Matt sufrió un accidente, lo han arrollado y está balbuceando "mariposa". Branden fue la que me habló, tengo que ir.*
- *Adam, no. Tienes que dejarlo ir, haz hecho un gran esfuerzo hasta ahora, no tires todo tu trabajo a la basura Adam.*
- *Pero Matt salió lastimado.*
- *¡Fue un accidente Adam! Los Kyle están muertos, se terminó.*
- *Lo lamento Jess, no puedo ignorarlo. – reafirmó Adam.*
- *Amigo, tienes que ser fuerte, tienes una adicción a esto, solo te esta haciendo daño tienes que dejarlo ir... no te va a dejar nada bueno y lo sabes. – se metió Peter.*
- *No puedo quedarme con los brazos cruzados, gracias por la cena pero tengo que ir. –*

Adam se levantó de la mesa dejando su servilleta y caminó hasta la entrada saliendo de la casa. Jessica se llevó las manos al rostro de desesperación.

- *Tengo que ir tras él amor, no está en condiciones y tengo que cuidarlo. – dijo Jessica.*
- *Jessica, no es tu deber... ya está grande, es un adulto y se puede cuidar solo.*
- *Es mi amigo Peter, no lo puedo abandonar, ya tocó fondo una vez y tengo que estar ahí para ayudarlo. –*

Jessica también se levantó de la mesa y fue por una chamarra a su habitación. Leonel y Elena llegaron al comedor para ver lo que sucedía, Peter se agacho para abrazarlos y decirles que todo estaba bien. Jessica regresó y le dio un beso a sus hijos.

– *Ahorita regreso corazones, no tardaré. - Les dijo Jessica.*
– *Llévate ya sabes qué, está en el cajón amor. - dijo Peter.*

Jessica regresó a su cuarto y sacó un revólver Colt 22 Magnunm de un cajón donde se encontraba la ropa interior de Peter, se la fajó en la espalda y salió de la casa. Adam llegó al hospital en taxi y en la recepción se encontró a Branden.

– *Katherine, vine lo más rápido que pude. ¿Dónde está Matt?*
– *En el cuarto 12, arriba.*
– *Gracias. -*

Cuando Katherine se dio la vuelta Adam aprovechó para tomar su pistola de la cintura sin que ella se diera cuenta, guardándola en su pantalón cubierta con la chaqueta que llevaba. Subió a la planta, para checar a Matt, entró a la habitación 12 y Matt estaba reposando en la cama con severos golpes y múltiples fracturas por todo el cuerpo, era un milagro que siguiera con vida.

– *Matt, soy yo Adam ¿Qué sucedió?*
– *Lo vi Adam, estaba en la central... traté de seguirlo... - decía Matt con mucha dificultad para hablar .*
– *¿Lo viste? ¿A quién?*

- *El culpable Adam... En el laboratorio, no lo pude ver pero estoy seguro. -*

De pronto la enferma entró a la habitación y le dijo a Adam:

- *Disculpe caballero, no es hora de visitas y no puede hacer que el señor Moller hable.*
- *Si descuide, ya me iba. - Adam agarró la tarjeta y las llaves de la central de Matt para poder entrar a revisar.*

Adam bajó y salió del hospital camino a la central. Jessica iba llegando, cuando su amigo ya había partido. Entró por la puerta y vio a Branden sentada en la sala de espera.

- *Buenas noches señora Branden ¿Sabe dónde está Adam?*
- *Si, se acaba de ir hace unos minutos, no me mencionó a donde iba pero salió.*
- *¿A dónde fue? ¿Es cierto? ¿Matt vio al asesino? - pregunto Jessica.*
- *No lo sé con seguridad, solo pronuncia la palabra mariposa y quedó inconsciente.*
- *¿Hay alguna pista sobre el auto que lo atropelló?*
- *No, solo los oficiales que estaban de guardia nos notificaron del accidente, el auto huyó .*
- *Demonios, buscaré a Adam en ese caso, seguramente debió regresar al lugar del accidente. -*

Jessica fue tras su amigo, subió al carro y arrancó a toda velocidad. En el camino iba pensando lo peor, Adam no se encontraba bien emocionalmente, tantas pérdidas, tantos sentimientos negativos, su estado de depresión y sobre todo su adicción sin fin al caso de la mariposa; podría hacer una locura, o lastimar a alguien, no podía controlar sus emociones y tenía que ir tras de él.

Adam llegó a la central y abrió con las llaves de Matt, sacó la pistola y se dispuso a encontrar alguna pista que lo llevará hacia el asesino, esto había llegado demasiado lejos. Siguió caminando hasta que entró en el laboratorio de forenses, abrió la puerta lentamente con la tarjeta y observaba a todos lados, pronto le llamó la atención una charola que había en el piso, se acercó a inspeccionarla pero no encontró nada, después siguió avanzando hasta que encontró el cuerpo de Kyle sobre la mesa pero todo parecía normal, no había nada abierto o fuera de su lugar en cuanto a evidencia se tratase.

A los pocos minutos, Jessica llegó a la central y notó que las puertas estaban abiertas, también desenfundó su arma por cualquier cosa que fuera a suceder y se armó de valor para entrar, abrió la puerta y la central estaba en silencio, no había ningún sonido, nada como ella lo recordaba cuando iba cada mañana. Los nervios la recorrían por completo, tenía una corazonada de que algo malo pasaría, en ese instante escuchó un sonido proveniente de donde solía ser su oficina en la parte de arriba, no le quedó remedio más que subir y sin bajar el arma seguía firme siguiendo el sonido, ella esperaba que fuera Adam el que estuviera ahí pero era imposible saberlo.

Cuando llegó a la oficina, colocó el cañón en la puerta y acercó su oído para ver si podía escuchar voces o con exactitud qué era lo que sonaba, pero el ruido había cesado, abrió la puerta lentamente y entró haciéndose paso entre las sombras de la tenebrosa oficina que se encontraba apagada, Jessica estaba lista para cualquier forcejeo del individuo que saliera de algún lado de sorpresa.

Adam salió del laboratorio muy precavido mirando a todos lados, cada rincón para ver si podía encontrar algo, pero de igual manera no había nada ni nadie, caminó hasta la entrada donde salió por la puerta principal meditando lo que había pasado, se quedó de pie observando la calle en todas las direcciones, pronto comenzó a caminar hasta el lugar donde habían atropellado a Matt.

Mientras tanto, Jessica dentro de la oficina comenzó a escuchar ruidos en el techo, levantó su mirada y concentró su oído al máximo para confirmar lo que escuchaba. Adam giró su cabeza y vio a una persona subir por las escaleras de incendio que se encontraban aun costado del edificio.

- *Maldita sea, eres mío. - dijo Adam entre dientes cuando corrió hacia las escaleras.*

Jessica se encontraba ya en el techo buscando de dónde provenía el ruido pero el techo estaba vacío e iluminado por la luz de la luna. Desesperadamente miraba a todos lados cuándo en el edificio que estaba a su derecha conectaba con la central con una cornisa que daba al techo vecino.

Adam terminó de subir por las escaleras, agitado y con falta de condición pero estaba listo para atrapar al sujeto, levantó el arma y miraba a todos lados sin ver nada, pronto vio que en el siguiente techo había una ventana abierta, Adam corrió y usando la cornisa llegó al otro techo donde entró por la ventana también, todo estaba completamente oscuro, parecía una bodega, como si fuera un ático donde guardaban las cosas, bajó como pudo por el espacio y el cuarto estaba repleto de cajas y muebles, era un deja vu cuando se había enfrentado a Marion en aquel sitio, pero a ¿Quién estaba siguiendo? ¿Había algún tercer hermano Kyle? O era la mente maestra que estaba detrás de todo este plan.

Jessica se encontraba en la planta baja, a duras penas podía ver pero pronto se dio cuenta que estaba en una capilla abandonada o un posible convento, había muchas figuras y estatuas religiosas junto con otras pinturas y muebles. Jessica continuó avanzando, tratando de guiarse por los sonidos que estaba siguiendo, pero ya no se escuchaban más.

Mientras tanto en el hospital, Hall llegó porque Branden le había mandado hablar.

- *¿Qué sucede señora? – dijo Hall reportándose*
- *Necesito que te dirijas a la central ahora mismo.*
- *¿Pasa algo?*
- *Adam y Jessica fueron para allá, fueron a buscar pistas del asesino.*
- *¿Pero no eran los hermanos Kyle?*
- *Matt dice que vio algo y ellos fueron para investigar. Si necesitan apoyo es probable que te necesiten.*
- *Sí señora, la mantendré informada. - Ashley salió en su patrulla directo a la central.*

Adam comenzó a bajar unas escaleras que tenían estilo de caracol, con su mano derecha no bajaba el arma y con la izquierda iba tocando la pared para no chocar con nada. Cuando terminó de bajar se topó con una figura y sin pensarlo apuntó a la sombra, pero su vista se aclaró un poco y era una estatua de Jesucristo, Adam suspiró de alivio y siguió caminando hasta la habitación principal. Cuando cruzó el marco de la puerta una bala impactó en el costado de la puerta cerca de su cara, Adam con reflejos felinos no tardó en ponerse a cubierto.

– *Maldición, otra vez no. No veo un carajo y ya me están disparando.* –

Jessica continuó avanzando donde había escuchado el sonido y mientras apuntaba una bala pegó cerca de sus pies, se aventó y se cubrió detrás de un mueble. Ambos detectives comenzaron a disparar donde intuían el origen del sonido, Adam entró al cuarto y comenzó a moverse mientras recibía disparos y los regresaba, corría con la cabeza abajo y las balas se estrellaron en la madera de todo lo que había. Las detonaciones de las armas iluminaban aquella sala por pequeños segundos.

Jessica se levantaba cada vez que podía y cambiaba de cubierto porque también le llovían balas. En un intento desesperado sabía que su amigo también estaba dentro del edificio así que comenzó a gritar:

– *¡Adam! ¡Necesito tu ayuda!* –

Las balas seguían impactando cerca de Jessica mientras Adam le contestó desde otro extremo de la habitación:

- *Jess ¿Dónde estás? ¡No te veo!*
- *Estoy por acá, cerca de la esquina. - contestó Jessica, con miedo.*

Una de las balas pegó cerca del brazo de Adam lo que lo hizo agacharse y ponerse en posición de pecho a tierra.

- *Jess, lo tenemos rodeado. Está en el centro. - dijo Adam*
- *No puedo salir, me tiene acorralada detrás del mueble.*
- *Yo te cubro. - Adam salió y comenzó a disparar.*

Jessica se arrastró por un costado y comenzó a meterse entre los muebles tratando de llegar hasta Adam pero estaba totalmente oscuro y no se veía absolutamente nada. Pronto Adam se dio cuenta que arriba de ellos había un vitral que estaba cubierto por papel, le disparó un par de veces y el vidrio se calló permitiendo que un rayo de luz entrara e iluminara la habitación llena de objetos.

Afuera del edificio que nunca tuvo pinta de ser una capilla o algo religioso, para pronto Hall llegó en su patrulla, podía escuchar desde afuera el intercambio de disparos, tomó su radio y llamó a Branden inmediatamente:

- *Señora Branden, soy el Capitán Hall, cambio.*
- *Adelante capitán, informe de la situación.*
- *Estoy afuera del edificio que se encuentra aun lado de la central, se escuchan múltiples detonaciones dentro, aun no sé si Adam y Jessica están en el interior. Necesito refuerzos.*

- *Voy para allá capitán aún no entre, llevaré apoyo. Cambio y fuera. -*

Los disparos seguían por todo el cuarto, Hall tenía la necesidad de entrar para ayudar a sus amigos, pero tenía la orden directa de Branden de no ingresar.

Jessica le gritó a Adam:

- *¿Estas bien?*
- *Si casi me dio, pero me encuentro bien ¿Y tú? -*

En cuanto se calmaba la situación volvían a recibir disparos, Adam y Jessica seguían respondiendo.

Adam estaba cerca de quedarse sin balas, le quedan tres tiros a lo mucho.

- *¡Jess, necesito balas! - gritó Adam.*

Jessica se metió la mano en la chaqueta y le quedaban un par de balas también, pero no podía decirle eso a Adam sino, el asesino sabría que los ex detectives se habían quedado sin munición.

- *Dame un segundo, enseguida voy hacia ti. - respondió Jessica segura.*

Adam podía ver con la luz que entraba una sombra que se movía detrás de un mueble, disparó una vez, casi seguro la bala impactaría en el blanco, pero falló. El sujeto se agachó y Jessica se comenzó a mover para llegar hasta Adam. Pronto se comenzaron a escuchar las sirenas fuera del edificio. Las patrullas llegaron y acordonaron la zona para mantener un área segura. Branden se bajó de su auto y llegó con Ashley.

- *¿Aún nada? – preguntó Katherine.*
- *No, las detonaciones se detienen en minutos pero después continúan. –*

El capitán se dio la vuelta y les dio la orden a los oficiales que acababan de llegar.

- *Escuchen bien, necesito que todos rodeen el edificio, nadie entra y nadie sale ¿Entendido? Tenemos al asesino ahí adentro con los ex detectives Adam Cross y Jessica Sanders, cualquiera que salga del edificio que no sea ninguno de ellos dos tienen permiso de disparar. ¡Ahora! –*

Todos los oficiales corrieron para rodear aquel lugar siguiendo las órdenes del capitán, checando cada ventana, cada puerta y cada rincón para que nadie saliera de ahí. Pronto llegó un helicóptero del noticiero, volaba en la parte superior del edificio pero a una altura segura para no recibir alguna bala perdida. Algún vecino de la zona había escuchado los disparos y llamó al noticiero para que cubrieran los hechos. Y unos minutos después también llegaron camionetas de otros noticieros y camarógrafos que se colocaban detrás de la cinta de protección que había puesto el cuerpo de policía.

Hall caminaba de un lado a otro por todo el edificio, hacía lo propio de un tiburón con alguna presa, rodeaba de esquina a esquina para verificar las posiciones de los oficiales que cubrían cada salida, pronto recibió una aviso por la radio:

- *Capitán Hall, habla la oficial Andy. Estoy en la parte posterior del edificio, encontramos algo.*
- *Entendido, voy para allá. -*

Hall le dio la vuelta al edificio para poder observar a en una de las calles un auto abandonado, era un Hyundai Elantra del año, la puerta del piloto estaba abierta y el parabrisas estaba totalmente estrellado, tenía marcas de sangre en el cofre y en el mismo cristal, Hall rápidamente tomo su radio y respondió:

- *Señora Branden, habla Hall, encontramos el auto que atropelló a Matt a una calle del edificio, el auto está abandonado.*
- *Entonces es él… está con ellos… - respondió Katherine.*

Los disparos terminaron momentáneamente, el edificio quedó en silencio solo se escuchaban ligeros pasos que hacían crujir la duela del suelo y patean los casquillos al caminar, ninguno de los dos quería hablar para no revelar su posición. Ambos caminaban sigilosamente por los muebles y miraban a todos lados pero no veían a nadie, era muy complicado de enfocar por la falta de luz y el juego que hacían las sombras de las estatuas en la oscuridad. Jessica levantó la mirada hacia el centro cuando vio una sombra detrás de una mesa.

– *¡Ahí está! – grito Jessica.*

Adam salió de su cobertura con la esperanza de ver el objetivo claro y descargar las últimas balas restantes, pero una bala le cortó la oreja. Antes de caer al piso se cubrió con la mano el pedazo de oreja que había sido desprendido por la bala, Adam había quedado sordo por el momento, un intenso dolor acompañado de un zumbido que lo aisló totalmente del mundo exterior.

– *Con un demonio... ¡Jess, no lo veo! ¡Si lo tienes a la vista mátalo de una vez, termina con esto! – gritó Adam desesperado.*

Jessica metió su última bala en el revólver y seguía viendo al sujeto. Adam se puso de pie como pudo y comenzó a rodear por su derecha apuntando con una mano y haciendo presión con la otra sobre su oreja cercenada. Seguía moviéndose todo aturdido por el sonido de la bala, probablemente había perdido ese oído para siempre. Jessica seguía apuntando, y le dijo a Adam:

– *Lo tengo a la vista, ¡No te muevas! – ordenó Jessica.*
– *¿Qué esperas? ¡Mátalo! – le respondió Adam.*

Jessica cerró sus ojo izquierdo y con el derecho centró la cabeza del sujeto en la mira de hierro, era su última bala y no podía fallar. En la parte de afuera, Hall junto a otro oficial encontraron la caja de fusibles que le daba la luz al viejo edificio, comenzó a patear la delgada puerta hasta que se abrió, vio la palanca principal y le dijo al oficial:

- *Cuando te de la orden la activas, yo entraré por la puerta principal ¿Entendiste? Pero no puedo entrar si no veo nada, cuando la bajes, entramos todos.*
- *Entendido capitán. - dijo el oficial sosteniendo la palanca.*

Ashley se fue a la entrada principal y repitió el plan por su radio, todos sacaron su armas y esperaban la señal del capitán para comenzar el operativo. En la parte de adentro, Adam giró en una esquina y vio al sujeto de pie apuntando su arma y Jessica le había dado la orden al sujeto que no se moviera.

- *¡Jess, agáchate! ¡Te está apuntando! - Gritó Adam.*

El sujeto giró para apuntarle a Adam rápidamente pero él ya lo tenía en la mira y no dudó en presionar el gatillo, las tres balas impactaron en el torso perfectamente y cuando el sujeto iba cayendo al suelo se detonó su arma. Esa fue la señal para Hall y los demás para ingresar y encender la luz.

- *¡Ahora! - grito Hall por la radio.*

Las luces se encendieron y todos los oficiales entraron por diferentes rutas avanzando hacia el centro. Hall y los demás golpearon la puerta y entraron gritando:

– *¡Policía de Nueva York! ¡Todos con las manos arriba y tiren sus armas!* –

Adam, tembloroso tiró el arma y aún aturdido por lo de la oreja no tenía duda alguna, tenía miedo de aceptar la verdad, se rehusaba a creer lo que veía, en el suelo se encontraba Jessica desangrándose, las balas habían perforado uno de sus pulmones y otros órganos importantes. Ashley y los oficiales llegaron a la escena y tampoco podían creer lo que veían, Adam se puso de rodillas junto a Jessica y la tomó en sus brazos, lleno de lágrimas y de dolor decía:

– *Jess... no... lo lamento tanto... no te vayas por favor...* -

Jessica miró por última vez a su amigo con los ojos entrecerrados y con mucha dificultad para respirar por las heridas en su pecho, hacía un ruido extraño mientras respiraba y agonizaba, con la boca llena de sangre pronunció sus últimas palabras:

– *Tenias – que – dejarlo – ir ...* -

La cabeza de Jessica perdió fuerza y se desplomó en los brazos de Adam, su vida ya había abandonado su cuerpo. Adam no podía con el dolor, le quemaba en su interior, un dolor que nunca había sentido. Levantó la cara llena de lágrimas y le dijo a Hall:

– *Capitán, que registren el edificio, tenemos que encontrarlo...* -

Uno de los oficiales se acercó y comentó:

– *El edificio está vacío, no hay nadie capitán. –*

Hall no tuvo otra opción más que levantar el arma hacia su amigo y decirle:

– *Adam Cross, estás bajo arresto por homicidio, tiene derecho a guardar silencio y a negarse a responder preguntas, cualquier cosa que diga puede ser usada en su contra en un tribunal judicial, tiene derecho a consultar a un abogado antes de hablar con la policía y a tener un abogado presente durante el interrogatorio o más adelante, si no puede pagar un abogado, el tribunal le asignará uno antes del interrogatorio si así lo desea. –*

El capitán esposó a Adam y lo levantó del piso, los paramédicos llegaron para auxiliar a Jessica pero era demasiado tarde, los oficiales y Ashley escoltaron a Adam bajando las escaleras de la entrada principal hasta la patrulla, todos los noticieros hablaban sin parar del arresto de Adam y del cuerpo que de Jessica que salió cubierto en una camilla. Hall abrió la puerta de atrás de la patrulla para llevarlo detenido, cerró la puerta y una reportera se acercó con Hall para preguntarle:

– *Capitán, por fin terminó el caso. El ex detective Adam Cross ¿Es el asesino de la mariposa negra?*

– *No voy a responder preguntas del tema hasta que la situación se resuelva. – contestó Hall apartando la cámara de su rostro.*

Katherine Branden veía desde afuera de la patrulla a Adam o lo que quedaba de él. Adam sentía la mirada de Branden pero no se atrevió a verla. Los noticieros más importantes de la ciudad daban la noticia en todos los posibles canales "Adam Cross es el asesino de la mariposa negra". Hall golpeó el auto en señal de que podían irse y la patrulla arrancó, era muy difícil de creer lo que había sucedido, Adam no tenía ni la menor idea de lo que había pasado pero ahora sus manos estaban manchadas con la sangre de su amiga Jessica, el cargo de conciencia de dejar a Peter viudo, a Leonel y Elena sin su madre y sobre todo haber decepcionado a su gran maestro Ian Falco.

Adam pensó que no había nada más que perder, pero esta vez cayó hasta el fondo y logro atravesarlo para entrar en un infierno de tortura en el cual nunca saldría de ahí, jamás podría perdonarse lo que hizo. Todo esto lo meditaba Adam mientras la patrulla iba camino a la prisión, el ex detective tenía la cabeza agachada esposado en la parte trasera del auto, con los ojos derramando lágrimas y un corazón lleno de dolor y sufrimiento, levantó la vista... la levantó para ver lo último que vería en su vida, su peor pesadilla, un símbolo de terror y muerte, una mariposa negra voló frente a la patrulla. Todo se volvió oscuro en segundos, el rechinar de unas llantas y un impacto inevitable.

A la fecha, el caso sigue abierto, no existen pruebas ni datos que confirmen quién es el asesino de la mariposa negra.

A lo largo de la vida han existido grandes misterios, atroces asesinatos y crímenes horribles que no han podido tener un final o una conclusión. Son casos que permanecen sin ser resueltos dejando los cabos sin atar, pistas sin encontrar, evidencia dudosa y la motivación por resolver el misterio se pierde con el paso del tiempo forzando a las autoridades a cerrar los casos de manera definitiva.

"La vida no es un problema para ser resuelto, es un misterio para ser vivido".

Made in the USA
Monee, IL
24 February 2021

60757687R00236